初级工商管理(EBA)系列教材

实用经济学

上海市总工会、上海开放大学组织编写
王松华　张　冉 **主　编**
叶　超 **副主编**

复旦大學 出版社

图书在版编目(CIP)数据

实用经济学/王松华,张冉主编. —上海:复旦大学出版社,2015.2(2019.7 重印)
初级工商管理(EBA)系列教材
ISBN 978-7-309-11235-1

Ⅰ. 实… Ⅱ. ①王…②张… Ⅲ. 经济学-高等学校-教材 Ⅳ. F0

中国版本图书馆 CIP 数据核字(2015)第 023446 号

实用经济学
王松华　张　冉　主编
责任编辑/岑品杰

复旦大学出版社有限公司出版发行
上海市国权路 579 号　邮编:200433
网址: fupnet@fudanpress.com　http://www.fudanpress.com
门市零售: 86-21-65642857　团体订购: 86-21-65118853
外埠邮购: 86-21-65109143　出版部电话: 86-21-65642845
常熟市华顺印刷有限公司

开本 787×1092　1/16　印张 13.25　字数 291 千
2019 年 7 月第 1 版第 5 次印刷
印数 24 001—30 000

ISBN 978-7-309-11235-1/F·2116
定价: 20.00 元

如有印装质量问题,请向复旦大学出版社有限公司出版部调换。
版权所有　侵权必究

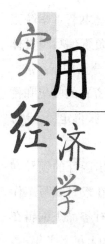

前　言

在总结上海开放大学 EBA 项目"经济学"课程十多年教学经验的基础上,2014 年由上海市总工会和上海开放大学组织相关老师进行了"经济学"教学用书全面的改版,并将书名由原来的《经济学概论》变更为《实用经济学》。

为了使广大教师更好地使用本书,做好教学工作,编者做以下几点说明:

第一,本书的编写以《上海职工素质工程"十二五"发展规划》为指导,目的是使教材能够更好地反映我市经济发展和职工学习的需要,提高教学质量,从而助推我市科教兴市和职工素质工程的开展。

第二,在体系安排上,本书由微观经济学(上篇)和宏观经济学(下篇)两个大篇共 10 章组成。其中每章具体包括:1. 章前内容(案例导入、学习目标);2. 正文内容(配有"实例""思考"和"信息");3. 章后内容(关键概念、小练习)。

第三,本书尽管为教学用书,但在编写时还是照顾到学生自学和理解的实际情况。因此,本书在编写时增加了实践性内容,即配有大量的"实例""思考"和"信息",内容"接地气"、形式多样,有助于提高内容的可读性。

第四,作为教学用书,教师以其为主进行教学使用,但不要完全依赖它。在教学过程中,教师可以根据自己的理解和当前我国以及上海市经济发展的形势进行解读和运用。

第五,使用《实用经济学》教材时还要注意以下两点:

1. 由于"经济学"课时较紧,面授教师可根据课时和学生水平情况选择性地对课本相关内容进行讲解和介绍,教学内容不必面面俱到。

2. "经济学"教学重在点拨,尽量避免单方面、纯理论性的知识传授和概念讲解,教学过程中应注重学生对经济学理论和知识的领悟和实践联系。

本书由上海开放大学继续教育学院院长王松华研究员和华东师范大学公共管理学院张冉教授共同主编，华东师范大学公共管理学院叶超博士担任副主编。张冉负责编写组具体工作的设计、组织与实施。本书内容由华东师范大学同仁们负责编写，具体分工如下：张冉第一、二、三、四、八、十章，叶超第五、六、七、九章。桂存慧、李源媛负责参考资料的收集和校对，叶超博士负责教材撰写后期的统稿、校对和修改。最后，本书由王松华、张冉定稿，上海交通大学管理学院博士生导师胡海鸥教授审稿。

本书的撰写和出版工作是在上海市总工会、上海开放大学和复旦大学出版社的领导和组织下进行的。上海开放大学管理系主任袁蔚、外语系主任方青云等在教材编写工作中投入许多精力，上海市总工会宣教部领导给予了大力支持，复旦大学出版社岑品杰编辑在出版过程中给予不少切实的建议，在此一并表示感谢。书稿写作期间即2014年下半年，本书主编张冉教授正在澳大利亚悉尼大学合作组织研究中心做访问学者，参编作者叶超博士也在悉尼科技大学公民社会研究中心从事科学研究，在这里对澳大利亚两校给编者提供的良好的教材编写环境表示感谢。

由于编者水平和能力有限，撰写和出版时间仓促，难免有不足之处，诚望得到同行专家、老师和读者的批评指正。

编　者

2015年1月3日

目 录

上篇 微观经济学

第一章 市场与供求理论 3

    第一节 资源稀缺与资源配置 4

    第二节 市场与市场机制 8

    第三节 需求与供给 14

    第四节 均衡价格 19

第二章 消费者理论 23

    第一节 消费者行为 24

    第二节 效用理论与分析 27

    第三节 消费者均衡 33

    第四节 消费者剩余 40

第三章 成本与收益理论 43

    第一节 成本分析 44

    第二节 收益分析 51

    第三节 利润与成本收益分析 53

第四章　市场结构理论　　61

　第一节　市场的类型　　62
　第二节　完全竞争市场　　63
　第三节　完全垄断市场　　70
　第四节　垄断竞争厂商　　74
　第五节　寡头垄断市场　　76

第五章　分配理论　　82

　第一节　生产要素的需求　　83
　第二节　劳动、资本、土地与企业家才能　　86
　第三节　社会收入的分配　　94

下篇　宏观经济学

第六章　国民收入理论　　105

　第一节　总收入与总支出　　106
　第二节　国内生产总值　　107
　第三节　国内生产总值的相关概念　　113
　第四节　现行国民收入核算的缺陷及修正　　120
　第五节　国民收入的变动　　123

第七章　失业与通货膨胀理论　　129

　第一节　失业　　130
　第二节　通货膨胀　　137

第八章　国际经济理论　　149

　第一节　国际贸易理论　　150
　第二节　对外贸易政策与战略　　154
　第三节　外汇与汇率　　158

第九章　市场失灵与微观经济政策理论　　167

第一节　市场失灵简述　　168
第二节　垄断　　170
第三节　外部性　　175
第四节　公共物品　　179

第十章　政府宏观调控理论　　185

第一节　宏观调控目标与政策工具　　186
第二节　货币政策　　189
第三节　财政政策　　195
第四节　财政政策与货币政策的配合　　200

参考书目　　204

上 篇
微观经济学

第一章　市场与供求理论

案例导入

大炮与黄油

经济学家们常常爱议论"大炮与黄油"的问题。大炮代表军用品,是保卫一个国家所必不可少的。黄油代表民用品,是提高一国国民生活水平所必需的。"大炮与黄油"的问题也是一个社会如何配置自己的稀缺资源的问题。任何一个国家都希望有无限多的大炮与黄油,这就是欲望的无限性。但任何一个社会用于生产大炮与黄油的资源总是有限的,这就是社会所面临的稀缺性。因此,任何一个社会面临决定生产多少大炮与黄油的选择问题。作出选择并不是无代价的。在资源既定的情况下,多生产一单位大炮,就要少生产若干单位黄油。"大炮与黄油"问题概括了经济学的内容。各个社会都要解决"大炮与黄油"问题。

在纳粹德国时期,希特勒叫嚣"要大炮不要黄油",实行国民经济军事化。第二次世界大战以后,苏联为了和美国争夺霸权,把有限的资源用于"大炮"(军事装备与火箭)的生产等,使得人民生活水平长期低下,长期缺乏黄油。第二次世界大战中,美国作为"民主的兵工厂",向反法西斯国家提供武器,也把相当多的资源用于生产"大炮"。大炮增加,黄油减少,因此,美国战时对许多物品实行管制。无论出于什么目的而生产更多的大炮,都要求经济的集中决策,如希特勒的法西斯独裁、苏联的计划经济或美国的战时经济管制。但代价是黄油的减少,人民生活水平的下降。

在正常的经济中,政府与市场共同决定大炮与黄油的生产,以使社会福利达到最大。事实上,整个经济学都是为了解决"大炮与黄油"问题。

讨论:能否联系中国现实谈谈你对大炮与黄油间的关系的理解?

学习目标：
1. 了解资源稀缺性和资源配置的概念
2. 熟悉市场的含义与分类
3. 掌握市场机制的基本内涵及运用
4. 掌握需求与供给的含义及其影响因素
5. 熟悉均衡价格的含义
6. 掌握价格限制的含义及运用

第一节 资源稀缺与资源配置

一、资源稀缺

（一）资源稀缺性的理解

资源稀缺，指相对于人们无穷的欲望而言，资源是稀少且短缺的。稀缺性是经济物品（economic goods）的显著特征之一。稀缺性并不意味着稀少，而主要指不可以免费得到。要得到经济物品，必须用其他经济物品来交换。稀缺规律，是指商品一般是稀缺的、只能得到有限供应并且必须通过价格或其他形式进行分配的一种规律。稀缺的原因通常有以下几个（一定时期内）：

——物品本身是有限的；
——利用物品进行生产的技术条件是有限的；
——人的生命是有限的。

事实上，资源的稀缺性产生的根本原因在于人类相对不足的资源远远小于人类绝对增长的需求。例如，土地、森林、矿藏、河流等自然资源是有限的，这是很明显的事实。劳动力资源也是稀缺的，这是因为劳动力受人口和劳动时间限制而不可能无限供给。通常，稀缺性特征较为明显的资源多为不可再生或有再生限制的资源，这是因为不可再生资源由于被人类消耗而变得越来越少，或者其再生速度赶不上人类需求，例如石油、金、银、铜、宝石、玉石等资源。

承认资源稀缺性，对于我们是非常重要的。例如，我国学者马寅初正是因为看到了中国资源的稀缺性，所以最早提出了控制人口的理论；也正是看到了资源在需要面前的不足，所以我们对中国国情的认识从"地大物博、资源丰富"转变为"人口多、底子薄，人均耕地少"。

资源稀缺性的存在，主要出于人类需求的无限性，即相对于人们无穷多样的需要，资源总是不够的。通常，人们的需要是无穷多样的，也是无穷无尽的，满足了一种低层次的需要，就会产生一种更高的新的需要。如20世纪80年代初，我们追求的是生活的温饱，到了90年代我们需要家电，90年代末我们需要电子通信，现在我们开始购买住房和汽车，想想20年后我们可能会开始考虑私人飞机的需求。我们需求的结构总是在不断地升级，需要永远得不到彻底的满足。于是任何一种资源，无论总量有多大，总是稀缺的。

（二）资源稀缺性与经济学

为什么需要经济学？对于人类来说，资源是重要的，也是稀缺的。正因为这种稀缺性，节约资源才成为必要，才产生了如何有效配置和利用资源这个问题。并且，正是因为资源的稀缺性，人类的经济及一切活动才需要面临选择问题。设想一下，如果适用的资源是无限的，取之不尽，用之不竭，可以任凭人类挥霍浪费，经济学又有什么必要呢？因此，资源的稀缺性往往是经济学第一原则，也决定了经济学的价值。

举例来说：相对而言，在过去我们呼吸的空气没有什么稀缺性可言。任何人都可以任意地自由呼吸。所以，过去并没有专门研究分配空气的学问。然而，随着经济的发展，空气也受到了污染，在这种情况下，空气也可能是稀缺的。为此，国家对于污染环境的生产企业，需要征税予以治理。如果空气不稀缺，那就没必要收税治理了。还有，过去认为水资源是无限的，所以不太重视用经济手段来调节水资源的利用。现在看来，水是稀缺资源。所以我们现在开始提倡节约用水，也开始重视利用经济手段来调节水资源了。总体上，就大多数自然资源来说，几乎都是稀缺的。人类的产品都要靠消耗自然资源来生产，所以人类产品也都是稀缺的。经济学要研究如何生产、分配和利用这些资源和产品，以节省资源，达到最佳效用。

【实例】 **穷人的孩子早当家**

穷人的孩子早当家，这与资源稀缺也有关系。因为家境贫穷，父母能够提供给孩子的物品是稀缺的。在资源的约束下，孩子从小就得学会"计算着过日子"，从小就得想哪些是当前最需要的，哪些是暂时不能解决的。从而，孩子从小培养了精打细算的消费和生活理念，并形成了较强的自理自立能力和吃苦耐劳耐劳精神。

【实例】 **上海市交通资源的稀缺**

在上海的内环线，现在由于车太多而拥挤，特别是高峰时间，车速很慢，甚至堵塞，于是有很多司机就骂政府，说为什么当初不设计成双向六车道。然而，这主要是因为相对于上海市经济发展与人民生活水平提高下百姓的家庭轿车普及所带来的道路需求，内环线的道路供给存在着明显的资源稀缺。为此，上海市政府通过车牌竞标、高峰时段外地车限制等手段来对道路资源进行分配和调节。

二、资源配置

（一）资源配置的概念与本质

正是由于资源的稀缺性，人类有必要对有限的资源进行合理配置和利用。

所谓资源配置，是指将包括物质资源和人力资源在内的经济资源按比例地分配在各种产品和劳务的生产上，以满足人们各种不同的需要。资源配置一般要达到两个目标：一是通过资源配置而形成的社会供给的比例与社会需求的比例相适应，避免供给与需求的脱节，也就是资源配置的合理性；二是要讲求经济效率，节约资源，作到人尽其才、物尽其用、地尽其力,也就是资源利用的充分性。达到上述两个目标,就说明资源配置是优化的。

通常,资源配置合理与否,对一个国家和社会经济发展的成败有着极其重要的影响。一般而言,资源如果能够得到相对合理的配置,经济效益就显著提高,经济就能充满活力;否则,经济效益就明显低下,经济发展就会受到阻碍。总体上,资源配置的本质,是为了应对资源的稀缺。具体来说,其主要解决以下四个问题。

问题一:生产什么和生产多少?

不论是社会还是企业,在经济活动中都会面临着生产什么、生产多少的问题。例如,我们应当将有限的资金投于教育还是投于经济开发之中?如投入到教育中,是基础教育还是高等教育?如投入到高等教育中,是促进少数高等精英人才的培养还是致力于大规模高等教育的普及?

问题二:如何生产?

这包括了采用怎样的资源组合、生产规模和技术水平进行生产。例如,用石油发电还是用煤炭发电,或是用太阳能发电?是劳动密集型还是资本密集型,或是技术密集型?是小型企业还是中型企业,或是大型企业?是手工劳动还是机械化操作,或是自动化控制?

问题三:为谁生产?

这是指谁来享受经济活动的成果,也就是说,社会产品如何在不同的居民之间进行分配。例如,谁应当得到较高的收入,是经理、技术人员、工人还是土地所有者?社会的收入分配是贫富悬殊还是比较均等?社会是否应该给穷人提供最低生活保障?

【实例】 小王的资源配置

小王在上海经过几年的努力工作,现有银行存款 50 万元,准备回到自己家乡河南郑州去工作。于是,他决定进行资源分配(如下所示)。

解决问题	方 案	选 择
生产什么和生产多少	方案一:购买房子 80 万元	是
	方案二:购买汽车 20 万元	
	方案三:经营理发店 30 万元	是
如何生产	方案一:房款一次性付清	
	方案二:分清付款	是
为谁生产	方案一:为自己	
	方案二:为自己和父母	是

为此,小王选择购买一套可供自己和父母同住的 100 平方米房子,首付了 20 万元,其余分期付款,此时尚剩余 30 万元现金作为自己理发店经营的资金。可见,正是因为小王手上的资金较少,存在经济资源的稀缺性,所以需要通过资金的合理配置来实现自己的生活目标。

问题四：经济资源是否被充分利用、如何被充分利用？

这主要指资源的配置效率问题，如何通过某种机制将资源分配到更能充分利用资源的经济单位上。

> 【小知识】　　　　　　各国资源分配的不同模式
>
> 　　在美国，经济资源的分配主要依靠市场机制来解决，企业以利润最大化为目标来进行有关决策，政府通过法规来规范企业的行为。但在原苏联，政府的计划部门按照自己对国民经济的理解来进行决策。在我国，改革开放以前主要参照当时的苏联模式，通过政府和行政安排来进行资源分配；当前，则主要依靠市场机制来解决资源分配的问题。

（二）资源配置与市场经济

在许多国家，多数经济问题是由市场来解决的，这种资源配置方式被称为市场经济。市场经济是主要通过市场来配置资源的资源配置方式。具体来说，市场经济，又称为自由市场经济或自由企业经济，是一种经济体系，在这种体系下产品和服务的生产及销售完全由自由市场的自由价格机制所引导。

与市场经济不同，计划经济是指对生产、资源分配以及产品消费事先进行计划的经济体制。由于几乎所有计划经济体制都依靠政府的指令性计划，因此计划经济也被称为"指令性经济"。

市场经济和计划经济都是资源的配置方式。早在1979年邓小平就指出："说市场经济只存在于资本主义社会，只有资本主义的市场经济，这肯定是不正确的。社会主义为什么不可以搞市场经济，这个不能说是资本主义。我们是计划经济为主，也结合市场经济，但这是社会主义的市场经济。"[①]1992年春，邓小平在南方谈话中进一步指出："计划多一点还是市场多一点，不是社会主义与资本主义的本质区别。计划经济不等于社会主义，资本主义也有计划；市场经济不等于资本主义，社会主义也有市场。计划和市场都是经济手段。"[②]改革开放以前，我国资源的配置主要遵循计划经济。改革开放以后，市场经济渐渐成为资源配置的主要手段。

> 【思考】　　　　在计划经济和市场经济下如何组织电视机的生产？
>
> 　　在计划经济下，国家经各级统计上报了解到，下一年全国需2 000万台电视机。为此，国家将这2 000万台电视机的生产任务分配给全国的若干家电视机厂，这些电视机厂根据分配的指标来组织生产，例如分配到100万台电视机，则只生产100万台电视机，生产量几乎完全要根据计划指标来执行。相反，在市场经济下，国家不再负责电视机生产与销售的规划，而是由各个电视机企业根据市场需求自行组织合理数量的电视机生产并参与市场竞争。

---

① 《邓小平文选》第二卷，人民出版社1994年版，第236页。
② 《邓小平文选》第三卷，人民出版社1993年版，第373页。

> 尽管计划经济可以实现计划生产,减少浪费,并有效保障供给,但其存在明显的缺点:企业无自主权,缺少主动性和创造性;产品一旦滞销,带来更大的浪费;生产部门间关系是计划调拨,如某生产环节脱钩,易造成链式反应,造成整个经济停顿。而市场经济则可以有效解决上述计划经济存在的问题。
>
> 当然,市场也不是万能的,资本主义自由放任的市场经济所导致的周期性经济危机,就是市场失灵的严重后果。因而,在20世纪30年代西方经济大危机之后,资本主义国家普遍采用计划调节手段来弥补市场的缺陷,这就形成了宏观调控的市场经济。

【实例】 我国计划经济时期的物品供应方式

1953年我国宣布第一个"五年计划",实行计划经济。计划经济就是对社会资料产品的配置形式采取计划生产,而对商品采用计划供应,对单位个人进行计划分配。为了适应人民生活基本的需求而采取当时最为有效的方法,就是印发了各种票证,有计划地分配到单位或城镇居民手中。我国最早实行的票证种类是粮票、食用油票、布票等。我国的票证种类数量有"世界之最"之称,全国2 500多个市县,还有一些乡、镇都分别发放和使用了各种票证,进行计划供应,还有一些大企业、厂矿、农场、学校、部队、公社等也印发了各种票证,种类繁多。各地的商品票证通常分为"吃、穿、用"三大类。吃的除了各种粮油票外,还有猪、牛、羊肉票、鸡、鸭、鱼肉票、鸡、鸭蛋票、各种糖类票,各种豆制品票及各种蔬菜票等等。穿的除了各种布票外,有化纤票、棉花票、汗衫票、背心票、布鞋票、棉胎票等等。用的有手帕、肥皂、手纸、洗衣粉、火柴、抹布票、煤油票、各种煤票、商品购买证、电器票、自行车票、手表票,还有临时票、机动票等,真是五花八门,涉及各个领域的方方面面。总之,大多数商品都是凭票供应的。什么样的商品就用对应的票去购买,对号入座,缺一不可。

第二节 市场与市场机制

一、市场的理解

(一)市场的概念

市场,起源于古时人类对于固定时段或地点进行交易的场所的称呼,是指买卖双方进行交易的场所。发展到现在,市场具备了多种含义,具体如下:

一是商品交换的场所,如菜市场、股票市场、期货市场等等;

二是交易行为的总称。如提到房地产市场很活跃时,则常指房地产交易和消费行为的活跃性。

三是某种商品需求的总和。例如,我们谈到某种商品"很有市场"时,则说明这种商品的需求很旺盛。

四是市场中买方与卖方力量的集合。

可见，当前市场一词，不仅仅指交易场所，谈论到市场大小时，也不仅仅指场所的大小，而是具有其他方面的意思。

通常，一个市场的形成必须具备以下三个基本条件：(1)存在可供交换的商品；(2)存在着提供商品的卖方和具有购买欲望和购买能力的买方；(3)具备买卖双方都能接受的交易价格、行为规范及其他条件。

(二) 市场的类型

1. 根据市场范围划分

(1) 区域市场。这主要指商品在地区范围内流通形成的区域市场。通常，区域市场具有相对性和可变性。例如，相对于全球而言，亚洲就是区域市场；相对于中国而言，河南是区域市场；相对于城市而言，农村又是区域市场。

中国长三角经济区

2008年9月国务院出台的《关于进一步推进长江三角洲地区改革开放和经济社会发展的指导意见》中，将长三角区域范围界定为"上海、江苏和浙江的全部区域"。在我国，目前有三大经济较为发达的经济区域，除长三角经济区外，还有以辽东半岛、山东半岛和京津冀为主的渤海经济区，和以广州、深圳和珠海等为主的珠三角经济区。

(2) 国内市场。这主要指商品在一个国家领土范围内流通形成的市场。通常，如果一个产品或服务的目标市场地处国内，则该产品或服务的消费对象主要是国内的机构或个人。

(3) 国际市场。国际市场是相对于国内市场的一个概念，是指商品流通超越国界而形成的市场。国际市场是商品交换在空间范围上扩展的产物，它表明商品交换关系突破了一国的界限。

一般而言，国际市场可以细分为外国市场、国际区域市场和世界市场等三个不同的层面。其中，外国市场是指商品交换的范围突破国别的界限，与某个外国之间的商品交换关系构成的市场，通常，外国市场又指国别市场，如美国市场、日本市场等；国际区域市场是指商品交换关系进一步扩大，由若干个国家或地区构成的统一市场，如欧盟、北美自由贸易区等；世界市场是指全球的统一市场。

2. 根据市场状况划分

(1) 卖方市场。即买卖双方交易关系中，卖方占有主动地位的市场。通常，卖方市场是一种商品供不应求的状态。

(2) 买方市场。即买卖双方交易关系中，买方占有主动地位的市场。通常，买方市场是一种供过于求的状态。例如，我国电视机市场就呈现为一种买方市场，电视机厂商竞争激烈，而消费者则有多种品牌可供选择。

> **【思考】　新上市的 iPhone6 属于卖方还是买方市场？**
>
> 2014年9月初,苹果公司 iPhone6 和 iPhone6Plus 的第一批、第二批上市地区名单公布后,中国内地两次失之交臂,不少"果粉"只好将目光转向代购。对于 iPhone6 上市的第一批名单中的中国香港地区,有大量内地"果粉"转向寻找在香港等地的熟人以求帮忙购买。如从上海去香港工作的黄小姐,有了两个孩子后开始做全职太太,从上市地区名单公布后一周左右,就已有5个朋友询问其是否可以帮忙买苹果手机。在苹果香港官网预约通道开放后,网页瘫痪,完全无法"秒杀"。苹果专卖店外也是人山人海,不少人都通宵排队等着 iPhone6 正式发售,有香港人、南亚人,还有代购、黄牛,一般市民基本没法买到。由于不能通过正规渠道购买,很多急于第一时间用上 iPhone6 的内地消费者都找上了水货商,也让水货的价格一路看涨。市场上第一批 iPhone6 的拿货价,基本上都在万元开外,高配 iPhone6Plus 的报价最高更是接近了3万元。

通常,判别一个市场属于卖方市场还是买方市场,主要看这个市场中哪一方在买卖关系中占有有利地位。如果卖方占有利地位,该市场为卖方市场;反之,则为买方市场。从上述例子中可以看出,上述 iPhone6 就属于典型的卖方市场。一般而言,卖方市场对销售方有利,买方市场对消费者有利。在买方市场中,消费者可以在宽松的市场商品选择环境中货比三家,购得价廉物美的商品,并在商品价格不断下降过程中无形中提高实际收入,实现更大的消费满足。尤其是对于曾长期处于商品短缺,从粮、棉、油、肉、蛋、菜到糖、烟、酒以及火柴等生活必需品都是按户实行票证供应的中国人来说,买方市场的形成则赋予其更多的欣喜感受。

3. 根据竞争程度划分

(1) 完全竞争市场。一个行业中有非常多的独立生产者,他们以相同的方式向市场提供同类的标准化的产品。

(2) 完全垄断市场。一个行业只有一家企业,或一种产品只有一个销售者或生产者,没有或基本没有别的替代者。

(3) 寡头垄断。一种产品有大量消费者或用户的情况下,由少数几家大企业控制了绝大部分生产量和销售量,剩下的一小部分则由众多小企业去经营。

(4) 垄断竞争市场。一个行业中有较多企业生产和销售同一种产品,每一个企业的产量或销售量只占总需求量的一小部分。

> **【思考】　为何北京歌华有线可以随意涨价？**
>
> 2003年6月30日,北京歌华有线电视网络股份有限公司(以下简称"歌华有线")宣布自7月1日起,有线收视费由原来的12元上涨到18元,增幅高达50%。此举引起了媒体和社会各界普遍关注,对其没有经过价格听证就随意涨价表示强烈不满。

> 歌华有线用户220万户,每户每月多收6元,一年多收1.584亿元。这新增的1.584亿元主业收入扣除上缴国家税收以外,基本上都是公司的净利润。歌华有线说了提高收费的理由:"北京地区每户每月12元的有线电视收看维护费标准是在以微波方式传送的情况下制定的,已远远不能满足当前有线电视光缆网络的日常维护管理、缆线入地建设和技术升级改造等方面的支出需求,如继续执行现行收费标准将难以维持北京有线电视网络的正常运营和稳定发展。"歌华有线涨价还有一个所谓充分的理由是设备改造。固定资产的投入怎么能让消费者来承担呢?北京市物价局根据当年初歌华有线的涨价申请,核算了其运营成本,同意涨价。至于为什么没开价格听证会,物价局说有线电视价格不在听证目录之列。

在我国,有线电视行业具有比电信行业更加垄断的特点,目前有线电视用户没有任何可以选择的余地:唯一的网络接入商、唯一的服务内容。歌华有线怎么就能不经过价格听证,说涨价就涨价,而且如此霸气?原因很简单:有线电视在我国是一个相对完全垄断的市场,而北京歌华有线恰好利用了其在北京有线电视市场的垄断地位而进行涨价。同样,在我国,一台29英寸的彩电从20世纪90年代7 000—8 000元跌到了现在不到2 000元,而技术的进步、质量的提高更是如日中天。这样惊人的降幅并没有断送中国的彩电业,反而使中国的彩电业成为世界上首屈一指的、最强大的彩电业。为什么彩电、冰箱、微波炉、计算机等产品价格越来越低、质量越来越好、品种越来越丰富?这就是竞争与垄断的不同。

4. 根据市场交换时间划分

(1) 现货交易市场。这是指立即进行交割的市场。通常,"一手交钱、一手交货"就主要指这种市场上商品交易的特征。

(2) 期货交易市场。这是指在未来指定时间进行交割的市场。一般而言,期货(Futures)与现货有着明显的不同。现货是实实在在可以交易的货(商品),而期货交易的则不是货,而是以某种大宗产品(如棉花、大豆、石油等)和金融资产(如股票、债券等)为标的标准化的可交易合约。因此,这个标的物可以是某种商品(例如黄金、原油、农产品),也可以是金融工具。其中,交收期货的日子可以是一星期之后、一个月之后、三个月之后,甚至一年之后。买卖期货的合同或协议叫作期货合约。

期货市场最早萌芽于欧洲。早在古希腊和古罗马时期,就出现过中央交易场所、大宗易货交易,以及带有期货贸易性质的交易活动。最初的期货交易是从现货远期交易发展而来的。第一家现代意义的期货交易所1848年成立于美国芝加哥,该所在1865年确立了标准合约的模式。20世纪90年代,我国的现代期货交易所应运而生。我国现有上海期货交易所、大连商品交易所、郑州商品交易所和中国金融期货交易所四家期货交易所,其上市期货品种的价格变化对国内外相关行业产生了深远的影响。

当然,根据不同的划分标准,市场还可以有其他形式。例如,根据商品流通环节划分,可分为批发市场和零售市场。

二、市场机制

(一) 市场机制的本质

市场机制,是市场运行的实现机制。它作为一种经济运行机制,是指市场制度体内的供求、价格、竞争、风险等要素之间互相联系及作用机理。它的构成要素主要有市场价格机制、供求机制、竞争机制和风险机制等。其中,价格机制是市场机制的核心。

经济学家亚当·斯密指出,在市场上,"每个人都力图应用他的资本,来使其生产品能得到最大的价值。一般来说,他并不企图增进公共福利,也不知道他所增进的公共福利为多少。他所追求的仅仅是他个人的利益。在这样做时,有一只看不见的手引导他去促进一种目标,而这种目标绝不是他所追求的东西。由于追逐他自己的利益,他经常促进了社会利益,其效果要比他真正想促进社会利益时所得到的效果为大"[1]。

市场机制的本质在于"看不见的手"。看不见的手,即一种主观上为实现自己利益却在客观上实现公共福利增进的一种机制。因此,由于"看不见的手"的引导,一个仅仅追求自身利益目标的人,可以在客观上增进公共利益。用今天的说法就是,"主观为自己,客观为他人、社会"。甚至一些经济学家认为,"主观为己者"所起的"客观为他人、为社会"的作用,要比"主观为他人、社会"的作用更大。

关于"看不见的手",经济学家斯密曾用实际举例的形式表述过,他说,我们能吃到面包、喝上美酒,这并非出于面包师、酿酒师对我们的恩惠,而是由于他们对自身利益关切的结果。可见,用斯密这个古老的判断来看现实社会:在市场上,尽管99%以上的厂商都宣称消费者是"上帝",而作为"上帝"的"信徒"的厂商的使命就是"以顾客为上帝",要为"上帝"服务,但这在本质上,是因为厂商们更为关心作为"上帝"的顾客们兜里的"钞票",希望借着哄"上帝"高兴的机会,能正大光明地将"上帝"兜里的钱掏走,以获取更大的利润。

【实例】　　　　　　　　　　雪天的杂货店

1967年,一场大暴雪使得芝加哥市区的交通瘫痪,外面的生活必需品难以进入。当时还是大学生的詹姆斯在住所附近有两家杂货店:一家杂货店慈悲为怀,坚持在大雪天对店内商品不涨价,其店中的商品很快被抢购一空,因为如此低的价格难以使其以高价向外界继续采购新的商品,这家店很快就关门大吉;另外一家杂货店则将所有商品的价格暂时提高到原来的两倍,同时这家杂货店的老板出高价请当地的孩子乘雪橇从外地运进当地市民需要的各种商品。涨价的杂货店因为能够支付较高的雇佣雪橇拉货的成本,一直在雪暴过程中保证了对居民的基本供应,同时高的价格也自然促使居民根据新的价格状况理调整自己的需求,将自己采购的物品控制在自己能够承担的、确实也是必需的范围内。

上面是"看不见的手"调节暴雪期间的杂货店商品价格的一个小小案例。在市场供求决

---

[1] 转引自[美]萨缪尔森:《经济学》上册,高鸿业译,商务印书馆1979年版,第59页。

定价格水平的市场机制面前,不考虑均衡价格的波动而慈悲为怀,往往不会获得预期的效果,维持低价的杂货店必然会面对居民的抢购,因为不能以低价格补充新的商品而在雪灾之中不得不关门,好心的低价杂货店没有赚到合理的利润,居民也因为杂货店的低价而没有调整自己的商品需求,同时在低价杂货店关门之后,居民也就再也买不到所需的日用品了。倒是那位看起来发雪灾财的高价杂货店店主,始终维持了居民在雪灾期间的日用品的供应。也就是说,市场规则看起来无情,但是,正是因为它的充分作用,经济才能得到良好发展。

(二) 市场机制的核心（价格机制）

所谓价格机制,是指在市场机制运作过程中,与供求相互联系、相互制约的市场价格的形成和运行机制。价格机制是最重要的市场机制。商品交换离不开价格,市场上价格无处不在无时不有,价格调节着市场上所有商品的供给与需求。从宏观经济结构上看,在市场经济条件下价格的高低、获利的多少,调节着行业间资金的流向和资源配置。

价格机制是市场机制中最敏感、最有效的调节机制,价格的变动对整个社会经济活动有十分重要的影响。商品价格的变动,会引起商品供求关系变化;而供求关系的变化,又反过来引起价格的变动。市场机制要发挥调节作用,必须通过价格机制才能顺利实现。这是因为价格是经济信息的传播者。从社会生产的一切领域,从社会生活的各个方面,提供和传递着各种经济信息,价格变动情况是反映社会经济活动状况的一面镜子,是市场经济运行的晴雨表。价格是人们经济交往的纽带。社会产品在各个经济单位、个人之间的不停流转,必须通过价格才能实现。价格是人们经济利益关系的调节者。在市场经济中,任何价格的变动,都会引起不同部门、地区、单位、个人之间经济利益的重新分配和组合。

具体来说,市场机制（价格）具有以下三个基本功能:

第一,信息传递。传递信息是市场的一个基本功能。它是指由于商品价格、供求的变化而给生产者和消费者提供有关商品稀缺状况信息的功能。市场传递信息,就是市场发出价格信号。因此,市场传递信息的功能也就是价格的功能,即价格充当信号机的功能。市场经济中,信息传递的关键作用是尽可能以较低的成本、便捷的信息传输渠道和方式给交易双方提供尽可能全面、客观、及时的信息,以减少当事人同某种环境相联系时的不确定性,提高当事人从事经济活动的效率和效益。另外,市场传递信息的及时性、客观性和分散性,还会节省经济当事人在搜集、加工、整理和使用信息各环节的成本费用。

【实例】　　　　　　　　　假日旅游市场的价格上涨

在我国,每年"五一""十一"等重要节日都是一年中的旅游旺季,市民出游热情被点燃,旅游价格也应声而涨。通常近几年,在"十一"黄金周,国庆团队游的多条线路报价上涨近二成。国际游的价格涨幅更为明显,根据线路和品质不同,上涨程度有所差异。可以看出,假日期间旅游线路价格的上涨实际传递出一种信息,即随着我国居民生活水平的提高,假日消费已经成为老百姓的平常消费模式,假日旅游市场中呈现百姓对旅游的需求大于供给的一种现象。

第二，刺激行为。这主要指价格的变化将会刺激生产者和消费者的行为。这种刺激,对企业(生产者和投资者)来说就是利润刺激;对作为消费者的居民来说就是选择最有效的消费方式和消费结构,实现使用价值最大化和最优化组合的刺激;而对作为劳动力供给者的居民来说,就是自愿接受进一步的培训和教育,不断提高自身素质和竞争能力,进而在激烈竞争的劳动力市场上谋求更好的职业和报酬的刺激。例如,对于消费者而言,在消费者收入不变的情况下,某种产品价格上涨,而相关产品价格稳定或下跌,将促使消费者多购买相关产品,少购买或不购买某种产品。某种产品价格下跌,而相关产品价格上涨,将促使消费者多购买某种产品,而少买或不买相关产品。

【实例】　　　　　　　　　你会抢购吗?

2011年3月,占中国洗涤用品市场份额较多的宝洁、联合利华、立白、纳爱斯四大品牌先后高调预告,将在3月底至4月初对洗涤、沐浴类用品全线加价,加幅为5%—15%。此后,中国各地受涨价传言影响,消费者提前入货,以避免受涨价影响。部分地区出现了抢购潮。上海、江苏、陕西及贵州等地的部分超市,洗衣粉、肥皂、洗洁精等日化用品被抢购一空。同样,在当年3月,因3月15日日本福岛核电站泄漏事故,社会中有谣言称日本核辐射会污染海水导致以后生产的盐都无法食用,而且吃含碘的食用盐可防核辐射,一时间引起一些市民疯狂抢购食盐,在这种情况下一些不法经销商乘机哄抬价格,牟取暴利。"今天你买盐了吗?""涨到5元一包了!""货架空了!"已成为在路上、在超市里时不时都能听到的有关买盐的对话。

上述实例中有关洗涤用品和食盐抢购的现象,主要反映出因为消费者对洗涤用品和食盐市场价格未来上涨可能的主观预期(这种预期可能是错误的)而出现的行为刺激。

第三,优化经济。这是指市场机制能对经济结构(包括产业结构、产品结构、地区结构、企业组织结构、技术结构等)起到协调、平衡和优化的用。首先,市场具有协调商品供求结构,使之趋于平衡的内在功能,这是通过价格杠杆的调节实现的。其次,市场机制具有优化企业效率结构和企业组织结构功能,这主要是通过市场竞争机制和风险机制发挥作用来实现的。最后,市场机制具有优化产业结构的功能,这一功能是通过价格机制(实质是利润率高低)实现的,因为在价格和利润诱导下资源的自由和充分流动,可使产业结构、部门构趋于均衡化、合理化。

第三节　需求与供给

一、需求

(一)需求量的含义

需求,是指在某种商品价格恒定的情况下,受其他因素影响而引起消费者能够购买的某种商品的数量。需求量,则是指消费者在某一特定时期内,在每一价格水平下愿意而且能够购买的商品和劳务的数量。通常,需求变动是由该商品价格以外的其他因素引起的变动,比如消费偏好、工资变动等等;需求量变动是指由该商品的价格变动所引起的变动。在这里,我们不对需求和需求量进行区分。

通常,需求量的理解应该注意以下两个问题:

第一,需求量是消费者希望购买的商品数量,而不是实际购买的商品数量。例如,假如消费者在某一价格下对某种商品的需求量是1 000单位,这意味着如果市场上有1 000单位这种商品出售,消费者会把它们全部买下。但是消费者希望购买的数量和市场上实际出售的数量并不总是一致的。如果市场上这种商品的数量只有800单位,而消费者希望购买的数量仍为1 000单位,那么他们实际购买的数量只有800单位,两者相差200单位。

第二,需求量是一种有能力实现的需求。即这种需求量不是消费者的主观愿望,而是一种有能力购买的希望。如果消费者在某一价格下希望购买某一数量的商品,他们就一定能够支付这些商品的价款。

(二) 影响需求量的因素

一种商品的需求量通常是由多种因素决定的,这些因素包括:

1. 商品自身的价格

商品自身价格高,需求量小;价格低,需求量大。通常情况下,价格和需求量呈反方向变化。

【实例】　　　　　　　　　　不同旅游产品的价格

通常,出国旅游价格相对较高,而国内旅游价格相对较低。因此,在中国,个人收入有限并且家庭不太殷实的老百姓,更倾向在国内旅游,国内旅游的需求人数远远超过国外游人数。与此同时,东南亚各国如新加坡、马来西亚、泰国等为了吸引中国消费者到本地旅游和消费,赴这些国家旅游路线的价格近年来逐渐降低,一些经典路线的价格已经基本接近国内一些长线游的价格,从而我国居民赴东南亚等国境外游的人数也逐年增加。

2. 相关商品的价格

各种商品之间,常常存在着某种关联性,这样,其他商品价格变动会影响某种商品的需求。通常,根据商品满足同质性与否,某种商品的相关商品分为两类:一是替代商品(Substitutes),即两种商品间在需求满足上是替代关系;另一是互补商品(Complements),即两种商品间在需求满足上是互补关系。对于替代商品而言,两种商品都能满足某一种欲望,它们之间是可替代的。例如,不同的交通工具都是要实现不同地点间的位移,航空、铁路、公路、海运之间互为替代商品。对于互补商品而言,两种商品则被用来共同满足某一种欲望,两者之间是互补的,缺少任何一个商品,都难以达到消费或使用的目的。比如,汽车和汽油、电器和电、羽毛球拍和羽毛球等等,它们都互为互补品。两种互补商品之间价格与需求量呈反方向变动;两种替代商品之间价格与需求量呈同方向变动。

> **【实例】　　　　　　　　牛肉价格的上涨**
>
> 　　2013年底至2014年初,全球牛肉价格加速上涨。一方面,由于天气干旱、饲养成本上升以及利润下降,饲养者无利可图,因而全球牛肉供应量吃紧;另一方面,新兴市场如中国对牛肉越来越大的需求量推动其价格增长。据报道,中国2014年进口量上涨约19%。英国《金融时报》2013年12月11日报道,英国牛肉价格涨至历史最高水平,这一涨势冲击了英国民众的消费习惯。数据显示,英国许多家庭减少购买牛肉的开支,不少消费者已改吃价格较为低廉的鸡肉或猪肉。

3. 消费者的收入水平

消费者收入增加时,对商品的需求一般会增加;收入减少时,需求量减少。当然,并不是任何商品的需求量都和消费者收入呈同方向变动,对低档商品的需求量和消费者收入就可能呈反方向变动。

4. 消费者的偏好

消费偏好是指消费者对特定的商品、商店或商标产生特殊的信任,重复、习惯性地前往一定的商店,或重复、习惯性地购买同一商标或品牌的商品。属于这种类型的消费者,常在潜意识的支配下采取行动。偏好是消费者基于不同的文化背景、不同的价值观念而产生的不同的口味和嗜好。一般来说,偏好越大的商品,其需求量越大,反之需求量越小。

> **【实例】　　　　　　　　你喜欢米饭还是面食?**
>
> 　　在中国,南方人偏好吃米饭,北方人偏好吃面食。为此,在南方地区,大米消费量远高于面粉,而在北方地区,面粉消费量则明显高于大米。

5. 消费者对未来价格的预期

如果预期未来商品价格水平上升,消费者会增加现在的需求量;反之,会减少现在的需求量。

以上五个因素是影响商品需求的主要因素,除此之外,人口规模、宏观经济政策、民族习惯等也在一定程度上影响商品的需求。商品需求随着这些因素的变化而变化,这些因素共同作用决定需求。

(三) 需求规律

一般来说,当一种物品价格上升时,人们购买量减少。这种正常行为称为需求规律。事实上,需求规律的主要观点就是,需求与价格存在反比关系。如在图1-1中,曲线L就是呈现一种物品需求规律的需求曲线,需求曲线L中价格P与需求量Q之间呈现反向关系。

现实中,需求规律也普遍存在并得到广泛运用。例如,为应对能源危机,减少汽油消费量的办法是提高汽油的价格。

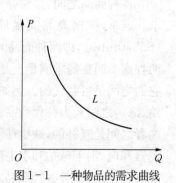

图1-1　一种物品的需求曲线

然而,就经济理论而言,需求规律有时候并不适用。换句话说,消费者有时会违背需求规律,并在一种物品价格上升时购买更多。为什么消费者以一种似乎不合理的方式作出反应呢?主要原因在于替代效应和收入效应的作用。通常,一种商品价格变动所引起的该商品需求量变动的总效应可以被分解为替代效应和收入效应两个部分,即:总效应 = 替代效应 + 收入效应。其中,由商品的价格变动所引起的实际收入水平变动,进而由实际收入水平变动所引起的商品需求量的变动,为收入效应;由商品价格变动所引起的商品相对价格的变动,进而由商品的相对价格变动所引起的商品需求量的变动,为替代效应。

【思考】　　　　　土豆价格上升后为何你会购买更多的土豆?

土豆价格上升而引起土豆需求量的上升,原因在于土豆是一种非常典型的低档物品。当土豆价格上升时,意味着物价上升而使消费者实际上变穷了,或者说,物价上升而引起实际收入降低。因此,在收入效应下,由于实际收入降低,消费者将较少购买价格相对较高的肉而多去购买价格相对较低的土豆。同时,由于土豆相对于肉变得更为昂贵,替代效应使消费者想购买更多肉和更少土豆,或者说用肉来替代土豆。然而,有可能出现一种情况,即收入效应如此之大,以至于超过了替代效应。结果,消费者对土豆高价格的反应是少买肉,多买土豆。

这个例子,就是英国统计学家吉芬在研究爱尔兰土豆销售状况时发现的,即当土豆价格下降时,消费者购买的较少;当土豆价格上升时,需求量反而上升。由于是吉芬最先发现这种现象,所以具有这种性质的商品被称为吉芬商品或吉芬品。

【实例】　　　　　　　　炫耀性的消费

有些消费者为了显示其地位和富有,愿意购买价格昂贵的名画、名车、古董等,而当这些商品价格下跌到不足以显示其身份时,就会减少购买。

上述这种例子中带有炫耀性消费特征的商品,被著名经济学家凡伯伦称为炫耀性商品。总体上,某些商品的需求量与价格的变化方向出现"反常"的商品,基本上可以概括为吉芬商品和炫耀性商品两类。

二、供给

(一)供给量的含义

与需求量一样,这里使用供给量(Supply),对供给和供给量不予以区分。供给量,是指生产者在某一特定时期内,在某一价格水平上愿意而且能够出售的某种商品的数量。通常,供给要具备两个条件:(1)有出售愿望;(2)有供应能力。二者缺一不可。

（二）影响供给的因素

同需求量的决定一样，供给量大小也受到多种因素的影响，它们主要包括：

1. 商品本身的价格

一般来说，一种商品的价格越高，生产者提供的产量就越大。相反，商品的价格越低，生产者提供的产量就越小。

2. 相关商品的价格

例如，咖啡的价格上涨了，可可的价格不变，一些可可生产者会转向生产咖啡，可可的供给必然减少。

3. 生产技术的变动

生产技术的变动也影响产品供给量。例如，生产技术的进步，可以使得产品生产成本降低，产品质量变好。在这种情况下，厂商有可能获取更多的利润，从而刺激企业提高产量。并且，生产技术的进步，也会导致生产效率提升，即单位时间可以生产更多的商品，也会也促进产品供给的增加。

4. 生产要素的变动

通常，生产要素价格变化会直接引起企业产品生产成本的变化。在生产要素价格上涨时，厂商所供给产品的生产成本增加，从而利润率降低甚至发生亏损，这种情况下，厂商通常会减少生产，从而供应量减少；反之，生产要素价格下降，生产成本减少，厂商将会增加生产，商品供给量增加。

5. 厂商对未来的预期

如果厂商认为自己生产的产品未来行情看涨，就会增加产品销售的生产，扩大供给，以获取更大的销售收入；反之亦然。

6. 自然条件

如水果、蔬菜等季节性较强的产品，在生产旺季，供给自然会大于其他时间。

7. 政府相关政策

政府政策也可以影响到企业生产成本的变化，从而引起其供给量的变化。例如，政府如果增加税收，生产者的负担就会加重，供给便会减少，反之则会增加。

（三）供给规律

与需求规律一样，供给也存在一定的规律。供给规律，主要是指在其他条件不变的情况下，商品的供给量与其价格成正比，即商品价格低，供给量小；反之，则供给量大。如在图1-2中，曲线 L 就是呈现一种物品供给规律的供给曲线，供给曲线 L 中价格 P 与供给量 Q 之间呈现正向关系。

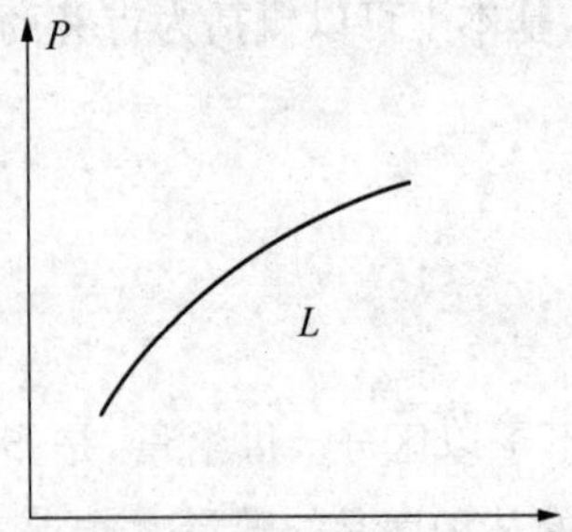

通常，供给规律中的价格与供给间的正向关系（以价格上升为例）的主要原因有两个：一是商品价格上升后，原有生产该商品的厂商会在利润的驱使下，扩大规模，增加产量；二是商品价格上升后，生产该商品的行业利润空间扩大，会吸引新的厂

图1-2 一种物品的供给曲线

商进入该行业进行生产,从而增加该商品的供给量。

同需求规律有例外一样,供给规律也有一些例外情况,即商品的市场供给量与价格成正比。最为典型的例外是劳动者对劳动的供给:当工资增加时,一般会有劳动供给量增加的结果;但是,当工资增加到一定限度后,劳动的供给量反而会下降。具体原因将在后面分析。

第四节 均衡价格

一、均衡价格的理解

日常生活中我们每天都能感受到商品价格的变动:青菜的价格有高有低,最贵的一斤价格高达10多元;早餐中的包子去年时1元一个,现在则需要1.5元;房价年初每平方米25 000元,下半年已经涨到近30 000元;每个月工资4 000多元,增长的速度永远跟不上物价上涨的速度……这些都是生活中的价格,它们每时每刻都在变化,而经济学要告诉我们的是,正是市场上的供给和需求的变化带来这些价格的变动。

然而,在经济学中,价格的决定问题实际上就是均衡价格的确定或形成问题。均衡价格是一种商品的需求价格与供给价格相一致的价格。在市场上,需求和供给两种力量同时存在,任何价格要能成为一种使供求双方成交的价格,就必须是被需求和供给双方同时接受的价格。需求价格是需求一方所愿意接受的价格;供给价格是供给一方所愿意接受的价格。在市场中,价格的形成或确定,是需求和供给这两种基本力量共同作用的结果。因此,要说明一种商品价格的决定,必须把需求和供给两个方面结合起来进行分析。

二、均衡价格的变动

均衡价格的变动可以分别从需求价格和供给价格变动两个角度来理解。

需求价格,是指消费者对一定量商品所愿意支付的价格。在其他条件不变的情况下,市场上对某种商品的需求一般与其价格呈反方向运动。即价格上涨,消费者会感觉商品较贵,需求量减少;价格下跌,则会刺激消费者购买,需求量增加。

供给价格,是指生产者为提供一定量商品所愿意接受的价格。在其他条件不变的情况下,商品的供给与其价格呈同方向运动。即价格上涨,会刺激生产者扩大商品的生产,供给量增加;价格下跌,生产者会减少产量或供给,供给量减少。

因此,在需求价格和供给价格的相互作用下,价格过高时,需求量减少,供给量增加,会导致产品供过于求。在这种情况下,将会带来价格下跌的压力,从而促使生产者减少生产或供给,从而使供求趋向于平衡点。同样,价格过低时,需求量增加,供给量减少,会导致产品供小于求。在这种情况下,将会导致商品在市场中显得稀缺和抢手,从而推高商品的价格,以至抑制需求,刺激供给,使得供求趋向于平衡点。

以某地区猪肉为例,我们看看需求与供给相互作用的结果(见表1-1)。

表1-1　某地区猪肉价格与供求关系

价格(元/斤)	市场需求量(斤)	市场供给量(斤)	供求状态	价格的变动趋势
24	900	1 900	剩余	下降
22	1 100	1 700	剩余	下降
20	1 300	1 600	剩余	下降
18	1 500	1 500	平衡	稳定
16	1 650	1 300	短缺	上升
14	1 600	1 250	短缺	上升
12	1 400	100	短缺	上升

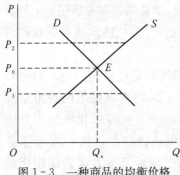

图1-3　一种商品的均衡价格

同样,需求与供给对均衡价格的决定,我们可以使用图来进一步表示。在图1-3中,S是某种商品的供给曲线,D是需求曲线。竖轴表示价格(P),横轴表示数量(Q)。当价格为P_2时,生产者愿意提供较多商品,而消费者仅愿意购买较少商品,供给超过需求;这时,价格必然下降,生产者也不得不缩减生产。当价格为P_1时,生产者愿意提供较少商品,而消费者愿购买较多商品,求过于供;这时,价格必然上升,生产者扩大生产。当价格为P_0时,供给和需求相等,表现为两曲线上相交的点E。E即为均衡点,表示生产者和消费者都能接受并愿保持此水平上的价格(P_1)与数量(Q_1)。

当然,在均衡价格下,供求相等并不意味着所有商品都找到了买主或者所有需要这种商品的人都得到了满足。例如,在猪肉价格为18元/斤时,一部分消费者(如某些低收入群体)可能认为这种均衡价格太高,而放弃或减少购买猪肉,而这部分消费群体的猪肉需求量为200斤;同样,也有一部分生产者(如某些猪饲养户或商户)可能觉得这种均衡价格太低而减少猪肉生产和供给,这些生产者减少的供给量也恰为200斤。

三、价格的限制

从商品价格的形成角度看,市场均衡价格应该是供求均衡时的价格,它完全由供求关系自发调节。然而,由价格机制调节的结果并不一定符合整个社会的长远利益或政府的政策目标。如当发生自然灾害时,大多数生活必需品严重短缺,价格会很高,在这种价格水平下,收入水平低的人无法满足基本的生活需求,必然会影响社会稳定。因此,市场自发调节的市场价格不符合整个社会的利益。因此,政府在某些情况下会适当地干预市场价格,即对市场价格进行限制。通常,价格限制包括最高限价和最低限价两种。

1. 最高限价

最高限价也称限制价格,这主要指政府为了限制某种商品价格上升而规定的这种商品的最高价格。政府执行最高限价的目的就是要压低价格水平,使实际的市场价格水平能低于市场的均衡价格水平。由于最高限价下的商品价格是低于均衡价格的,因此在这种情况下产品往往呈现供不应求的现象。

> 【思考】　　　　　　　政府实施房租限价好吗?
>
> 　　我国东部沿海某城市房价上升过快、房屋租金过高,如近市区一室户约40平方米的房租高达2 000元/月,二室户约60平方米的房租高达4 000元/月。于是,来该城市工作的青年人和一些进城务工人员难以承担,在一定程度上影响了该市对人才和劳动力的吸引能力。于是,该市政府对房屋租金执行最高限价,将房租水平控制在低于均衡租金水平,例如,一室户的最高月租价格为1 200元。你如何评价该市实施的这种房租限制价格政策?

　　政府政策本意是好的,然而在政府这种控制的租金水平下有一些想要租房的人却租不到居住的房屋。一方面,由于房租价格低于市场均衡价格,租金下降使得一部分房屋所有者将原本出租的房屋改作他用,如将房屋出卖,这造成了可供出租的房屋数量的较大幅度减少。另一方面,由于房租较低,将会使得一些原本计划购房的消费者转而租房,并且由于该市房租较低、生活成本不高,也吸引更多的人来该市工作,这也使得租房的人更多。在这种情况下,必然会出现房屋租赁市场上供不应求的现象。

　　通常,政府为了解决供给不足主要有两种方法:一是配给制;二是排队。配给制就是由政府有关部门决定谁可以得到紧缺的物品。配给制的实行必须有一个专门进行配给的机构,造成资源浪费,更为严重的是,主管配给的官员有了分配物品的权力,就有可能出现腐败、受贿的现象,并将紧缺的物品给了哪些不该得到的人们。例如,我国一些地区经济适用房的车库里停着多台宝马、奔驰等豪车的现象。排队就是采取先来后到的原则,直至产品卖完为止。这时,人们为了得到紧缺的物品,不得不花时间排队,从而造成资源浪费。

　　此外,由于价格限制使价格水平较低不利于刺激生产,从而使产品长期存在短缺。所以,价格限制一般会在战争或自然灾害等特殊时期使用,或由于通货膨胀,政府为了保障人民起码的生活水平,往往要对一些基本生活资料规定最高限制价格。实行价格上限有利于实现社会公平,以及社会的稳定。

　　2. 最低限制

　　又称支持价格,是政府为了扶植某种商品的生产而规定的这种商品的最低价格。政府执行最低限价的目的就是要提高价格水平,使实际的市场价格水平能高于市场的均衡价格水平。通常,最低限制一定是高于均衡价格的,在这种情况下产品往往呈现供过于求的现象。

> 【思考】　　　　　　为何工资增加会导致失业率升高呢?
>
> 　　美国联邦政府依照《公平劳动标准法》(Fair Labour Standard Act)制定最低工资,1997年制定的最低工资是每小时5.15美元。然而,最低工资导致了失业。为何工资增加会导致失业率升高呢?

通常,多数经济学家认为,最低工资上升10%将使青年的就业率下降1%—3%。工资是劳动力这种商品的价格。从需求效应看,当最低工资提高时,企业认为劳动力成本将会上升,从而会减少劳动力的需求,如采取裁员措施。并且,最低工资的规定也会带来一定的供给方效应,它将导致更多的人提供更多的劳动供给,如一些高中学生退学去寻找工作的人数增加,一些本来已经退休的人也进入职场。

目前,我国各省区市均制定了劳动者最低工资制度。例如,从2014年4月1日,上海市月最低工资标准从1 620元调整为1 820元,小时最低工资标准从14元调整为17元。政府部门在实施这种最低工资制度时,要注意可能会出现的社会中失业率增加的现象。

一般而言,政府往往为对那些在竞争中处于劣势的产业进行支持而实行价格支持政策,如农业、衰退中的产业。例如,我国政府对一些农产品如玉米、大米等实行支持价格,目的是稳定农业生产和增加农民收入,从长期来看,支持农产品价格有利于农业的发展。当然,支持价格也会产生不利影响,主要表现为由于产品市场价格过高导致生产量较大而出现产品过剩,这就需要政府收购,从而增加了政府的财政负担。

关键概念: 资源稀缺　资源配备　市场　市场机制　需求　需求量　供给　供给量　均衡价格　最高限价　最低限价

1. 什么是资源的稀缺性?你如何理解资源稀缺性的相对性与绝对性?
2. 什么是资源配置?其主要解决哪几个方面的问题?
3. 资源配置有哪几种方式?请联系我国实际进行说明。
4. 什么是市场机制?其主要具有哪几个功能?
5. 举例说明需求规律和供给规律。
6. 什么是均衡价格?均衡价格是如何形成的?
7. 举例说明价格的限制。

第二章 消费者理论

案例导入

英国商人的洋布

鸦片战争后,英国商人为了打开中国这个广阔的市场而欣喜若狂。当时英国纺织工业的中心曼彻斯特的商人估计,中国有4亿人,假如有1亿人晚上戴睡帽,每人每年用两顶,整个曼彻斯特的棉纺厂日夜加班也不够。于是他们把大量的洋布运到中国。结果与他们的梦想相反,洋布根本卖不出去。这是什么原因呢?

这是因为英国商人并不了解中国人的消费需求和消费行为。按当时中国人的收入,并不是没有购买洋布的能力,起码许多上层社会人士的购买力还是相当强的。英国人的洋布为什么完全卖不出去呢?关键在于中国人没有购买洋布的欲望。鸦片战争以前,中国长期处于一种自给自足的封建经济,并在此基础上形成保守、封闭甚至排外的社会习俗。尽管鸦片战争打开了中国的大门,但并没有从根本上动摇中国保守封闭的意识形态,也没有改变在此基础上形成的消费时尚。当时,上层人士以穿丝绸为荣,一般群众以穿自家织的土布为主,洋布和其他洋货受到冷落主要不在于价格高,也不在于人们的收入太低,而在于没有购买欲望。可见,英国人仅考虑到购买能力,而没有考虑到购买意愿,这正是他们的洋布在中国没有市场的原因。

讨论: 联系案例谈谈你对消费者消费行为的理解。

学习目标：
1. 熟悉消费者、消费者行为的概念
2. 熟悉基数效用论和序数效用论的内容
3. 掌握边际效应递减规律的含义及运用
4. 掌握预算线、无差异曲线的含义及分析
5. 熟悉消费者均衡的含义
6. 熟悉消费者剩余的含义

第一节 消费者行为

一、消费者

消费者，一般是指购买和消费产品的社会成员。如美国的《布莱克法律词典》认为，"消费者是那些购买、使用、持有、处理产品或服务的个人"。1978年国际标准化组织消费者政策委员会在日内瓦召开的第一届年会上，将"消费者"定义为"为个人目的购买或使用商品和服务的个体成员"。这种划分不以或不唯一以消费目的为标准，而特别强调消费者的自然人属性。然而，从经济学角度看，消费者（consumer），主要是指具有一定可支配的经济收入来源并能够做出统一消费决策的单位。从消费者的定义可以看出，判别是否为消费者，主要有两个依据：第一，是否具有独立的经济收入来源；第二，是否可以做出统一的决策。可见，判断其是否为消费者不在于其是否具有自然人属性。

【实例】 一家三口的消费决策

一个由爸爸、妈妈和儿子组成的三口之家。爸爸因"十一"黄金假日期间加班，获得了加班费1000元。于是，这个家庭召开家庭会议，讨论这一笔钱如何使用。在开家庭会之前，爸爸希望用加班费买一台打印机，妈妈则考虑到做家务，希望能够买一台高级洗碗机，儿子则希望父母能够给自己添置一些新衣服。在这种情况下，这个单位（家庭）不能称为一个消费者，因为三个人并未实现统一的消费决策。经过激烈的讨论，三人决定还是买一台洗碗机，减轻妈妈的家务量，此时，三人达成了统一的决策，在市场上这个家庭就可以称为一个消费者。可以看出，消费者可以是个人，也可以是由若干人组成的家庭。当然，如果三个人具有统一决策，但手上没有可供当前支配的加班费1000元，这个家庭也不能进入市场进行消费，也不能称为消费者。

二、消费者行为

消费者行为,是指消费者有限收入条件下在多样化商品的购买过程中实现消费效用最大化的行为。通过上述概念可以看出,消费者行为主要有以下三个特点:

1. 消费手段上收入的有限性

主要指消费者在进行选择商品消费时,受到自身有限收入的限制而不能消费无限多数量和种类的商品。

【实例】　　　　　　　　　你会经常出国(境)旅游吗?

随着我国居民出国(境)游签证办理便捷性的增加,越来越多的人将赴国(境)外作为假期出游的目的地。然而,收入水平决定着一个潜在的旅游者能否实现其旅游梦想及其旅游消费水平的高低。然而一个人或一个家庭的收入并非全部都可用于旅游,因此决定其能否实现旅游的家庭收入水平,实际上指的是其家庭的可随意支配收入的水平。所以,目前我国出国(境)旅游者基本上都是经济状况较好、个人或家庭收入水平较高的游客。

同样,价格的变动实际上也意味着其收入水平的变化,或者说收入一定下购买力的变化。例如,由于人们收入的有限性,因此当旅游产品的价格上升时,相当于人们的实际收入水平在降低,在这种情况下,人们往往会减少对外出旅游的需求。这是由于价格变化所导致的收入效应。

2. 消费对象上商品的多样化

在改革开放以前,我国市场上商品供给种类和渠道较为单一,老百姓也只能有一种或少数几种商品可供购买。例如,新中国成立后近十年,衬衫多为白色衬衫,国产电视机只有"北京"牌,国产自行车只有"飞鸽""永久"等少数品牌。

3. 消费目的上效用的最大化

这主要指由于消费者欲望的无限性,消费者希望自己的需求能够得到最大的满足,在消费上获取最大的效用。

【实例】　　　　　　　　　货比三家　网购更好

某天,潮女阿桑也和朋友一起出去逛商场,给自己购置新衣。来到商场询衣时,阿桑注意到一群时尚MM也在挑选衣服,鉴于手里的衣服不知如何抉择,便上前询问下意见。发现这群美女们挑了很多裙子,她们试完后很喜欢,跟导购详谈之后也有买的意愿,转身之后却拿起手机拍衣服的标签。她在猜想,这是在干嘛呢?过后一位MM跟她说,你这衣服要不也先拍下标签吧,回去再到网上买。她觉得都来了就在这买吧,省得花费太多时间。这位MM很认真地告诉她:网上折扣大,有的衣服能省一半的钱!阿桑在这里真的很佩服这些MM们。

在生活中,我们许多青年人都类似于那位MM,购物一般都会货比三家,选择在网上购买而不是实体店,这是因为网店由于不需要支付昂贵的店面租金而价格可能比实体店的相同商品更便宜,对于消费者来说也更实惠。即同质比价,同价比质,以实现有限收入下获取效用的最大化。当然,在现实中也有一些消费者在购买商品时,认为价格越高越好,是名副其实的"名牌控"。这主要是因为其可支配收入较高,从而较少受到消费预算的约束。

三、消费者偏好

消费者行为通常受到两方面因素影响:一是消费者的主观偏好;二是消费者的购买力约束。

消费者偏好(consumer preferences)是消费者按照自己的意愿对可供其消费的商品组合的排列,反映的是消费者个人的兴趣或偏好。偏好是决定消费者行为的重要因素之一。在其他因素不变的情况下,消费者消费什么、消费多少,就取决于他的个人偏好。由于每个消费者偏好的差异,消费者对不同的商品就会具有不同的效用评价,进而就会采取不同的消费决策。同时,消费者对一种商品喜好程度的强弱,也是决定其对商品效用评价高低及购买欲望强弱的因素之一。

> 【实例】　　　　　　　　　**方便面的价值**
>
> 喜欢吃方便面,这种消费者行为出于多方面原因,有的人觉得方便面方便、省时,以求在消费活动中可以尽可能地节约时间;有的人认为方便面多种多样,味道好吃,尤其喜欢吃老坛酸菜的方便面;有时人去外地旅游吃方便面是出于其购买力约束,可以节省自己的旅游成本。其中,前两类消费者主要是出于消费者主观偏好的影响,而后一类消费者则是主要出于其购买力的约束。

当然,消费者有什么样的偏好是消费者个人的事情,在经济学的分析中假定消费者的偏好是稳定的、可预见的,即我们假定受偏好支配的消费者的消费行为是一种理性的、有逻辑的行为。经济学家对消费者形成偏好时的理性作了一些假定,其中基础性假定有三个:

第一,完备性。即消费者可以考虑到所有可供选择的偏好组合,并明确地表达出自己的选择。如对于给定的两种组合X和Y,消费者可以充分考虑各种可能:X>Y、X<Y或X与Y无差异,并能从中作出选择。例如,面临着甲、乙两篮水果,其中甲篮里有3只苹果5只梨,乙篮里有4只苹果4只梨,消费者应该能够判断:或者甲篮比乙篮好,或者乙篮比甲篮好,或者两者不相上下。

第二,传递性。即消费者在按照自己的偏好排列商品消费的选择顺序时,具有逻辑上的一致性。对于X、Y、Z三种商品,如果消费者的偏好是X>Y、Y>Z,则必定有X>Z。例如,消费者认为牛肉比鸡肉好吃,而鸡肉比猪肉好吃,那么,该消费者必然认为牛肉比猪肉好吃。

第三,无限性。这就是所谓"越多越好"的原则,即在其他状况都一样的条件下,某商品越多,消费者就感到越满意。例如,消费者购买5件衣服和3双鞋所获得的消费满足感,要比消费者购买2件衣服和1双鞋所获得的消费满足感要高。

上述三个假定说明,消费者在消费中总是追求效用最大化的,并且从主观上能够选择和确定这种消费组合。当然,这种消费者追求效用最大化的主观考虑将受到其客观购买力的约束。

第二节 效用理论与分析

一、使用价值与效用

在了解商品效用之前,我们有必要理解一下何为商品的使用价值。商品的使用价值,又称为商品的客观使用价值,是指商品由其自然属性而客观所具有的使用价值。通常,商品的这种客观使用价值,不以人们的主观意志为转移,具有客观性。不同商品具有不同的使用价值,能满足不同的消费需要,是因为不同商品具有各自不同的物理的、化学的、几何的等自然属性。例如,汽车的自然属性决定了它可以满足人们的交通需要,而不能作为食品充饥;大米、面粉等粮食的自然属性决定了它们可以充饥,而不能满足交通需要;衣服的自然属性决定了它可以御寒,而不能充饥。可见,商品的使用价值理解的核心在于其客观性。

效用(utility),是指消费者通过消费某种商品或服务以使自己的需求或欲望等得到满足的程度。通常,消费者消费某种商品能满足需求或欲望的程度高,这种商品的效用就大;反之,就是效用小;如果需求和欲望不仅得不到满足,反而感到痛苦,就是负效用。因此,这里所说的效用不同于商品的使用价值,它不仅在于商品本身具有的满足人们欲望的客观的物质属性(如面包可以充饥、衣服可以御寒),而且它有无效用(烟对吸烟者有效用,而对不吸烟者不仅可能无效用,甚至还有负效用)和效用大小(一个饥饿的人连续吃馒头的感觉,起初效用高,以后效用越来越低,直至产生负效用)还依存于消费者的主观感受。主观性,是理解"效用"一词的关键。

【实例】　　　　　　世界上哪种食物最好吃?

某个国际旅游团队来中国北京旅游。在一次旅游过程中,旅游团队中的意大利人和日本人争论,世界上哪一种食物最好吃。意大利人毫不犹豫地说:"世界上比萨饼最好吃。比萨饼味道又香又美味,有各种各样的,有海鲜式的,有水果式的,我每一两天就会吃比萨饼。"这时候,日本人不同意,说:"世界上最好吃的是寿司。寿司吃得又健康,既可当菜吃,又可当主食,味道美极了!"此时,意大利游客和日本游客各持有自己的观点,争论不下。恰好,在他们旁边坐着这个旅游团的中国导游,于是这两个游客请这位导游评价,哪种食物最好吃。这个导游听完之后,马上对两个游客都摇头,并说起来:"你们两位连这个都不知道吗?不会吧?中国地大物博,美食多种多样,你们国家的那几种美食根本不算什么。事实上,中国的水饺最好吃,水饺不仅是我们平常常吃的食物,在我们过新年的时候也专门吃水饺来庆祝新年!水饺刚出锅时,热腾腾,再配点醋,味道真是太好了。今晚,我们旅行餐安排了去北京王府井吃水饺。"意大利游客和日本游客听完之后,全都直摇头。那么,世界上到底什么东西最好吃?

上述这个例子说明了，效用完全是个人的心理感觉。不同的偏好决定了人们对同一种商品效用大小的不同评价。总体上，对效用和使用价值两个概念的理解在于区分主观性与客观性：(1) 效用具有主观性，是对需求或欲望的满足，是消费者的一种主观心理感受程度。因此，对于不同人，消费同一件商品的效用可能不同。(2) 使用价值具有客观性。与效用不同，使用价值反映的是物品本身所具有的自然属性和客观属性，它不以人的主观感受为转移。相反，效用纯粹是人的主观心理感受，因时因地都会发生变化。

二、效用理论

效用理论是消费者行为理论的核心，按对效用的衡量方法分为基数效用论和序数效用论。

（一）基数效用论

基数效用是指像个人的体重或身高那样在基数的意义上可以度量的效用。通常，基数效用的大小可以用基数(1,2,3……)来表示，可以计量并加总求和。

> **【实例】** 一个消费者早餐中的效用
>
> 消费者在早餐中消费一个包子的效用为 3 单位，共吃了 3 个包子，而消费一碗豆浆的效用为 5 单位，共消费了一碗。这样，消费者在这次早餐中消费这两种物品所得到的总效用就是 14 个单位（包子效用 3×3＋豆浆效用 5×1）。

为此，基数效用论的基本观点是：效用大小可以使用具体的数字来衡量。根据此理论，我们可以用具体数字来研究消费者效用最大化问题。通常，在基数效用论下，效用分析可以采用边际效用分析法。

然而，基数效用论是以效用的可测量和可比较为前提的，这是因为效用更多是一种心理感受，要准确计量其绝对效用价值非常困难。在这种情况下，效用理论首先遇到的难题也就是作为主观范畴的效用是不可能精确计量的。为此，效用论需要另一种分析方法，即序数效用论，使得效用理论由基数效用论向序数效用论进行转变。

（二）序数效用论

序数效用，是指使用高低顺序来评价的效用。为此，序数效用论的基本观点是：效用不是数量概念，而是次序概念。通常，在序数效用论下，效用作为一种心理现象无法计量，也不能加总求和，只能表示出满足程度的高低与顺序，效用只能用序数（第一，第二，第三……）来表示。在序数效用论下，效用分析可以采取无差异典型来进行分析。例如，某消费者在一次自助餐中消费了多种食品，并认为：螃蟹的效用第一，牛肉的效用第二，红酒的效用第三，烤鸡的效用第四……

【实例】

某消费者在一次自助餐中消费了多种食品,并认为:螃蟹的效用第一,牛肉的效用第二,红酒的效用第三,烤鸡的效用第四……

总体上,基数效用论和序数效用论是消费者行为理论中两个重要的理论,两个理论既有相同也有不同。相同在于,两个理论的分析目的都是进行消费者消费某种商品主观效用的分析,理论分析目的、分析对象和结论存在一致;不同在于,两个理论使用的分析方法不同。基数效用论和序数效用论的主要区别见表2-1。

表2-1 基数效用论和序数效用论的主要区别

	基本观点	效用分析视角	效用分析方法
基数效用论	效用大小既可衡量又可比较	效用的绝对性	边际效用分析
序数效用论	效用大小只可以比较	效用的相对性	无差异曲线分析

三、效用分析法

1. 总效用与边际效用

总效用是指消费者在一定时间内消费的全部商品的效用量的总和。例如,消费者在短时间内吃包子,第1个包子的效用为4个单位,第2个包子的效用为3个单位,第3个包子的效用为2个单位,这3个包子的总效用则为9个单位。

与总效用不同,边际效用是一个"新增"的量。在介绍边际效用之前,我们有必要先了解一下"边际变化"的含义。"边际"是"新增"的含义,因此,边际变化是指在其他因素保持不变时,某一因素新增的变化。可见边际变化具有两个特点:(1)其他因素保持不变;(2)是一种新增的变化。

【实例】 某企业的生产投入

当一家企业只投入原材料和劳动力时(其他不考虑),投入变化如下:

日 期	劳动力(单位:人)	原材料(水泥)(单位:吨)
1月1日	100	100
1月2日	100	102
1月3日	103	102

在这个例子中,从1月1日至1月2日,是原材料发生了边际变化,数量从100吨变为102吨,边际变化为2吨;从1月2日至1月3日,则是劳动力发生了边际变化,数量从100人变为103人。

根据边际变化的含义,边际效用是指每新增一个单位商品消费所带来效用的增加。例如,当你多吃一个单位的冰淇淋时,你会得到新增的满足,这一增量称为边际效用。表2-2中,主要是某消费者消费汉堡包的效用情况。例如,消费第1个汉堡包,给自己带来"新增"的效用(或边际效用)为4个;消费第2个汉堡包,给自己带来"新增"的效用(或边际效用)则是3个。

通常,边际效用的公式可以表示如下:

第 X 件商品消费的边际效用 = 期末总效用(第 X 件商品消费完后) −
期初总效用(第 X 件商品消费之前)。

例如,表2-2中关于消费者消费第4个汉堡包的边际效用的计算:消费者消费第4个汉堡包之后的总效用为10,消费第4个汉堡包之前即消费3个汉堡包的总效用为9,则第4个汉堡包消费的边际效用 MU 为1(=10−9)。

表2-2 边际效用与总效用

消费量(汉堡包)	边 际 效 用	总 效 用
1	4	4
2	3	7
3	2	9
4	MU	10
5	0	10
6	−1	9
7	−2	7
8	−0.5	6.5

2. 边际效用递减规律

(1)边际效用递减规律的概念。美国前总统罗斯福连任三届后,曾有记者问他有何感想,总统一言不发,只是拿出一块三明治面包让记者吃,这位记者不明白总统的用意,又不便问,只好吃了。接着总统拿出第二块,记者还是勉强吃了。紧接着总统拿出第三块,记者为了不撑破肚皮,赶紧婉言谢绝。这时罗斯福总统微微一笑:"现在你知道我连任三届总统的滋味了吧。"这个故事揭示了经济学中的一个重要的原理:边际效用递减规律。

边际效用递减规律是指,在一定时间内,随着消费某种商品数量的不断增加,一开始消费者从中得到的总效用是在增加的,但是以递减的速度增加的,即边际效用是递减的;当商品消费量达到一定程度后,总效用达到最大值时,边际效用为零;如果继续增加消费,总效用不但不会增加,反而会逐渐减少,此时边际效用变为负数。例如,在你口渴的时候十分需要喝水,你喝下的第一杯水是最解燃眉之急、最畅快的,但随着口渴程度降低,你对下一杯水的渴望值也不断减少,当你喝到完全不渴的时候即是边际,这时候再喝下去甚至会感到不适,再继续喝下去会越来越感到不适(负效用)。

【实例】　　　　　　　　　　杰米扬的汤

　　俄国作家克雷洛夫写过一篇著名的寓言,叫《杰米扬的汤》,讲了这样一个故事:杰米扬很会做鱼汤,也十分好客。有一天,一位朋友远道来访,杰米扬非常高兴,亲自下厨烧了一大盆鲜美的鱼汤来招待。朋友喝了第一碗,感到很满意。杰米扬劝他喝了第二碗。第二碗下肚,朋友有点嫌多了,可是杰米扬仍然一个劲地"劝汤"。朋友喝了多碗后,终于忍无可忍,丢下碗回家去,从此再也不来杰米扬的家了。这个寓言告诉我们,做任何事情都不能超过一定的限度,过了量就会适得其反。

　　通常,边际效用为零或者接近零的时候,消费者的总效用为最大。例如,在表2-2的例子中,消费者在消费到第5个汉堡包时,其获得的总效用为最大,即10个单位。然而,当边际效用递减到等于零以后甚至变为负数时,总效用就不会再增加而会减少。例如,消费者从消费第5个汉堡包之后,总效用逐渐降低,由10变为9、7、6.5。可见,边际效用为零或负数,是指对于某种物品的消费超过一定量以后,不仅不会再增加消费者的满足和享受,反而还会引起消费者的痛苦和反感。

【实例】　　　　　　　　　自助店的无限畅饮

　　某新开的自助畅饮的饮食店"××塘"打出这样的促销手段,即消费者只要支付15元,可以在6个小时之内消费任何数量的饮料,数量不限,但不允许浪费,一杯超过一半未喝完要加收5元钱。于是,消费者感觉非常划算,有许多消费者在假期和休息时间到该店与朋友聚会。该饮料店营业额收入大增。

　　事实上,该店店主的促销手段可以使用边际收益递减规律来理解。假定消费者一般在喝第1杯饮料时,消费者因为口渴,边际效用为4,但随着消费数量的增加,肚子饱胀感觉增加,每杯饮料的边际效用在递减,第2杯、第3杯的边际效用分别为3、1。然而,在喝第4杯饮料时,由于消费者在6个小时之内的消化能力有限,并且已接近喝饱了,第4杯饮料的边际效用为0,此时消费者的总效用为最大值8个单位。此时,如果再进一步消费第5杯饮料,有可能带来负的边际效用(如为-2),如肚子疼,胀得难受。所以,理智的消费者通常会停止喝第5杯饮料。而此时,4杯饮料的生产成本加上店面运营分摊的其他成本仅为8元钱。为此,该店每来一个消费者就可赚7(=15-8)元钱。

　　边际收益递减规律,在生产、生活、科学研究和社会管理中的例子可以说是随处可见,是消费者消费时普遍存在的一条消费规律。在生活中,比如谈对象,当谈第一个对象的时候,印象往往是最深刻的,谈第二个对象印象就没有第一个那么深刻,第三个没有第二个深刻,依此类推。在这里,感情的效应值随着你所谈朋友数量的增加而在减少,这就是人们为什么对初恋那么难忘、那么刻骨铭心的原因。尽管第一次谈的对象不一定是最合适也不一定是最完美的,但却是最难忘的。因为第一次,感情难忘值是最高的。

再比如,有一个地方很好玩,是旅游的好去处,如果你第一次去,就觉得很新鲜新奇,玩得很痛快,觉得收获也不小,但如果去的次数多了,就不觉得新奇好玩了。又例如,一部很精彩的电影或电视剧,观众第一次观看时感觉很好,但是如果在较短的时间内第二次观看,感觉就不如第一次,如果再反复观看,次数越多,感觉就越不如前次。

(2)边际效用递减规律的原因。那么,边际效用为何呈现出递减的规律呢?这可以从两个角度来解释。

第一,从心理或生理角度来分析。人们的欲望尽管是无限的,但就每一个具体的欲望来说却是有限的。这样,随着消费的商品数量的增加,有限的欲望就逐渐得到满足,生理上或心理上对商品重复刺激的反应愈来愈迟钝,后消费的商品对消费者的效用也就愈来愈小。

【思考】 为何水便宜,钻石昂贵?

水便宜,钻石昂贵。由于水较多,随着人们消费水数量的增加,满足程度也就越低,所以人们感觉水的增加所带来的边际效用较小,价格也就便宜。而钻石却非常稀缺,人们体面、身份、美丽等欲望满足程度较低或无法满足,所以感觉其边际效用较大,价格也就昂贵。

上述例子也间接说明了,边际效用决定于物品的稀缺性,而边际效用又是形成物品价值的基础。水的用处很小,由于其多,货币意义上的价值就很少,钻石的用处很少,由于其少,反而很值钱。

第二,从商品的用途来分析。

商品的用途是多种多样的,并且各种用途对人们的重要程度也是不同的,人们总是把商品用于最重要的用途,也就是效用最大的用途,然后才用于重要程度较低的、效用较小的用途。因此,人们后消费的商品的效用一定小于先消费的商品的效用。

【实例】 一个游客对纯净水的分配

一位游客自驾车到了一座大森林游玩,玩到尽兴时发现汽车没有汽油了,手机也丢了,但车上有一辆山地自行车。通过自己带的地图和利用自己丰富地理知识的辨识,他发现自己骑车48小时才能骑出森林。同时,车上有些干粮,还有三瓶4升装的纯净水。于是,他这样分配这些纯净水:第一瓶用于日常饮水,第二瓶用于自己旅游带出来的一条狗的饮水,第三瓶用于洗脸、刷牙。显然,这3瓶水根据其用途,重要性有所不同。如果以数字来表示的话,维持生存的那瓶水最重要,重要性为5,剩下两瓶水的重要性依次为3、1。如果他在路上丢掉了一瓶水,丢掉的这瓶水的效用为1,并不影响用于日常饮水的那瓶水的效用。如果该游客丢了两瓶水,他会把仅剩的一瓶水用于最重要的那部分需要,即日常饮水的需要,以维持自己的正常生活。

第三节 消费者均衡

一、预算线

(一) 消费者预算线

一个消费者在市场上进行消费时,不能无限制地购买商品以满足自己的需要,这是因为其购买行为要受到其购买力的约束。现实中,消费者只能根据商品的价格,在其有限的收入约束下,选择最优的商品组合。所以,消费者购买力的限制取决于市场上商品的价格和消费者本人的货币收入,两者共同构成了消费者的预算约束。

消费者预算线(consumer budget lines),又叫消费可能线,是指在消费者的收入和商品价格既定的条件下,消费者的全部收入所能购买到的两种商品不同数量的各种组合。

通常,假定某一消费者的固定收入为 I,市场上两种商品的价格既定不变,分别为 P_1 和 P_2。如果消费者的全部收入都用于购买这两种商品 X_1 和 X_2,其购买数量分别用 X_1 和 X_2 表示,则能购买两种商品的最大数量组合满足方程:

$$I = P_1 \times X_1 + P_2 \times X_2$$

例如,如果一个消费者购买两种商品,其收入为 $I = 120$,两种商品价格分别为 $P_1 = 4$,$P_2 = 3$,则其预算约束的公式为 $120 = 4 \times X_1 + 3 \times X_2$,如表 2-3 所示。

表 2-3 消费者预算

P_1	X_1	$P_1 \times X_1$	P_2	X_2	$P_2 \times X_2$	$I = P_1 \times X_1 + P_2 \times X_2$
4	30	120	3	0	0	120
4	24	96	3	8	24	120
4	18	72	3	16	48	120
4	15	60	3	20	60	120
4	9	36	3	28	84	120
4	0	0	3	40	120	120

可见,如果消费者的收入全部花在商品 X_1 上,可以购买 30 个单位的商品 X_1,如果消费者的收入全部花在商品 X_2 上,可以购买 40 个单位的商品 X_2。如果消费者既购买 X_1 商品,又购买 X_2 商品,会有介于商品组合(30,0)和(0,40)之间的其他各种组合(部分组合见表 2-3)。这些商品组合有一个共同的特点,即消费者对每一个商品组合的支出都必须等于消费者的收入,即 120 元。它表示在既定的价格水平下消费者用现有的全部收入能够买到的两种商品的最大数量组合。

因此，消费者购买商品 X_1 和商品 X_2 的消费者预算线可以表示为图 2-1 中的直线 AB。

预算线是约束消费者消费的一条线。进一步分析，我们可以使用预算线把消费者可能消费的区域进行划分。

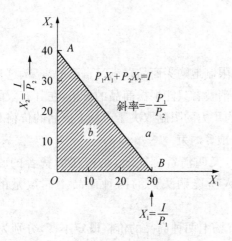

图 2-1 消费者预算线　　　　图 2-2 预算线示例

例如，图 2-2 中某消费者收入为 120 元，用于购买 X 和 Y 两种商品，购买数量分别用 X 和 Y 表示，X 商品的价格为 20 元，Y 商品的价格为 10 元。其中 $X=4,Y=6$，即图中的 A 点，不在预算线上，因为当 $X=4,Y=6$ 时，需要的收入总额应该是 140（$=20\times4+10\times6$）元，而消费者收入总额只有 120 元，两种商品的组合虽然是最大的，但收入达不到，属于超支；$X=3,Y=3$，即图中的 B 点，不在预算线上，因为当 $X=3,Y=3$ 时，需要的收入总额应该是 90（$=20\times3+10\times3$）元，而该消费者的收入总额有 120 元，扣除两种商品的组合的花费后，消费者尚有剩余。

通常，预算线将消费者区域划分为三个区域：预算线以外的区域中的任何一点，如上例（图 2-2）中的 A 点，表示消费者的有限收入不可能实现的商品购买的组合点，消费者消费出现超支，该区域称为超支区；预算线以内的任何一点，如上例中的 B 点，表示消费者没有用完其全部收入，尚有剩余，该区域称为富余区；只有预算线上的任何一点，才是消费者在收入和价格既定的条件下可能购买的这两种商品的最大组合。

（二）预算线的移动

预算线是对消费者有限收入情况下购买一定价格商品的购买力的约束，是由消费者的收入和商品的价格水平所决定的，因此，预算线的变动主要取决于消费者收入或商品价格的变动。

1. 商品价格保持不变、消费者收入变化下预算线的移动

在上例（图 2-2）消费者仅购买商品 X 和商品 Y 的情况下，如果商品 X 和商品 Y 的价格不变，消费者的货币收入发生变化。通常，消费者收入增加，预算线平行向上移动；反之，如果消费者收入减少，会使预算线平行向下移动。例如，如果消费者收入从 120 元减少到100元,会使预算线 MN 平行向下移动,预算线 mn 则为经过移动后的预算线(见图2-3)。

2. 消费者收入保持不变、消费者价格发生变化下预算线的移动

在消费者仅购买商品 X 和商品 Y 的情况下,如果消费者收入不发生变化,商品 X 和商品 Y 的价格变化,又分为两种情形:

第一,商品 X 价格发生变化,商品 Y 价格保持不变。例如,如果消费者收入仍为120元,而商品 X 价格由20元上升为30元,同等收入所能够购买的商品 X 的数量减少,预算线 MN_1 向内移动到 MN_2,消费者的预算范围由 MON_1 缩小到 MON_2。图2-4说明商品 X 价格变动对预算线的影响。

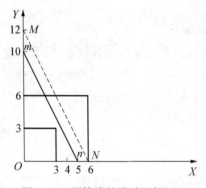

图2-3 预算线的移动示例(一)

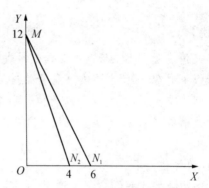

图2-4 预算线的移动示例(二)

第二,商品 Y 价格发生变化,商品 X 价格保持不变。例如,如果消费者收入仍为120元,商品 Y 价格由10元上升为15元,同等收入所能够购买的商品 Y 的数量减少,预算线 M_1N 向内移动到 M_2N,消费者的预算范围由 M_1ON 缩小到 M_2ON。图2-5说明商品 Y 价格变动对预算线的影响。

二、无差异曲线

(一)无差异曲线的理解

1. 无差异曲线的含义

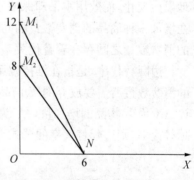

图2-5 预算线的移动示例(三)

无差异曲线指这样一条曲线,在它上面的每一点,商品的组合是不同的,但是,它表示人们从中得到的满足程度却是相同的。通常,无差异曲线是用来表示消费者消费两种商品而获得总效用相同的所有组合的曲线,或者说,它是表示能给消费者带来相同效用水平的两种商品的所有组合的曲线。在研究两种商品组合的情况下,与无差异曲线相对应的效用函数为:

$$U = f(X, Y)$$

式中,U 为常数,表示某个效用水平;X 和 Y 分别为商品 X 和商品 Y 的数量。由于无差

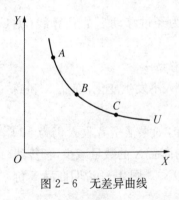

图 2-6 无差异曲线

异曲线表示的是序数效用,所以这里的 U 只是表示消费者期望达到的某一效用水平,而没有具体数值。有的西方学者称这种效用水平为效用指数。图 2-6 中就是这样的无差异曲线。其中,横轴代表消费者消费 X 产品的数量,纵轴代表消费者消费 Y 产品的数量。以其中任意一条无差异曲线 U 为例。A、B、C 这三点表明消费者消费两种商品的数量是不同的。但不管哪一个产品组合,给消费者带来的总效用都是相同的。通常,消费组合也叫市场篮子,就是消费者购买的不同商品或服务的组合。

【实例】 **某消费者的早餐组合**

某消费者早上上班前到餐馆吃早餐。该消费者早餐主要购买两类食品,即小笼包子和稀饭。通常,该消费者有多种食物搭配方式,即吃 6 个包子和 1 小碗稀饭,或吃 5 个包子和 2 小碗稀饭,或吃 3 个包子和 3 小碗稀饭。可见,上述三种食物组合中的任何一种对于该消费者来说,其满足程度是无差异的,即早餐都吃饱了。

2. 边际替代率

(1) 边际替代率的含义。通常,在同一条无差异曲线上,不同的点代表不同的数量组合。当一个消费者沿着一条既定的无差异曲线上下滑动的时候,两种商品的数量组合不断地发生变化,而效用水平却保持不变。这说明,在维持效用水平不变的前提条件下,消费者在增加一种商品的消费数量的同时,必然会放弃一部分另一种商品的消费数量,即两种商品的消费数量之间存在着替代关系。

边际替代率,是指在维持效用水平不变的前提下,如图 2-7,消费者增加 1 单位 X 商品的消费数量所需要放弃的 Y 商品的消费数量,被称为商品 X 对商品 Y 的边际替代率。如果设 ΔX 为 X 物品的增加量,ΔY 为 Y 物品的减少量,MRS_{xy} 代表以 X 商品代替 Y 商品的边际替代率,则边际替代率的公式为:

$$MRS_{xy} = -\Delta Y/\Delta X$$

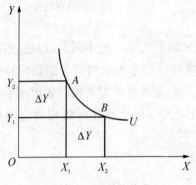

图 2-7 边际替代率

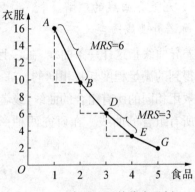

图 2-8 商品边际替代率示例

从图 2-8 可知,从 A 到 B,消费者愿意放弃 6 个单位衣服以获得额外 1 个单位食品,边际替代率 MRS 为 6;从 D 到 E,消费者只愿意用 3 个单位衣服来换取 1 个单位食品,边际替代率 MRS 为 3。

> 【实例】　　　　　　　　早餐中包子对稀饭的边际替代率
>
> 在消费者吃早餐的例子中,吃 5 个包子和 2 小碗稀饭,或吃 3 个包子和 3 小碗稀饭,消费者满足程度都是相同。因此,减少 2 个包子的消费,需要增加 1 小碗稀饭的消费,因此,如果仅从这两个组合来看,包子对稀饭的边际替代率 $MRS_{xy}=-1/2$。

要注意的是,边际替代率是一个负值,但为分析方便,一般用它的绝对值。

(2) 边际替代率递减规律。边际替代率递减规律是:在维持效用水平不变的前提下,随着一种商品消费数量的连续增加,消费者为得到每一单位的这种商品所需要放弃的另一种商品的消费数量是递减的。

之所以会普遍发生这种现象,其原因在于:随着一种商品消费数量的逐步增加,消费者想要获得更多的这种商品的愿望就会递减,从而他为了多获得一单位的这种商品而愿意放弃的另一种商品的数量就会越来越少。

> 【思考】　　　　　　　为何刘小姐会感觉鞋子比衣服好?
>
> 刘小姐喜欢经常逛街去买衣服和鞋子。然而,去年她购买的衣服比较多,由于鞋子尺码不容易掌握,小刘男朋友给小刘买东西时也主要给她买一些衣服。相比较而言,小刘鞋子购买的数量越来越少,尽管其可能实现满足程度相同,但由于家里衣服太多了,会导致单件衣服给其带来的满足程度越来越少,而鞋子由于相对数量少,显得物以稀为贵,则一双鞋子的消费可能给其带来更多的满足感,从而衣服替代鞋子的程度越来越低,或者说衣服对鞋子的边际替代率在降低。

(二) 无差异曲线的特征

1. 无差异曲线是一条向右下方倾斜的线

这表明为实现同样的满足程度,增加一种商品的消费,必须减少另一种商品的消费。假定每个商品都被限定为多了比少了好,那么无差异曲线一定向右下方倾斜,就是说,其斜率一定为负。只有在特殊情况下,即当某种商品为中性物品或令人讨厌的物品时,无差异曲线才表现为水平的或者垂直的,甚至是向右上方倾斜,即斜率为正。

2. 离原点越远的无差异曲线代表消费者的满足程度越高

通常,在同一个坐标平面上的任何两条无差异曲线之间,可以有无数条无差异曲线。同一条曲线代表相同的效用,不同的曲线代表不同的效用。换句话说,离原点较远的无差异曲线上所有商品组合的效用高于离原点较近的无差异曲线上所有商品组合的效用。

3. 任何两条无差异曲线不能相交

这是因为两条无差异曲线如果相交,就会产生矛盾。只要消费者的偏好是可传递的,无差异曲线就不可能相交。

4. 无差异曲线通常是凸向原点的

这就是说,无差异曲线的斜率的绝对值是递减的。这是由边际替代率递减规律所决定的。

三、消费者均衡

(一) 消费者均衡及其假设条件

消费者均衡是对消费者在既定收入条件下实现效用最大化的均衡条件的研究。具体来说,消费者均衡是指,在既定收入和各种商品价格的限制下选购一定数量的各种商品,以达到最满意的程度。消费者均衡是消费者行为理论的核心。

通常,消费者均衡有三个基本假设条件:

1. 偏好既定

这主要指消费者对各种物品效用的评价是既定的,不会发生变动。或者说,消费者在购买物品时,对各种物品购买因需要程度不同,排列的顺序是固定不变的。例如,一个消费者到商业中心去购买衣服、书和糖果,在去商业中心之前,衣服、书和糖果,这一排列顺序到商店后也不会发生改变。这就是说先花第一元钱购买商品时,买衣服在消费者心目中的边际效用最大,书次之,糖果排在最后。

2. 收入既定

即由于消费者收入有限,虽然需要用货币购买的物品很多,但不可能全部都买,只能买自己认为最重要的几种。因为每一元货币的功能都是一样的,在购买各种商品时最后多花的每一元钱都应该为自己增加同样的满足程度,否则消费者就会放弃不符合这一条件的购买量组合,而选择自己认为更合适的购买量组合。

3. 价格既定

由于物品价格既定,消费者就要考虑如何把有限的收入分配于各种物品的购买与消费上,以获得最大效用。由于收入固定,物品价格相对不变,消费者用有限的收入能够购买的商品所带来的最大的满足程度也是可以计量的。因为满足程度可以比较,所以对于商品的不同购买量组合所带来的总效用可以进行主观上的分析评价。

(二) 消费者均衡的分析

1. 序数效用论下消费者均衡的分析

无差异曲线代表了消费者的主观偏好,每个消费者都具有获取最大满足程度的欲望。从无差异曲线的特性来看,离原点越远,消费者获得的满足越大。在不考虑其他因素时,任何消费者都愿意选择离原点较远的无差异曲线以获得较大满足。但是,消费者的满足水平受到货币收入和商品价格这些客观条件的限制,这种限制由预算约束线表示出来。较高的收入和较低的商品价格使预算线远离原点,较低的收入和较高的商品价格使预算线靠拢原点。

总之,无差异曲线表示了消费者消费的主观愿望,预算线则表示了消费者消费的客观条件。

可见,消费者的最优购买行为必须满足两个条件:

第一,无差异曲线离原点越远越好。即最优的商品购买组合必须是消费者最偏好的商品组合,也就是能够给消费者带来最大效用的商品组合。

第二,受消费者预算线的约束。即最优的商品购买组合必须位于给定的预算线上。

图 2-9 运用无差异曲线和预算线分析消费者均衡。该图中 X 和 Y 分别表示两种不同的商品,AB 表示预算线,I_1、I_2、I_3 代表三条效用水平不同的无差异曲线。I_3 代表的效用水平最高,但消费者在目前的收入水平上无法达到。预算线 AB 与无差异曲线 I_1 相交于 C、D 两点,与 I_2 在 E 点相切,这意味着该消费者在目前的收入水平下,既可以选择 E,也可选择 C 或 D。根据无差异曲线的定义,位置较高的无差异曲线代表的满足程度也较高,因此,C 点和 D 点并不是消费者的均衡点,因为这两个交点没有使消费者的效用最大化。为此,预算线 AB 和无差异曲线 I_2 相切的一个切点 E,在数学上,这个切点是最大值;也就是说,消费者均衡的点或效用最大化点是:无差异曲线与预算线相切的点。

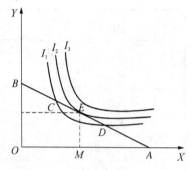

图 2-9 序数效用论下消费者均衡

2. 基数效用论下消费者均衡的分析

从具体的数字层面上分析,消费者均衡点 E 点上,预算线与无差异曲线相切,这意味着预算线的斜率正好等于无差异曲线的斜率。从预算线上看,预算线的斜率是两种商品的价格之比;从无差异曲线上看,无差异曲线的斜率是这两种商品的边际替代率。因此,消费者均衡的条件又可以是:两种商品的边际替代率等于两种商品的价格比率,即

$$MRS = \frac{P_1}{P_2}$$

这就是消费者均衡的基本条件。其含义是:消费者的一定收入在各种可供选择的商品中,要使自己获得最大满足,就必须使自己用每一单位货币所购得的每种商品的边际效用相等。

【实例】

某消费者准备购买 X 与 Y 两种商品,已知两种商品的价格分别为 $P_x = 10$ 元,$P_y = 20$ 元,该消费者的收入为 100 元,并将其全部用于购买 X 和 Y 两种商品。两种商品的边际效用 MU_x 和 MU_y 如下所示:

Q	1	2	3	4	5	6	7	8	9	10
MU_x/P_x	5/10	4/10	3/10	2/10	1/10	0	−1/10	−2/10	−3/10	−4/10
MU_y/P_y	6/20	5/20	4/20	3/20	1/20					

根据收入约束条件：$100=10X+20Y$ 的限制，该消费者能够购买的 X 和 Y 这两种商品的所有整数的组合是有限的。依据给定的条件，该消费者购买这两种商品不同数量的组合，以及相应的 MU_x/P_x 与 MU_y/P_y 和总效用，如表 2-4 所示。根据表 2-4 所列出的资料，运用实现消费均衡的限制条件，就可以确定该消费者实现效用最大化的两种商品的购买量组合比例。

表 2-4　消费者购买商品 X 和 Y 的组合

组合方式	MU_x 与 MU_y	总效用
$X=10, Y=0$	$-4/10 \neq 0/20$	5
$X=8, Y=1$	$-2/10 \neq 6/20$	18
$X=6, Y=2$	$0/10 \neq 5/20$	26
$X=4, Y=3$	$2/10 = 4/20$	29
$X=2, Y=4$	$4/10 \neq 3/20$	27
$X=0, Y=5$	$0/10 \neq 1/20$	19

由表 2-4 可以看出：只有在 $Q_x=4, Q_y=3$ 的购买量组合时，才既符合收入条件的限制，又符合 $MU_x/P_x = MU_y/P_y$ 的要求。此时，该消费者购买 X 商品所带来的总效用为 14，购买 Y 商品所带来的总效用为 15，购买 X 商品与 Y 商品所带来的总效用为 $14+15=29$。也就是实现了消费均衡。

第四节　消费者剩余

一、消费者剩余的含义

消费者剩余是指消费者对某一商品所愿意支付的价格和该商品的市场价格之间的差额。消费者按他对商品效用的评价来决定他愿意支付的价格，但市场上的实际价格并不一定等于他愿意支付的价格。当市场价格低于消费者愿意支付的价格时，这个消费者就不仅在购买中得到了欲望的满足，而且还得到了额外的福利，这个福利便叫作"消费者剩余"。消费者剩余这一概念是 20 世纪初由英国经济学家马歇尔提出来的，他给这一概念下的定义是：个人对一物所付的价格，绝不会超过，而且也很少达到他宁愿支付而不愿得不到此物的价格。因此，他从购买此物中所得到的满足，通常超过他因付出此物的代价而放弃的满足。这样，他就从这种购买中得到一种满足的剩余。他宁愿付出而不愿得不到此物的价格，超过他实际付出的价格的部分，是这种剩余满足的经济衡量。这个部分可称为消费者剩余。

【实例】　　　　　　　球迷购买球票的消费者剩余

一位球迷愿意为一张球票支付 200 元，但结果门票定价为 150 元，他省下了的 50 元就是他的消费者剩余。

如果想尊重买者的偏好,那么消费者剩余不失为经济福利的一种好的衡量标准。消费者剩余概念的提出目的是告诉我们每一个消费者:我们的付出可以少于我们的所获。我们总是在交易当中获取额外的利益,我们社会的总福利总是在交易当中不断增长。

同样,与消费者剩余一样,生产者剩余则主要指该商品的市场价格和生产者生产该商品的成本间的差额(有时候又称为利润)。生产者剩余,主要衡量生产者所得到的额外利益。

【实例】　　　　　　电影公司发行电影的生产者剩余

电影公司提供一部电影的成本是5元,可票价是20元,那么生产者剩余是15元。

上述消费者剩余和生产者剩余可以出现同时存在的现象,即消费者感觉他们可以得到额外的福利,生产者也"有利可图",在这种情况下,卖方和买方之间是一种"皆大欢喜"的局面。

【思考】　　房产市场中消费者剩余和生产者剩余可以同时存在吗?

自21世纪初以来,中国房产市场进入了空前的繁荣期。其中,2013年是中国房产增长最快的一年之一。2013年10月,地处上海市杨浦区五角场附近的某楼盘开盘,开盘价为4万元/平方米。然而,某消费者小李认为该地段为上海未来重点发展地区之一,拥有两条轨交,与中环、内环高架无缝链接,并且紧靠复旦、同济、财大等名校,环境优越,为此,小李对该楼盘的心理价位为5万元/平方米。然而,开发商心里清楚,该楼盘开发的成本是2.5万元/平方米。结果,楼盘开盘当天,小李购买了140平方米的三室二厅的商品房,总价560万元。

在上述这种情况下,小李的消费者剩余是140万元(即140×5−140×4)。同样,开发商的生产者剩余是210万元(即140×4−140×2.5)。商品房交易后,小王感觉很开心,觉得捡了个便宜,同样,开发商也大赚了一笔。事实上,中国房地产的过去10年,多是一种消费者剩余与生产者同时存在的情况。

通常,由消费者剩余和生产者剩余共同构成的就是总剩余(total surplus)。在上述这个例子中,总剩余就是350万元(即140万+210万)。同时,就生产者与消费者的关系说,社会福利的主要衡量指标是"消费者剩余"与"生产者剩余"之和——总剩余。当前的中国,消费者处于弱势地位,政府部门首先应更重视"消费者剩余"。

二、消费者剩余存在的原因

消费者剩余的存在是因为消费者购买某种商品所愿支付的价格取决于边际效用,而实际付出的价格取决于市场上的供求状况,即市场价格。下面我们以猪肉的需求为例,说明消费者剩余。

如果猪肉为每斤 20 元,某个消费者只愿买 1 斤;如果价格下降为 14 元,他将买 2 斤;如果价格再下降为 10 元,他将买 3 斤。价格继续下降,这个消费者的购买量也继续增加:价格为 6 元时,他买 4 斤;价格为 4 元,他买 6 斤;价格为 2 元,他买 7 斤。2 元是他实际支付的价格。在猪肉价格为每斤 20 元时,他恰好买 1 斤,这表明,他从购买 1 斤猪肉中所得到的和把 20 元用于购买其他商品所得到的满足是相等的。当猪肉价格从 20 元下降为 14 元时,他买了 2 斤猪肉,在他看来,他花了 28 元(14+14)至少得到了 34 元(20+14)的满足,他的消费者剩余是 6 元(34-28)。当价格为 10 元时,他买 3 斤,这就是说,这个消费者用 30 元购买了 3 斤猪肉,在他看来,其中第一斤猪肉值 20 元,第二斤猪肉值 14 元,第三斤猪肉值 10 元。于是,3 斤猪肉的总效用为 44 元(20+14+10)的价值,而他只花了 30 元。这时他的消费者剩余为 14 元。依此类推,当价格最后降为 2 元时,他买 7 斤,这 7 斤猪肉共值 59 元(20+14+10+6+4+3+2)为他的效用总额。这个总数超过他实际支付的货币额 45 元(59-14),就是他的消费者剩余。

消费者剩余是一种心理现象,但消费者在自己的正常购买行为中确实可以感觉到它的存在。消费者剩余的概念常被用来研究消费者福利状况的变化,以及评价政府的公共支出与税收等。

关键概念: 消费者行为　效用　基数效用　序数效用　边际效用递减规律　消费者预算线　无差异曲线　消费者均衡　消费者剩余

1. 消费者是个人吗?消费者行为具有什么特点?
2. 举例说明效用的含义。
3. 什么是边际效用递减规律?请举例说明。
4. "一种物品越稀少,它的相对的替代价值越大;相对于数量越多的物品而言,它的边际效用就越上升。"这句话对吗?请解释。
5. 无差异曲线的特点有哪些?
6. 同一件商品买卖中生产者剩余和消费者剩余能够同时存在吗?请举例说明。
7. 你购买一部 iPhone 手机的预算是多少?你实际的花费是多少?试估算一下你的消费者剩余。

第三章 成本与收益理论

> **案例导入**
>
> **生育的成本**
>
> 　　不知每一对父母在生育孩子之前是否计算过：生养一个孩子，父母要付出多少，能得到多少。估计多数父母在生养孩子之前未想过这件事。然而，从现实来看，养育一个孩子确实是有很多的得与失。其实，孩子对父母来说，就如同一件耐用消费品，他(她)的功能有点像汽车、电冰箱、电视机和电话，能给父母带来长久的精神上和物质上的满足，甚至是荣耀。但是，做父母的也确实付出了很高的成本，既包括在养育小孩上食物、衣服、医疗保健、娱乐、教育等方面的费用，也包括父母由于养育孩子失去的机会，这个机会可能是发财的机会、事业发展的机会、外出旅游的机会甚至是休息的机会。这种计算似乎有悖父母与孩子之间的亲情，但它确实又是现实存在的。正如诺贝尔经济学奖得主加利·贝克尔认为的那样，父母在生育孩子方面，同样在遵循着成本-效益分析方法，尽管不是有意识地在遵循。
>
> 　　**讨论**：能否想一想你自己在人生某件大事决策时所考虑的成本？

> **学习目标：**
> 1. 掌握不同类型经济成本的含义
> 2. 了解不同类型厂商生产成本的含义
> 3. 了解收益的主要几个概念
> 4. 掌握边际收益、边际收益递减规律的含义及运用
> 5. 熟悉正常利润和经济利润含义及区别
> 6. 掌握成本收益分析的含义及运用

第一节 成本分析

一、经济成本

(一) 机会成本

经济学是一门研究经济社会如何对稀缺的经济资源进行合理配置的学科。从经济资源的稀缺性这一前提出发,当一个社会或一个企业用一定的经济资源生产一定数量的一种或几种产品时,这些经济资源就不能同时被使用在其他的生产用途方面。这就是说,这个社会或这个企业所获得的一定数量的产品收入,是以放弃用同样的经济资源来生产其他产品时所能获得的收入作为代价的。由此,便产生了机会成本的概念。

机会成本是指,为了做这件事而要放弃的另一些事情所能获得收益的最大价值。如果从决策角度来看,也可以理解为在面临多方案择一决策时,被舍弃的选项中的最高价值者是本次决策的机会成本。可见,一件事情或一项决策的机会成本的成立,需要具有两个条件:

第一,所使用的资源具有多种用途。机会成本本质上是对不能利用的机会所付出的成本,因为决策者(包括企业)选择了这种用途,就必然丧失其他用途所能带来的收益。如果资源的使用方式是单一的,那就谈不上各个机会的利益比较。只有当资源具有多用性的时候,决策者才要考虑机会成本,这是考虑机会成本的一个前提条件。

第二,把可能获得的最大收入视为机会成本。考虑机会成本时并不是指任何一个使用方式,而是指可能获得最大收益的使用方式。

【思考】　　　　小王开公司的机会成本是多少?

小王自己开一个小公司,2013年会计收入为15万元,会计成本为12万元,他如去外企工作年薪为8万元,去国企工作的年薪为5万元,与自己好朋友合开一个公司则每年可获得收益分配6万元。那么小王开公司的机会成本是多少?

在这个例子中,小王自己开一个公司,要分别放弃三种事情的可能,即去外企工作、去国企工作、与别人合开公司。由于机会成本是所放弃事情中收益的最大值,故小王自己开公司的机会成本为8万元。从这个角度看,机会成本8万元大于自己开公司的3(=15-12)万元收益,如果不考虑其他因素,仅从经济角度衡量,小王应去外企工作而不是自己开公司。可见,在现实中我们进行事情决策时通常遵循一种法则,即:做某事的收益 VS 做某事的机会成本。如果某事的收益大于其机会成本,则应该从事;如果某事的收益小于其机会成本,则应放弃此事。

【思考】　　　　小王为何拒绝了免费游玩的邀请?

某周六,小刘邀请小王去杭州玩一天,并对小王说,单人游玩费用(包括路费、门票费)大约 200 元,由小刘承担。而此时,小王单位恰逢新任务,企业领导为鼓励员工加班,规定凡周六加班可获三倍工资。于是小王拒绝了小刘邀请。小刘不解:为何我邀请他免费游玩,他仍然拒绝,太不给我面子。于是,小刘心生不快。

在这个事件中,尽管小王受小刘邀请可以免费去杭州游玩,但由于周六去游玩杭州将使得小王放弃因加班而能获得的三倍工资收益。如小王日平均工资为 100 元,这样算来,小王去杭州游玩的机会成本就是 300 元。而去杭州旅游的本身价值也仅为 200 元,小于小王加班所获加班费的 300 元,故小王经过分析后拒绝了小刘的邀请。

如果从厂商生产角度看,机会成本则是指厂商把相同的生产要素投入到其他行业当中去可以获得的最高收益。研究机会成本的经济意义在于能够更好地考察厂商的经济行为是否真正有效率。例如,在厂商的会计成本中,对自有资本可以不计利息,对自有的劳务使用也可以不计工资。这样,如果仅从会计账面上实际支出的成本费用和收益来看,厂商可能是盈利的,但如果使用机会成本的概念,在会计成本上再加进自有资本和自有劳务所需取得的利润、利息、薪水等收入,则很可能是亏损的,即厂商的经营是无效率或低效率的。例如,小张用自己的 100 万元开饭店,固然可以省去向银行贷款的利息支出,降低了他的会计成本,但同时他损失了 100 万元能够带来的利息收入。因此,如果这笔资金给他带来的利润率小于存款利息率的话,那么小张的投资决策就是不合理的。

所以,厂商在经营中无论在主观上是否明确意识到了机会成本,在客观上它都是存在的。机会成本也就成为经营者确定投资决策的一个重要的衡量杠杆。

【实例】　　　　　　　　某投资者的投资选择

投资者李某可以选择股票和储蓄存款两种投资方式。他于 2012 年 9 月 1 日用 10 万元购进某种股票,经过一年的操作,到 2013 年 9 月 1 日,投资股票的净收益为 4 500 元。如果当时他将这 10 万元存入银行,一年期定期储蓄存款的年利率为 2.25%,扣除利息税,则有 1 800 元的实际利息净收益。

从上例可以看出,这 1 800 元就是李某投资股票而放弃储蓄存款的机会成本。若考虑机会成本,李某的实际收益应为 2 700 元,而不是 4 500 元。如果到 2013 年 9 月 1 日,李某投资股票获得的净收益为 1 500 元,若考虑机会成本,他的实际收益则是亏损 300 元。

机会成本是经济学原理中一个重要的概念。在人们日常生活的事物决策中,在国家和政府制定经济计划中,在新投资项目的可行性研究中,在新产品开发中,乃至工人选择工作中,都存在机会成本问题。它为正确合理的选择提供了逻辑严谨、论据有力的答案。在进行选择时,力求机会成本小一些,是经济活动行为方式的最重要的准则之一。

(二)显性成本与隐性成本

1. 显性成本

显性成本是指可以货币化的成本。对于企业来说,就是企业经营的货币支出,它实际发生了,在会计上也核算这部分成本。例如,厂商生产所需要支付的生产费用、工资费用、市场营销费用等,因而它是有形的成本,这些都可以从企业的会计账目中得以反映。从某种角度讲,显性成本反映的是实际应用成本,可以在产品价值中得到反映并具有可直接计算的特点。例如,小李经营小卖部,其进货费、水电费、店员工资都是他的实际支出。

2. 隐性成本

隐性成本,是指未能进行货币化的成本。对于企业来说,隐性成本是指厂商在生产过程中使用自身所拥有的那些生产要素的价值总额。通常,隐性成本是一种隐藏于企业总成本之中、游离于财务审计监督之外的成本,没有在会计账目中得到货币化的反映。例如,企业所有者自身的薪金,生产中使用自己所拥有的厂房、机器等。在经济学中考察生产成本时,应将隐性成本包含在内。对于许多小规模工商企业而言,隐性成本所占的比重相当高。例如,自己投入劳动的工资,投入资金的利息,自己的用于经营的房屋的租金等。对于许多大企业而言,最主要的隐性成本是投入资金的利息。

> 【思考】　　小王购买手机的成本包括哪些?
>
> 小王去街上购买新上市的某款手机。为此,其连夜在手机销售店排队,一夜未睡,第二天上午顺利拿到自己的手机,手机价值为 5 800 元。那么,小王购买手机的成本只有 5 800 元吗?

在这个例子中,从货币化的角度看,小王购买手机的显性成本是 5 800 元,然而,小王为购买到这款手机,付出了一夜的体力,如果用这个体力,其实际上可以获得夜里加班费,约 200 元。所以从这个角度看,小王购买手机的隐性成本可以简单算为 200 元,其购买手机的总成本应为 6 000(=5 800+200)元,而不仅仅是显示为货币化的支出即 5 800 元。

可见,显性成本与隐性成本之间的区别,说明了经济学家与会计师分析经营活动之间的重要不同。经济学家关心企业(个体)如何作出决策,因此,当他们在衡量某个事情实施成本时就包括了所有机会成本。与此相比,会计师的工作是记录流入和流出企业的货币。结果,会计师通常只衡量在账本中显示出货币化数字的显性成本,但忽略了隐性成本。

(三)原始成本与重置成本

1. 原始成本

原始成本,是指当时购买某物或做某事的实际成本。从企业角度看,原始成本是指,厂商在资产取得时的实际成本,也称历史成本,是企业购置、制造或建造各项资产所发生的全部实际支出,如购置一项固定资产,其原始成本是其发票价格加上使该项资产得以投入使用前所发生的全部支出,如包装运输费、安装费用等。

2. 重置成本

重置成本是指,按照目前市场价格重新购置某物或做某事的实际成本。从企业角度看,重置成本是指厂商重新购置或建造同样生产(服务)能力的资产所要花费的全部支出。例如,在对固定资产进行重新估价或计算固定资产的折旧时,必须要考虑重新购置或建造和安装同样生产能力的全新固定资产所需的代价。

> 【实例】　　　　　　　一台立式电风扇的原始与重置成本
>
> 小王在 20 年前购买一台立式电风扇,价值 200 元,而现在小王购买同样款式的电风扇只花了 100 元。如果考虑到两个商品质量没有差别,该电风扇的原始成本是 200 元,重置成本为 100 元。

原始成本是过去时点上的成本,而重置成本是现在时点上的成本,它强调站在决策主体(包括企业)的角度,以当前购买或投入到某项资产上的价值作为重置成本。在实务中,重置成本多应用于盘盈固定资产的计量等。

> 【实例】　　　　　　　　　一台设备的重置成本
>
> 某企业在年末财产清查中,发现全新的未入账的设备一台,其同类固定资产的市场价格为 40 000 元。则企业对这台设备按重置成本计价为 40 000 元,即使企业当时实际购买该设备的成本(即原始成本)不是 40 000 元。

(四)私人成本与社会成本

1. 私人成本

私人成本也称为私人费用,是指自己做某事独自承担的成本。对企业来说,私人成本是从企业自己角度来看的成本,厂商投入的生产要素如劳动、资本、土地、企业家才能等价格均应计入私人成本。

2. 社会成本

社会成本,是指做某事的总成本。可见,社会成本是与私人成本相对的概念,等于私人成本加上对别人没有补偿的损失,是一种从整个社会的角度来看的机会成本。社会成本考察的是当生产一种产品的投入改为该产品之外的其他最优用途时的收益以及因此而给别人带来的损失。

> 【思考】　　　某食品企业的私人成本和社会成本是多少?
>
> 某企业生产食品,投入 5 万元,在未给别人带来损失的情况下一年内可获利 10 万元;若该企业以同样数量的资金 5 万元投入到化工产品的生产和经营中,可获利 12 万元。但化工产品的生产,向空气和水中排放的有毒物质使得附近的农作物因环境污染而产量下降,从而使得附近的农民收入减少 3 万元。

在这个例子中,厂商生产食品的私人成本为 5 万元,没有给他人带来损失,此时其承担的私人成本可以等同为社会成本。然而,当厂商从事化工产品生产与经营时,该厂商不会把这 3 万元计入自己的成本,而社会成本则必须考虑这 3 万元的损失。此时,厂商的私人成本为 5 万元,但社会成本则为 8(=5+3)万元。社会成本与资源的稀缺性密不可分,因为资源从整个社会来看是极其有限的,考虑社会成本有利于资源的有效配置。这个例子属于外部不经济问题,厂商没有补偿农作物歉收给农民带来的损失,其所进行的成本核算也只是计算自己所付出的生产要素的价格,所以这时私人成本小于社会成本。

相比较社会成本,私人成本仅仅按照生产要素价格和正常利润来进行计算,因此,在外部不经济下产生的环境污染、生态破坏、给别人和社会带来的损失都没有计入私人成本,从而使得私人成本会低于社会成本;因此,应采用税收或制定法律的办法来解决外部不经济问题,从而使私人成本等于社会成本。

二、厂商的生产成本

(一)总成本、平均成本与边际成本

1. 总成本

总成本,是指企业生产某种产品或提供某种劳务而发生的总耗费。即在一定时期内(财务、经济评价中按年计算)为生产和销售所有产品而花费的全部费用。总成本常记作 TC(Total Cost)。如果以 Q 代表产品的生产数量,在经济学中表示如下:

$$总成本\ TC = f(Q)$$

2. 平均成本

平均成本,是指一定范围和一定时期内生产单位产品或提供劳务所耗费的成本。平均成本总是针对一定数量的产品或劳务而言的。一定时期产品生产或劳务提供平均成本的变化,往往反映了一定范围内成本管理总体水平的变化。通常,平均成本记作 AC(Average Cost)。总成本与平均成本的关系是:

$$AC = 总成本\ /\ 数量 = TC(Q)/Q$$

3. 边际成本

在经济学中,边际成本指的是每一单位新增生产的产品(或者购买的产品)带来的总成本的增量。通常,边际成本记作 MC(Marginal Cost)。

【实例】　　　　　　　　　某企业的边际成本

某企业生产某种产品 100 个单位时,总成本为 5 000 元,单位产品成本为 50 元。若生产 101 个时,其总成本 5 040 元,则所增加一个产品的成本为 40 元,即边际成本为 40 元。再比如,仅生产一辆汽车的成本是极其巨大的,而生产第 101 辆汽车的成本就低得多,而生产第 10 000 辆汽车的成本就更低了(这是因为规模经济)。

通常,当实际产量未达到一定限度时,边际成本随产量的扩大而递减;当产量超过一定限度时,边际成本随产量的扩大而递增。因为,当产量超过一定限度时,总固定成本就会递增。由此可见影响边际成本的重要因素就是产量超过一定限度(生产能力)后的不断扩大所导致的总固定费用的阶段性增加。这个概念表明,每一单位的产品的成本与总产量有关。

(二) 固定成本与可变成本

1. 固定成本

固定成本,是指不随产量变化而变化的成本,即使企业产量为零,也必须要支付这笔费用。因此,固定成本又叫固定开销、经常开销或沉没成本。固定成本由许多项目构成,如厂房、办公室的租金,设备租金,债务利息,长期工作人员的薪金、保险费等。通常,固定成本记作 FC(Fixed Cost)。固定成本是一个与产量无关的成本。

2. 可变成本

可变成本是随着产量变化而变化的成本,当产量为零时,可变成本为零;随着产量增加,可变成本增加。可变成本包括产出所需要的原材料、工人工资、燃料以及运输费用等。在确定产量水平时,可变成本才是企业必须考虑的成本项目。通常,可变成本记作 VC(Variable Cost)。其中,单位变动成本是指增加一个产品生产而增加的变动成本。

> 【思考】　　　　　开设一个英语培训班的成本有哪些?
>
> 某学校开设为期一个月的英语培训班。因自己场所不够,该学校在市中心租借了一个教室作为英语培训班所用教室,教室的座位数为 50 个。教室场地月租金为 5 000 元,教师基本授课费用为 3 000 元。此外,除了基本授课费用,培训学生每人享受一次 2 小时与教师练习口语的机会,校方为此要支付给老师的成本为 50 元/人。

可见,培训班的固定成本为 8 000(=5 000+3 000)元,单位变动成本为 50 元,即每增加一个学生支付给教师的口语费。招收 1 个学生的总成本为 8 050(=5 000+3 000+50)元,而招收 2 个学生的总成本为 8 100(=5 000+3 000+50×2)元。于是,第 1 位学生的边际成本为 8 050(=8 050−0)元,第 2 位学生的边际成本则为 50(=8 100−8 050)元。在这种情况下,其边际成本将一直维持为 50 元。当其招收到 50 个学生时最划算。然而,招收第 51 个学生时,该学校需要另租一个教室并请一个教师,总固定成本将增加 8 000(=5 000+3 000)元。

值得注意的是,在经济学中,厂商的生产可以分为短期生产和长期生产。生产要素投入可以区分为不变投入和可变投入,从而产生固定成本和变动成本。

短期生产,是指这样一种生产,即生产者无法调整部分要素的时间周期。通常,短期内不可进行数量调整的要素是不变要素。例如,机器设备、厂房等。这些要素的成本,就是上面所说的固定成本。而生产者在短期内可以进行数量调整的那部分要素投入,则是可变要素投入。例如,劳动、原材料、燃料等。在长期,生产者可以调整全部的要素投入。其对应的成本则通常为变动成本。

长期生产,则是指生产者可以调整全部生产要素的数量的时间周期。短期和长期的划分是以生产者能否变动全部要素投入的数量作为标准的。对于不同的产品生产,短期和长期的界限规定是不相同的。譬如,变动一个大型炼油厂的规模可能需要3年的时间,而变动一个豆腐作坊的规模可能仅需要1个月的时间。即前者的短期和长期的划分界限为3年,而后者仅为1个月。

【实例】　　　　　　　某旅行社的折扣

某旅行社在旅游淡季打出从天津到北京世界公园一日游38元(包括汽车和门票),小张的一位朋友说不信,认为是旅行社的促销手段。一日他跟小张提起这事,问小张是真的会这么便宜吗? 38元连世界公园的门票都不够。小张给他分析,这是真的,因为旅行社在淡季游客不足,而旅行社的大客车、旅行社的工作人员这些生产要素是不变的,一个游客都没有,汽车的折旧费、工作人员的工资等固定成本也要支出。任何一个企业的生产经营都有长期与短期之分,从长期看如果收益大于成本就可以生产,从短期看,只要收益大于平均可变成本就可经营。更何况就是38元票价旅行社也还是有钱赚的,我们给他算一笔账:一个旅行社的大客车载客50人,共1 900元,高速公路费和汽油费假定是500元,门票价格10元共500,旅行社净赚900元。在短期不经营也要损失固定成本的支出,因此只要收益弥补可变成本,就可以维持下去,换个说法,每位乘客支付费用等于平均可变成本,就可以经营。另外公园在淡季门票也打折,团体票也会打折也是这个道理。

【思考】

在现实中,我们经常会看到一些保龄球场门庭冷落,但仍然在营业,这时打保龄球的价格相当低,甚至低于经营成本。这些保龄球场经营者为什么这么做?

在短期中,保龄球场经营的成本包括固定成本和可变成本。保龄球场的场地、设备、管理人员是短期中无法改变的固定投入,用于场地租金、设备折旧和管理人员的工资的支出是固定成本。固定成本已经支出无法收回,也称沉没成本。保龄球场营业所支出的各种费用是可变成本,如电费、服务员的工资等。如果不营业,这种成本不存在,营业量增加,这种成本增加。由于固定成本已经支出,无法收回,所以,保龄球场在决定短期是否营业时,考虑的是可变成本。

假定每场保龄球的平均成本是20元,其中固定成本为15元,可变成本为5元。当每场保龄球价格为20元以上时,收益大于平均成本,经营当然有利。当价格等于20元时,收益等于成本,这时称为收支相抵点,仍然可以营业。当价格低于20元时,收益低于成本。乍一看,保龄球场应该停止营业。但当我们知道短期成本中的成本有固定成本和可变成本时,决策就不同了。

假设现在每场保龄球价格为 10 元,是否营业呢? 由于可变成本是 5 元,在弥补了可变成本之后,仍可剩 5 元,这 5 元可以弥补固定成本。固定成本 15 元无论经营与否都要支出,能弥补 5 元,当然比一点也不弥补要好。因此要坚持继续营业。这时企业考虑的不是利润最大化,而是损失最小化,即能弥补多少固定成本算多少。

当价格下降到与可变成本相等的 5 元时,保龄球场经营不经营是一样的。经营正好弥补可变成本,不经营这笔可变成本可以不支出。因此,价格等于平均可变成本之点被称为停止营业点。在这一点之上,只要价格高于平均可变成本,就要营业。在这一点之下,价格低于平均可变成本,无论如何不能营业。

门庭冷落的保龄球场仍在营业,说明价格高于平均可变成本。这就是这种保龄球场不停业的原因。有许多行业是固定成本高而可变成本低,例如旅游、饭店、游乐场所等。所以现实中这些行业价格可以降得很低。但这种低价格实际上仍然高于平均可变成本。因此,仍然营业比不营业有利,至少可以弥补部分固定成本,实现损失最小化。本案例说明的是成本分析对企业短期经营决策的意义。

第二节 收益分析

一、收益的主要几个概念

在经济学中,收益(Revenue)是指厂商出售产品所得到的全部收入。收益既包括成本,也包括利润。在微观经济学中,通常使用的收益概念分为三类:总收益、平均收益、边际收益。

(一) 总收益

总收益,是指厂商销售一定数量的产品或劳务所获得的全部收入,它等于产品的销售价格与销售数量的乘积,记为 TR(Total Renue)$=P\times Q$。

(二) 平均收益

平均收益,是指厂商销售每单位产品平均所得到的收入。通常,平均收益记作 AR (Average Revenue)。

(三) 边际收益

边际收益,是指增加一单位产品的销售所增加的收益,即最后一单位产品的售出所取得的收益。它可以是正值或负值。边际收益是厂商分析中的重要概念。通常,边际收益记作 MR(Marginal Revenue)。

如果以 TR 代表总收益,以 AR 代表平均收益,MR 代表边际收益,以 Q 代表销售量,以 Δ 代表增加的量,则这三者的关系为:

$$总收益\ TR = P(单价)\times Q(数量) = AR(平均收益)\times Q(数量)$$
$$边际收益\ MR = \Delta TR(总收益的增加量)/\Delta Q(产量的增加量)$$

值得注意的是,我们在理解收益这几个概念时要知道:收益并不等于利润。收益不是出售产品所赚的钱,而是出售产品所得到的钱。所得到的钱中,既有用于购买各种生产要素而支出的成本费用,也有除去成本费用后所余下的利润。还要再强调的是,用于企业家才能的成本费用就是正常利润。按经济学家的分析,正常利润是成本的一种。

二、边际收益递减规律

边际效益递减规律,又称边际产量递减规律,是指在短期生产过程中,在其他条件不变(如技术水平不变)的前提下,增加某种生产要素的投入,当该生产要素投入数量增加到一定程度以后,增加一单位该要素所带来的效益增加量是递减的。边际收益递减规律是在以技术水平和其他生产要素的投入数量保持不变为条件的前提下进行讨论的一种规律。

边际收益递减规律的存在原因在于,随着可变要素投入量的增加,可变要素投入量与固定要素投入量之间的比例在发生变化。在可变要素投入量增加的最初阶段,相对于固定要素来说,可变要素投入过少,因此,随着可变要素投入量的增加,其边际产量递增,当可变要素与固定要素的配合比例恰当时,边际产量达到最大。如果再继续增加可变要素投入量,由于其他要素的数量是固定的,可变要素就相对过多,于是边际产量就必然递减。

> **【实例】** 农田里撒化肥的效益变化
>
> 在农田里撒化肥可以增加农作物的产量,当你向一亩农田里撒第一个100千克化肥的时候,增加的产量最多,撒第二个100千克化肥的时候,增加的产量就没有第一个100千克化肥增加的产量多,撒第三个100千克化肥的时候增加的产量就更少,也就是说,随着所撒化肥的增加,增产效应越来越低。

三、总收益、平均收益与边际收益的关系

(一)价格不变时总收益、平均收益与边际收益的关系

如果产品的价格不变,为一个常数 P_0,则总收益 $TR = P_0 \times Q$,完全取决于所出售产品的数量,产品出售的越多,总收益越大。

根据前面的分析,平均收益就是产品的价格,即 $AR = P_0$。

当价格不变时,每新增一个单位产品的出售所带来的边际收益,就等于产品的价格。

同时,价格不变时,边际收益也是一个常数,即 $MR = P_0$。此时,$AR = MR$,平均收益曲线与边际收益曲线为一条平行于横轴的直线,$MR = AR = P_0$。总收益曲线是一条通过原点的直线,其斜率就为 P_0。

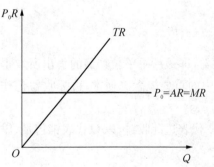

图 3-1 价格不变时平均收益与边际收益关系图

（二）价格变化时总收益、平均收益与边际收益的关系

如果市场价格是变动的，这时市场对厂商产品的需求服从于需求规律，即价格下降，需求量增加。这样，厂商所面对的就是向右下方倾斜的需求曲线。这意味着，随着厂商产品出售数量的增加，产品价格下降。由于平均收益等于产品价格，因此，平均收益曲线与需求曲线重合，并向右下方倾斜。由于出售数量的增加与价格下降并存，因此，随着产品出售数量的增加，平均收益和边际收益会呈现下降趋势。受边际收益递减规律的影响，总收益将以递减的速度增加。见表3-1。

表3-1 某厂商的总收益、平均收益与边际收益

Q（销售量）	P（价格）＝AR（平均收益）	TR（总收益）＝P×Q	MR（边际收益）
0	13	0	
1	12	12	12
2	11	22	10
3	10	30	8
4	9	36	6
5	8	40	4
6	7	42	2
7	6	42	0
8	5	40	−2
9	4	36	−4
10	3	30	−6
11	2	22	−8

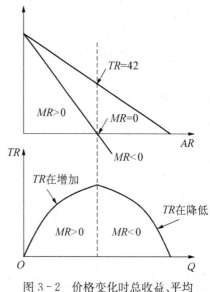

图3-2 价格变化时总收益、平均收益与边际收益的关系

可见，表3-1显示，在价格变化情况下，平均收益和边际收益都在发生下降的趋势，总收益在边际收益降为0时达到最大，即42。如果此时再进一步增加产品的生产，由于每增加一个产品销售带来收益的增加（即边际收益）都为负值，总收益降开始出现下降趋势。见图3-2。

第三节 利润与成本收益分析

一、正常利润与超额利润

微观经济学中的利润与我们常说的利润（即会计利润）有所不同。通常，在经济学中，利润分为正常利润和经济利润两种。

（一）正常利润

正常利润是企业家才能的价格或年薪，也是企业家才能这种生产要素所得到的收入。

它包括在成本之中,其性质与工资相类似,也是由企业家才能的需求与供给所决定的。在会计利润中,正常利润是显性成本中的一部分,计入"管理成本"。

正常利润的功能在于,正常利润作为企业家才能的报酬,鼓励企业家更好地管理企业和承担风险。

（二）经济利润

微观经济学中,经济利润,又称为超额利润或非正常利润,是指超过正常利润的那部分利润,是企业扣除企业家才能价值后的纯粹利润,等于收益减去成本。经济利润可以为正、负或零。

经济利润在我们从事某事（包括生产）进行决策时具有重要意义。通常,只有一件事情所带来的经济利润大于或等于从事该事的机会成本,才有动力从事这件事情的实施。

【实例】　　　　　　　当老板还是去打工？

小李准备自己经营小店卖东西,一个月可挣 15 000 元的利润,如果他去给别人上班可能工资也是 15 000 元,相当于自己的利润给自己发工资了,如果经营小店的利润低于 15 000 元可能就不自己干了,15 000 元就是正常利润。如自己经营小店一个月挣 10 000 元,这种情况下,经营小店的机会成本是 15 000 元,而经济利润只有 10 000 元,他不如去给别人上班而不是自己经营小店。

【思考】　　　　小王夫妇的服装厂"赚了"还是"赔了"？

某服装公司处长小王与夫人双双离职并用自己的 20 万元资金办了一个服装厂。一年结束时,他的会计给他拿来了收支报表；当他正看报表时,他的一个经济学家朋友小李来了。小李看完报表后说,我的算法和你的会计不同。小李也列出了一份收支报表。会计报表是全年盈利 6 万元,小李的报表却是全年亏损 3 万元。这是怎么回事？小王辛辛苦苦地干了一年到底是"赚了"还是"赔了"？

在会计学中,利润是指销售收入减去会计成本。然而,在经济学中,还要通过比较经济利润与机会成本来对从事某事的价值进行判断。小王 20 万元可供选择的用途有三种：第一种,开服装厂盈利 6 万元；第二种,存入银行获利息 5 万元。当开服装厂时,就不得不放弃存款,因此,开服装厂将存在机会成本。同时,小王和夫人如果不辞职,每年每人可获收入为 2 万元。由于机会成本是指为了做这件事而所要放弃另一些事情所获得收益的最大价值,因此,经济学家的报表的机会成本包括：小王与夫人不辞职时可以赚到的工资 4 万元；小王办厂自有资金 20 万元所放弃的银行存款利息 5 万元。仅这两项加在一起共多出成本 9 万元。小李对小王说,从会计的角度看你赚了 6 万元,但从经济学家的角度看,你赔了 3 万元（即 6 万元减去 9 万元）。

在微观经济学中,经济利润对资源配置和重新配置具有重要意义。具体来说,经济利润分析主要具有两个功能:

第一,生产规模调整。经济利润是社会进步的动力。当生产的经济利润较高时,通常厂商会扩大生产规模;经济利润较低时,厂商会缩小规模。如果经济利润小于零,厂商在长期将有停止和退出生产的情况。

第二,行业结构调整。如果某一行业存在着正的经济利润,这意味着该行业内企业的总收益超过了总成本。然而,在短期生产期间内,生产资源的所有者是否将把资源从其他行业转入这个行业中,要取决于两个行业之间经济利润的比较。如果在该行业中可能获得的经济利润超过其原有行业的利润,则其将把资源配置向新的行业转移。

> **【实例】　　　　　电视机厂商的产业转移**
>
> 　　为何夏新、长虹、TCL 等原先生产电视机的厂商,会逐渐涉足新的行业和产品的生产?以 TCL 彩电生产厂商为例。在 20 世纪 90 年代,我国进入了电视机行业高度扩张阶段,在该行业出现越来越多的厂商,这导致电视机厂商间竞争激烈,电视机产量大于需求,电视机价格出现下降,从而导致 TCL 等厂商在电视机生产行业中经济利润出现下跌。然而,随着 80 年代末 90 年代初我国电脑市场的兴起,百姓们对家用电脑需求大量增加,而此时国内生产电脑的厂商较少,电脑市场中存在明显的供不应求,生产电脑给企业带来的经济利润远远高于电视机。在这种情况下,刺激 TCL 企业进行资源重新配置,于是 TCL 高调进入电脑业务。此后,在 90 年代末期,随着信息产业的快速发展,信息产业中单位资源投入的利润又高于电脑,于是 1998 年 TCL 又开始全面进入信息产业,生产销售 TCL 品牌的信息产品,并拓展互联网接入设备业务,建立互联网服务能力,提升分销网络功能,为电子商务时代做准备。

可见,如果从经济利润角度解释,夏新、长虹、TCL 等原先生产电视机的厂商涉足电脑、手机、信息产业等,是因为在这些行业中企业能够获取更高的经济利润。当然,除了经济利润的分析外,企业进入不同产业领域也出于其他原因,如企业战略调整,规避风险等。

通常,在短期生产期间内,企业可以拥有经济利润。但从长期角度看,企业如拥有经济利润,将会不断地刺激其他要素拥有者进入该行业生产和经营,从而导致产品价格下降,经济利润逐渐降低并最终降为零。此时,市场将存在均衡,不再有新的要素拥有者进入该行业。可见,在长期生产期间内,经济利润通常为零。当然,在剩余价值规律的作用下,资本家千方百计地使其商品的个别生产价格低于社会生产价格,以获得超额利润。其中,垄断、商誉、独占性等能够帮助企业建立起强大的壁垒,把新的竞争者挡在行业之外,在行业内形成巨大的竞争优势,使同业难于超越。这种超额利润由于坚固壁垒的保护,所以是稳定并可持续的。拥有特许经营权的企业可以轻易地获得远超过市场平均水平的超额利润,甚至容许平庸的管理层的存在,而对超额利润影响甚微,即那种"傻瓜都可以经营好的公司"。

二、成本收益分析与利润分析

(一)成本收益分析

1. 成本收益分析的含义

成本效益分析(Cost-Benefit Analysis),是指通过比较某行为的总成本和总收益来评估该行为是否有价值的一种方法。通常,如果从事某行为的总成本小于总收益,则该行为有价值,应该实施;如果某行为的总成本大于总收益,则该行为没有价值,不应该实施该行为;如果某行为的总成本等于总收益,则该行为无所谓价值,可实施也可不实施。

2. 若干实例

(1) 贪污腐败的成本收益分析。为何有些人会贪污,而有些人不会?贪污腐败者在进行贪污腐败前大都要对自己的这种行为所可能带来的收益与可能带来的损失进行比较和衡量,即考虑通过腐败究竟能取得什么样的收益和付出什么样的代价。对于每一个"理性的经济人"来说,只有当腐败收益大于腐败成本时,权力拥有者才会铤而走险并运用其手中的权力实施腐败行为。

通常,贪污的成本主要取决于贪污的便利性、被查到的可能性大小、查到后的处罚大小等因素。在制度不完善情况下,官员如感觉到容易贪污,被查到可能性较小并且查到后处罚程度也较低,这种情况下,贪污腐败分子将认为贪污腐败的成本较低并有可能低于带来的收益,从而出现贪污腐败的行为,这就是收益与成本的关系。反腐败同样存在成本与效益的问题。腐败的成本收益和反腐败的成本收益,两者有所区别同时也相互依存,腐败者的收益往往包含于反腐败所能得到的收益中,而反腐败成本的提高往往是为了提高腐败者的成本。

因此,从成本收益分析角度看,想有效地控制或遏制腐败,就应当从提升腐败成本和降低腐败收益,甚至从减少反腐败成本等方面来实施。

(2) 污染企业保留还是关停的成本收益分析。淮河上游有一家玻璃厂在生产过程中向河流中排放了大量污水,从而给周边农作物灌溉及居民生活用水带来的一定的负面影响。于是,该企业所在的河南A市的环保局长向分管环保的副市长建议,关停该玻璃厂。该副市长将此建议考虑后,经过向相关的部门包括发改委、税务局等咨询并与分管经济的副市长商议后,给环保局长的回复是,企业暂时保留,不关停。对此,环保局长感觉疑惑不解。企业给社会带来了巨大损失,难道还不应该关停吗?

当然,如果从可持性发展和环境保护的角度看,这种造成严重污染的企业应该关停。然而,从成本收益分析角度看,结果未必如此。关闭污染企业,既会带来收益,也会产生成本。经副市长与有关部门沟通后的综合分析,关闭污染企业的收益,主要包括环境的改善、居民生活质量的提高、农作物产量的提高等,约 2 000 万元;而关闭污染企业的成本,则包括企业固定成本的损失、失业人口的增加、企业生产所创利税的损失等,约 3 000 万元。该市领导之所以做出对该企业暂不关停的原因就是,关闭污染企业的收益 2 000 万元小于关闭污染企业的成本 3 000 万元。此时,有可能强制要求企业进行设备更新、购买污水排放处理系统等方式成本更小,而不是关停企业。

(3) 生养孩子的成本收益分析。一个家庭规模的确定,通常由父母对生育子女的选择来完成,而父母对生育子女的选择则取决于生养孩子的预期的成本与效益分析。

通常,生养孩子的成本可分作两部分:一部分为直接成本,即从母亲怀孕到将孩子抚养至自立所花费的衣、食、住、行、医疗、教育、婚姻等的费用,是直接的货币支出;另一部分为间接成本,主要是母亲因哺育照料孩子耗去时间而丧失受教育、获得更有利岗位和升迁而减少收入的机会的机会成本。

孩子对父母的收益,也包括多个方面,如:(1) 劳动收益。孩子成长为劳动力后,可为家庭提供劳务或从事一定的职业劳动,为家庭提供经济收入。(2) 养老收益。主要是发展中国家社会养老保障事业不发达,孩子不得不充当家庭养老角色。(3) 享乐收益。孩子作为"消费品",具有满足父母感情和精神上需要的效益,能够带来"天伦之乐"。(4) 维系家庭收益效益。继承家产,将家业一代一代维持下去。(5) 规模家庭效益。一般发展中国家希望"多子多福"的大规模家庭,子女多安全有保障,能保持家庭的昌盛。

在我国农村地区,生活成本较低,并且农村女性工资较低,职业发展可能性也较为不足,因此,农村女性的直接成本与间接成本都不高。相反,在农村,体力劳动往往是一种主要劳动投入方式;由于农民养老保障体系的不健全,农村居民多具有"养儿防老"的思想;"多子多福"的思想在农村也更为普遍。在这种情况下,农民会认为生养小孩的收益较大。因此,经过成本收益分析,在农村地区,生养小孩的收益大于成本,从而造成农村家庭生养小孩的倾向较高。而在城市,家庭生养小孩的成本较高,而收益可能较低,有可能生养小孩的收益小于成本,这也是现代社会发达地区生育力下降的一个重要原因,可以解释为什么一些大城市中越来越多的家庭选择做丁克家庭。

【实例】 一条生命值多少钱?——一个成本收益分析的难题

设想你被选为你们当地小镇委员会的委员。本镇工程师带着一份建议书到你这里来了:本镇可以花1万美元在现在只有禁行标志的十字路口安装并使用一个红绿灯。红绿灯的收益是提高了安全性。工程师根据类似十字路口的数据估算,红绿灯在整个使用期间可以使致命性交通事故的危险从1.6%降低到1.1%。

你应该花钱安装这个新红绿灯吗?为了回答这个问题,又要回到成本收益分析。但你马上就遇到一个障碍:如果你要使成本与收益的比较有意义,就必须用同一种单位来衡量。成本可以用美元衡量,但收益——拯救一个人生命的可能性——不能直接用货币来衡量。但为了做出决策,你不得不用美元来评价人的生命。开始,你可能得出结论:人的生命是无价的。毕竟,无论给你多少钱,你也不会自愿放弃你的生命或你所爱的人的生命。这表明,人的生命有无限的价值。

但是,对于成本收益分析而言,这个回答只能导致毫无意义的结果。如果真的认为人的生命是无价的,就应该在每一个路口都安装上红绿灯。同样,应该都去驾驶有全套最新安全设备的大型车。但并不是每个路口都有红绿灯,而且,人们有时选择购买没有防撞气囊或防抱死刹车的小型汽车。无论在公共决策还是私人决策中,有时为了节约一些钱都愿意用自己的生命来冒险。

一旦接受了一个人的生命有其隐含价值的观点后,又该如何确定这种价值是多少呢?一种方法是考察一个人如果活着能赚到的总钱数,法院在判决过失致死赔偿案时有时会用到这种方法。经济学家经常批评这种方法。这种方法有一个荒诞的含义,即退休者和残疾人的生命没有价值。

评价人生命的价值的一种较好方法是,观察人们自愿冒的危险以及要给一个人多少钱他才愿意冒这种危险。例如,不同职业的死亡风险是不同的。高楼大厦上的建筑工人所面临的死亡危险就大于办公室的工作人员。在受教育程度、经验以及其他决定工资的因素不变的情况下,通过比较高风险职业和低风险职业的工资,经济学家就可以在一定程度上得出人们对自己生命的评价。用这种方法研究得出的结论是一个人生命的价值约为1 000万美元。

现在可以回到原来的例子,并对小镇工程师做出答复。红绿灯使车祸死亡的危险降低了0.5%。因此,安装红绿灯的预期收益是0.005×1 000万美元,即5万美元。这种收益估算远大于成本1万美元,所以,你应该批准该项目。

(资料来源:曼昆:《经济学原理——微观经济学分析》,梁小民译,北京大学出版社2006年版)

(二)最大利润原则

通常,利润等于收益减去成本。根据成本收益分析,只要收益大于成本,某行为即有价值并应该实施。然而,对于厂商来说,其利润最大化的一般原则是边际收益与边际成本相等,即 $MR=MC$。因此,厂商能否获得利润最大化,则取决于边际收益与边际成本的比较。

我们知道,边际收益指的是每增加一件产品获得的收益,而边际成本指的是每增加一件产品增加的成本,并且边际成本一般随着生产规模的扩大先是递减然后是递增的。当边际收益大于边际成本时,厂商增加一单位产量获得的收益大于付出的成本,所以厂商增加产量是有利的,总利润会随之增加。当厂商增加的产量到达一定程度时边际成本就开始增加,在增加到等于边际收益之前,增加产量都会使总利润增加,当边际成本大于边际收益后,每多生产一单位获得的收益小于成本,多生产多亏损。所以,只有当边际成本等于边际收益时,总利润是最大的。或者说,边际收益大于边际成本时,厂商应进一步增加产品的生产;边际收益小于边际成本时,厂商应减少产品的生产;边际收益等于边际成本时,厂商达到最优生产规模,此时实现利润最大化。

如表3-2,某企业进行生产。在该企业前10个产品生产时已经获得利润100元,产品的市场价格为4元/个。可见,在其生产第11件到第18件产品之间,企业每生产一件产品带来收益的增加都是大于带来成本的增加,即边际收益大于边际成本(边际利润大于零)。然而,在第14件产品生产开始后,企业产品生产的边际成本由降低变为增加,从而导致企业的边际成本越来越接近边际收益,并在第19件时两者正好相等,此时,企业获得最大利润即

235元,在继续增加产品的生产后将得不偿失,利润逐渐降低。

表3-2 某企业的生产

单位:元

生产量	边际收益(或价格)	边际成本	边际利润	总利润
10	—	—	—	100
11	40	30	10	110
12	40	20	20	130
13	40	15	25	155
14	40	10	30	185
15	40	20	20	205
16	40	25	15	220
17	40	30	10	230
18	40	35	5	235
19	40	40	0	235
20	40	45	−5	230
21	40	50	−10	220
22	40	60	−25	195

上述边际收益与边际成本的比较分析,在经济学中又称为边际分析。边际分析不仅可以用于企业何时获得最优生产规模、最大利润的分析,也可用在经营者的日常决策中。

【思考】　　　　　　哪家长途车公司经营有方?

从杭州开往南京的长途车即将出发。无论哪个公司的车,票价均为50元。一个匆匆赶来的乘客见一家国营公司的车上尚有空位,要求以30元上车,被拒绝了。他又找到一家也有空位的私人公司的车,售票员二话没说,收了30元允许他上车了。哪家公司的行为更理性呢?

乍一看,私人公司允许这名乘客用30元享受50元的运输服务,当然亏了。但如果用边际分析法分析,私人公司的确比国营公司精明。这是因为,由于车辆的使用、过路费、汽油费等都是固定成本,其成本大小与是否增加这一位乘客之间没有关系,因此,增加这一位乘客给私人公司带来的成本的增加即边际成本为0,而这一位乘客的增加却可以给该私人公司带来收益的增加即边际收益30元。此时,边际收益大于边际成本。私人企业同意乘客出30元上车可以为企业增加30元的净利润。

关键概念： 机会成本　显性成本　隐性成本　原始成本　重置成本　私人成本　社会成本　总成本　平均成本　边际成本　固定成本　可变成本　总收益　平均收益　边际收益　边际收益递减规律　正常利润　边际利润　成本收益分析

1. 什么是机会成本？请举例说明。
2. 什么是显性成本、隐性成本、原始成本、重置成本、私人成本、社会成本？它们之间的关系是什么？试举例说明。
3. 什么是总成本、平均成本、边际成本？它们之间的关系是什么？试举例说明。
4. 什么是短期生产和长期生产？两者间的区别是什么？
5. 为何在现实中有些商户已经亏本却仍然在经营？请结合成本理论说明。
6. 什么是总收益、平均收益、边际收益？它们之间的关系是什么？试举例说明。
7. 边际收益递减规律的含义是什么？请举例说明。
8. 正常利润和经济利润的含义是什么？分别具有什么功能？
9. 成本收益分析的含义是什么？请举例说明。
10. 如何解释利润最大化的一般原则即边际收益等于边际成本？

第四章 市场结构理论

案例导入

中国电信行业垄断的破除

1994年以前,我国电信业是政企合一、绝对垄断的市场。1994年为扶植中国联通这个新兴竞争对手,政府允许联通在中国电信的价格基础上,上下浮动10%,先行市场化改革。1998年到2001年,我国逐渐实现了电信行业的政企分离。2000年,国务院《电信条例》规定:基础电信业务实行政府定价、政府指导价或者市场调节价。2005年,信息产业部和国家发改委联合发文对固定电话本地通话费、移动漫游通话费等实行价格"上限管理",这标志着电信价格规制方式上的根本性转变。2014年5月10日起,中国电信业务资费全面实行市场调节价,彻底放开电信资费行政管制,不再需要电信企业向行政部门报备。

可以说,中国电信行业实现了从绝对垄断,到双寡头垄断,再到"垄断竞争"。与其他垄断行业相比,电信业的竞争要真实得多。

讨论: 结合案例,谈谈你对1994年到目前中国电信行业从垄断走向市场过程的看法。

学习目标:

1. 掌握市场的类型
2. 熟悉完全竞争市场的含义及厂商的决策
3. 熟悉垄断的形成原因
4. 熟悉完全垄断市场的含义及厂商的决策
5. 熟悉垄断竞争市场的含义及厂商的决策
6. 熟悉寡头垄断市场的含义及厂商的决策

第一节 市场的类型

作为商品生产者与供给者的厂商,在选择生产规模、价格水平、营销策略时,除了考虑技术条件及相应的成本条件之外,还必须认真分析市场竞争状态。在不同市场之中,厂商之间的竞争具有不同的特性,同样竞争手段在不同市场中也会产生不同的反应,获得不同的效果。

一、市场的类型与划分标准

(一)厂商的数量

市场上作为商品生产者与供给者的厂商的数量多少与市场竞争程度高低有很大关系。厂商数量越多,竞争程度可能就越高,否则竞争程度就可能很低。这是因为厂商数量很多的市场,每个厂商生产和提供的商品只占市场供给的很小份额或比重几乎可以忽略,对市场价格缺乏控制能力。通常,厂商数量越多,市场竞争程度越强,厂商数量越少,市场竞争程度越弱。

(二)产品的差异程度

产品差异是同一种产品在质量、牌号、形式、包装等方面的差别。产品差别引起垄断,产品差别越大,垄断程度越高。产品差异可以分为物质差异、售后服务差异和形象差异。产品之间的差异越小甚至雷同,相互之间替代品越多,竞争程度就越强。对于替代性较强的无差异的产品,每个市场参与者不可能或无法凭借自己的产品控制市场价格。

(三)进入市场的难易程度

厂商进入某个市场的难易程度直接决定这个市场竞争水平的高低。通常,厂商是否能够随意进入和退出某个行业,取决于资源在这个行业中流入和流出的难易程度。如果生产某种产品的原材料被人控制,又没有适当的替代品,生产者就不容易进入这个行业,在这个行业中市场竞争程度就比较低;相反,竞争者程度就高。此外,法律、政策的障碍大小也决定着厂商进入这个市场的难易程度不同。例如,立法限制可以限制一些厂商进入某些行业。这种立法限制主要采取三种形式:一是特许经营,二是许可制度,三是专利制。

(四)市场信息的畅通程度

市场信息的畅通主要指市场中的买方和卖方双方间的信息完全公开、公平,生产者和消费者都完全了解市场情况。在这种情况下,市场竞争程度就高;否则,市场竞争程度就低。

根据以上四点,微观经济学的市场可以被划分为四种类型:完全竞争市场、完全垄断市场、垄断竞争市场、寡头垄断市场。通过表4-1来说明这四种类型的市场和相应厂商的区分与特点。

表 4-1 市场和厂商类型的区分和特点

市场类型	厂商数目	产品差别程度	进入某市场的难易程度	市场信息的畅通程度	厂商对市场价格控制程度	接近的市场
完全竞争	很多	完全相同	很容易	很通畅	没有	农产品（小麦、玉米）
垄断竞争	很多	有差别	比较容易	较通畅	有一些	食品、汽油等
寡头垄断	几个	差别很小或有差异	比较困难	较封闭	较大程度	钢铁、汽车、计算机
完全垄断	一个	一个生产者，产品无类似替代品	很困难，几乎不可能	很封闭	很大程度，但经常受管制	电力、煤气等公用事业

第二节 完全竞争市场

一、完全竞争市场的含义与特点

完全竞争(perfect competition)又称纯粹竞争，是指市场中厂商之间竞争完全不受任何阻碍和干扰的市场结构。当然，在现实经济中，完全竞争市场是不存在的，只有一些市场近似地符合完全竞争市场的定义。农产品市场通常被看成接近于完全竞争的市场，如大米、小麦、棉花等市场。通常，完全竞争市场需要具备的条件有：

第一，市场上有众多厂商。大量厂商销售产品而竞争。但每个企业所占有的市场份额很小，以至于可以忽略不计，就如同大海中的一滴水。所以任何一个厂商都无法通过自己的行业来影响市场价格。

第二，产品同质。每个企业提供的产品都是无差异、同质的产品。买者无法区别不同厂商的产品，因而对其购买的产品来自哪个特定的厂商毫不关心，厂商也就无法利用产品的差别通过各种产品的质量差别和非质量差别如销售策略来影响市场。

第三，任何厂商都可以自由进出市场。这意味着厂商可以向获利行业转移，并及时退出亏损的行业。例如，任何一家现有的食品加工厂可以决定离开食品加工行业，那么，我们可以说食品加工行业没有进入或退出的限制。

第四，买卖双方具有完全信息。市场中每一个买者和卖者都掌握与自己经济决策相关的所有信息，消费者知道产品价格、质量的信息，生产者知道所有投入要素的价格和生产技术等方面的信息，不存在欺诈。

以上特点决定了完全竞争市场下的厂商不用决定它们出售产品的价格，它们的行为不能影响商品价格，而只能是市场价格的接受者。价格接受者是指厂商只能按照当前市场价格销售产品。

> 【实例】 小李玉米的销售价格
>
> 　　小李承包了一块玉米种植地,每年可产 10 万斤玉米。小李想,自己产这么多玉米,如果定价高一点,就可以赚更多的钱。然而,全中国这样的玉米种户有成千上万家。小李生产的 10 万斤玉米相对于整个玉米市场的规模来说是微不足道的。并且,小李的玉米并不比其他玉米种植户生产的玉米质量好。如果玉米的市场价格为每斤 3 元,小李卖到 3.5 元,消费者就会从经济的角度选择去别处购买,以 3 元而不是 3.5 元购买到他们所需要的玉米。小李也可以把玉米卖到低于 3 元的价格如 2.5 元,但他不会选择这样做,因为玉米的市场价格是 3 元钱,小李同样可以以正常的市场价格 3 元卖掉玉米。最终的结果,小李只会按照玉米的市场价格 3 元来销售。

可以说,在完全竞争市场,商品的价格是由市场的需求和供给决定的,企业只是市场价格的接受者。一个完全竞争企业没有市场力量,即没有控制其销售产品市场价格的能力。

> 【思考】 鸡蛋市场是完全竞争市场吗?
>
> 　　鸡蛋市场是完全竞争市场吗?鸡蛋市场有三个显著的特点。第一,市场上买者和卖者都很多,没有一个卖者和卖者可以影响市场价格。即使是一个大型养鸡场,在市场上占的份额也微不足道,难以通过产量来控制市场价格。用经济学术语说,每家企业都是价格接收者,只能接受整个市场供求决定的价格。第二,鸡蛋是无差别产品,企业也不能以产品差别形成垄断力量。大型鸡场的蛋与老太太的鸡蛋没有什么不同,消费者也不会为大型养鸡场的蛋多付钱。第三,自由进入与退出,任何一个农民都可以自由养鸡或不养鸡。第四,卖者与卖者都了解相关信息。这些特点决定了鸡蛋市场是一个完全竞争市场,即没有任何垄断因素的市场。

二、完全竞争的需求曲线、市场价格、平均收益与边际收益

(一) 需求曲线

完全竞争市场的需求,可以从整个市场的需求曲线与某一厂商企业面对的需求曲线两个方面来理解。

市场需求曲线反映某市场对所有厂商产品的需求状况。例如,猪肉市场不会违反需求定律,市场上人们购买猪肉的数量取决于猪肉的价格,猪肉的市场价格下降,需求量增加,猪肉的市场价格上升,需求量减少。因而,猪肉市场的需求曲线 D 是向左下方倾斜的,即需求与供格存在相反的趋势。同样,从整个市场看,猪肉价格增加,将会促进厂商增

加产能,猪肉的市场供给量增大;猪肉价格降低,将会导致厂商减少产能,供给减少。猪肉市场的供给曲线 S 是向右下方倾斜的,即需求与供给存在同向的趋势。需求曲线与供给曲线的交点决定了猪肉的均衡市场价格 P_0。如果价格在 P_1 点,则供给将超过需求。如图 4-1 所示。

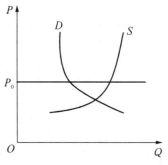

图 4-1 猪肉市场需求曲线

市场的需求与供给曲线:对整个行业来说,需求曲线是一条向右下方倾斜的曲线(价格增加,需求降低),供给曲线是一向右上方倾斜的曲线(价格增加,供给增加)。整个行业产品的价格就是由这种需求与供给决定的。

然而,对个别厂商来说情况就不同了。厂商面对的需求曲线反映了市场对某一个厂商产品的需求状况。例如,对单个玉米种植户来说,由于其销售量较少,占市场销售总量的比重微乎其微,因此,玉米的市场价格一旦确定,无论他如何增加产量都不能改变价格。一方面,单个玉米种植户在既定的市场价格下可以出售任何数量的玉米,他没有必要降低价格;另一方面,单个玉米种植户不能提价,因为玉米是同质的。如果玉米种植户想把玉米的价格提到略高于市场价格的水平,消费者会转而购买其他玉米种植户的玉米,则他的销售量为零。因此,单个玉米种植户面对的是一条水平的、弹性无限大的需求曲线。如图 4-2 所示,水平的需求曲线表明,厂商无论如何移动自己的供给曲线,也不可能改变市场的均衡价格。在既定的市场价格下,他可以卖出愿意卖出的产量。

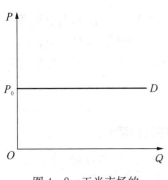

图 4-2 玉米市场的需求曲线

厂商面对的需求曲线:当市场价格确定之后,对个别厂商来说,这一价格就是既定的,无论如何增加产量都不能影响市场价格。市场对个别厂商产品的需求曲线是一条由既定市场价格出发的水平线。

(二)市场价格、平均收益与边际收益

在完全竞争条件下,厂商是市场价格的接受者。市场价格一旦决定后,任何厂商都不能影响它,只能接受这种价格。因此,在完全竞争市场中,将存在:

$$P(市场价格) = AR(平均收益)$$

同时,在完全竞争的条件下,个别厂商销售量的变动,并不能影响市场价格。也就是说,厂商每增加一单位产品的销量,市场价格仍然不变,从而每增加一单位产品销售的边际收益也不会变。所以,AR(平均收益)与 MR(边际收益)相等。

因此,市场价格与平均收益和边际收益相等($P = AR = MR$)是完全竞争市场的一个特点,由于生产者与消费者很多,他们彼此都不能影响市场价格,这样多卖一个商品和平均每一个商品的卖价都是相等的,因而有 $P = AR = MR$。可以用表 4-2 来说明价格、总收益、平均收益、边际收益之间的关系。

表 4-2 市场价格、平均收益与边际收益

产量(斤)	价　格	总收益	平均收益	边际收益
1	3	3	3	3
2	3	6	3	3
3	3	9	3	3
4	3	12	3	3
5	3	15	3	3

三、短期与长期下企业的决策

（一）短期与长期

通常，短期与长期主要取决于时间的长度。然而，在经济学上，短期与长期则取决于厂商部分还是全部生产要素可变，而不是时间。其中，短期是指这样一个期间，即厂商仅有部分的生产要素可变，而其他如厂商、设备等固定要素不可变；长期，则是指厂商所有生产要素（包括固定要素）都可变的一个期间。

【思考】　　请问3年和5年对一个企业来说分别是长期还是短期？

如对于A企业，在3年内，该企业所有生产要素如企业的厂房、机器设备、职工人数、原材料和燃料能源等全部可变，则3年对于A企业为长期；如对于B企业，即使在5年内，厂房等生产要素也不可变，而只有职工人数等可变，那么这个5年对于B企业的生产也为短期。

（二）短期下企业的决策

1. 厂商如何实现利润最大化

利润最大化，就是使厂商的总收益和总成本的差额达到最大的一种情况。

下面，我们可用表4-3的例子来分析企业利润最大化的产量决策。该表各栏表明某生猪养殖场养猪短期的产量、成本和收益。需要注意的是，第四栏的总成本包括固定成本和可变成本，固定成本对于整个企业来说是一个固定值，需要在产量中进行平均，可变成本大小则取决于产量。并且，我们知道，在完全竞争市场条件下，平均收益＝边际收益＝价格。

表 4-3 企业利润最大化的产量决策（一）

产　量	价　格	总收益	总成本	利　润	边际收益	边际成本
0	0	0	1	−1	—	—
1	10	10	9	1	10	8
2	10	20	16	4	10	7

续 表

产量	价格	总收益	总成本	利润	边际收益	边际成本
3	10	30	22	8	10	6
4	10	40	29	11	10	7
5	10	50	37	13	10	8
6	10	60	46	14	10	9
7	**10**	**70**	**56**	**14**	**10**	**10**
8	10	80	67	13	10	11
9	10	90	79	11	10	12
10	10	100	92	8	10	13

如表 4-3 所示，如果生猪养殖场没有产量，它就有 1 元的亏损。如果生产 1 斤猪肉，其经济利润为 1 元。从表中可以看出，当生猪养殖场生产 6 或 7 斤猪肉时，总收益超过总成本的值最大，实现了利润最大化，此时的利润为 14 元。

确定利润最大化产量的另一种方法是使用边际分析，即比较每生产 1 单位产量的边际收益（MR）与边际成本（MC）。表的后两栏为边际收益和边际成本。生猪养殖场生产的第 1 斤猪肉的边际收益为 10 元，而边际成本为 8 元，因此，生产第 1 斤猪肉时经济利润增加了 2 元。生产第 2 斤猪肉的边际收益为 10 元，而边际成本为 7 元，生产第 2 斤猪肉时利润又增加了 3 元。以此类推，只要边际收益大于边际成本（$MR > MC$），企业每多生产并销售 1 单位产量所增加的收益大于生产它所增加的成本，增加产量可增加总利润。因此，只要边际收益大于边际成本，企业就会增加产量。

然而，当生猪养殖场的产量超过 7 斤猪肉时，情况就不同了。第 8 斤猪肉的边际收益为 10 元，而边际成本为 11 元，此时，总利润减少了 1 元。因此，如果边际收益小于边际成本（$MR < MC$），企业每多销售 1 单位产量所增加的收益小于生产它所增加的成本，增加产量会使总利润减少，此时企业如果减少产量，总利润会增加。

既然边际收益大于边际成本应增加产量，边际收益小于边际成本时应减少产量，那么，利润最大化的产量就很容易找到。对于完全竞争企业来说，当产量位于边际收益等于边际成本（$MR = MC$）时，其总利润达到最大。$MR = MC$ 就是企业实现利润最大化的条件。在表中，该生猪养殖场生产 7 斤猪肉使利润最大化，这是边际收益等于边际成本时的数量。

2. 厂商在利润最大化产量上是盈还是亏

上例主要是一种体现盈利的利润最大化。企业在利润最大化产量上既可能盈利也可能亏损，盈亏取决于总收益与总成本的比较。

同样，假定上述生猪养殖场一天内已生产了 10 斤猪肉，并且生产前 10 斤猪肉时，由于企业固定成本较高，前面 10 斤猪肉销售所带来的收益还不能弥补企业的生产成本，从而企业已经亏损 20 元。销售第 11 斤猪肉时，可为企业多带来 2 元利润增加，亏损减少为 18 元。在第 17 斤之前，每增加 1 斤猪肉生产的边际收益都大于边际成本（$MR > MC$），因此，企业每多生产并销售1单位产量所增加的收益大于生产它所增加的成本,增加产量可减少亏损。根据企业短期时利润最大化条件,当该生猪养殖场在销售第17件产品时利润最大化,而此时亏损4元,属于亏损最小化。如表4-4所示。

表4-4 企业利润最大化的产量决策(二)

产量(斤)	价格(元)	总收益(元)	总成本(元)	利润(元)	边际收益(元)	边际成本(元)
10	10	100	120	−20	10	
11	10	110	128	−18	10	8
12	10	120	134	−14	10	7
13	10	130	140	−10	10	6
14	10	140	147	−7	10	7
15	10	150	155	−5	10	8
16	10	160	164	−4	10	9
17	**10**	**170**	**174**	**−4**	**10**	**10**
18	10	180	185	−5	10	11
19	10	190	197	−7	10	12
20	10	200	210	−10	10	13

因此,完全竞争市场下厂商利润最大化既有可能盈利,也有可能亏损。如果是盈利,则属于盈利最大化,如果是亏损,则属于亏损最小化。

3. 企业亏损时停不停产

通常,人们的第一直觉是,企业亏损时应关闭企业,停止亏损。但这不一定是明智的选择。也许继续经营比关门歇业更为明智。这其中的原因是,短期中企业无法避免它引起的固定成本。也就是说,短期内,即使没有产量,企业也必须支付固定成本,比如继续支付厂房和设备的租金,或者继续偿还银行的贷款利息。既然固定成本在任何情况下都必须支付,因此,短期内企业亏损时必须考虑的问题是:如何选择会使亏损少一些? 继续营业亏损少,还是关门歇业亏损少?

【思考】 小刘是否要关停他经营亏损的快餐店?

小刘在上海市徐家汇地区某商城租了一个两年契约不可转让的门面,经简单装修后开了一个经营中餐的快餐店。然而,小刘事先对餐饮市场分析不足,店铺开张后才发现该地区的中餐馆已经趋于饱和,竞争激烈。小刘的餐馆因缺乏特色,每天经营惨淡,门可罗雀,每天的营业收入仅为500元,而每天所花费的成本包括房租、水电、人工和原材料等费用要达800元。或者说,小刘的饭店每开张一天,就要损失300元,看着每天流水般钱的损失,小刘非常心疼。小刘女朋友得知这种情况后,就建议:

快把店铺关掉吧,你这样花了精力还亏损,不合算。小刘听完之后,有些迟疑。你认为小刘应关停他的餐馆吗?

事实上,小刘能否关停餐馆,首先要对小刘的总成本进行分析。小刘经营餐馆每天所花费的成本为 800 元。其中,水电、人工和原材料等费用属于变动成本。由于其租房合同在两年内不可转让,这意味着其房租属于固定成本。如果其房租摊到每天的费用是 600 元,即使小刘不经营,尽管不用再支付人工、水电等变动成本,但他也需要承担租房费用的损失,即不经营时亏损是每天 600 元;然而,如果继续经营,尽管每天经营所带来成本的增加(边际成本)为 800 元,但其每经营一天可增加的收益(边际收益)为 500 元,此时每天只亏损 300 元,可以部分弥补租房费用,要比不经营时亏损 600 元划算。当然,如果租房每天摊到的费用仅为 100 元,则小刘应选择歇业,此时每天只相当于损失 100 元,因为如果继续经营,则每天要亏损 300 元。

经上分析,我们总结:

企业亏损时停产与否取决于继续生产和停产的损失哪个更大,其中停产的损失即停产之后带来的固定资本的损失。

(三)厂商的长期均衡

企业在长期内生产要素全部可变。这意味着,企业可以随时调整生产规模,选择进入或退出某个行业,即:如发生亏损,企业可以随时"退出";如发生盈利,新的企业将可随时"进入"。

具体说来,当某行业存在盈利(即经济利润为正)时,将会吸引新的企业进入,随着进入企业数量的增加,将会导致市场的产品供给增加(供给曲线向右移动)并出现供过于求的现象,从而引起产品的均衡价格下降,盈利也随之下降直至消失;当某行业存在亏损(即经济利润为负)时,原有该行业的一些企业会选择退出,随着行业中企业数量的减少,将会导致市场的产品供给量逐渐降低(供给曲线向左移动)并最终有可能出现供不应求的现象,从而引起产品的均衡价格上升,留在该行业的企业的亏损逐渐减少并直至消失。因此,在长期内:

企业将没有经济利润,处于一种既不盈利又不亏损的状态。

【实例】 **我国 20 世纪 90 年代 VCD 企业的发展沉浮**

VCD 企业大量进入市场,导致盈利下降。根据相关统计,1994 年我国知道 VCD 的人不足 0.1%,而到 1995 年 7 月,知道 VCD 的人已达到 5%。1994 年,百姓对 VCD 市场的需求"忽如一夜春风来,千树万树梨花开"。当年,VCD 市场需求出现异乎寻常的增长,VCD 开始风靡全国家电市场。而那时候,VCD 竞争较少,进口品牌中仅有韩国三星,市场定价高,价格高达 4 000—5 000 元,而销售却很快,2 个月即告脱销。这吸引了大批追求利润最大化的企业进入市场。到 1995 年底,我国已经有 100 多家 VCD 生产企业,20余种产品上市。进口的VCD有高士达、三星、索尼、松下、飞利浦和迪维斯等等;国产的VCD有深圳的先科、无锡的梅花组合、常州的新科、四川的鼎天、上海的海月以及国内最早生产VCD的万燕。然而,VCD市场大量新企业的进入使得该市场供给量快速增加,从而导致供过于求的现象出现,VCD的价格降为1 000元以下,甚至有的企业定价为400元左右。在这种情况下,所有企业的经济利润都下降了。

第三节 完全垄断市场

一、完全垄断市场的含义与特征

完全垄断又称为纯粹垄断,是指整个行业的市场完全处于只有一家厂商控制的市场结构。通常,完全垄断市场有如下特征:

第一,市场中厂商的数目唯一。这意味着这一家厂商控制了市场中某种产品的全部供给。完全垄断市场上,垄断企业排斥其他竞争对手,独自控制了一个行业的供给。由于整个行业仅存在唯一的供给者,企业就是行业。

第二,企业是市场价格的制定者。由于完全垄断企业控制了整个行业的供给,也就控制了整个行业的价格,成为价格制定者。完全垄断企业可以有两种经营决策:以较高价格出售较少产量,或以较低价格出售较多产量。

第三,产品不存在任何相近的替代品。如果其他企业可以生产替代品来代替垄断企业的产品,完全垄断企业就不可能成为市场上唯一的供给者。因此消费者无其他选择。

第四,进入该行业极为困难或不可能。完全垄断市场上企业存在进入障碍,其他企业难以参与生产。

当然,完全垄断市场和完全竞争市场一样,都只是一种理论假定,是对实际中某些产品的一种抽象,现实中绝大多数产品都具有不同程度的替代性。

二、形成垄断的主要原因

垄断市场形成的原因很多,最根本的一个原因就是为了建立和维护一个合法的或经济的壁垒,阻止其他企业进入该市场,以便巩固垄断企业的垄断地位。具体地说,垄断市场形成的主要原因有以下几个方面:

(一)市场特许

政府通过市场特许,给予某些企业独家经营某种物品或劳务的权利。政府的市场特许,使独家经营企业不受潜在新进入者的竞争威胁,从而形成合法的垄断。例如,我国铁路的经营、公用事业如水、电、煤等就是一种国家对一些企业的市场特许。

（二）专利保护

专利是政府授予发明者的某些权利。这些权利一般是指在一定时期内对专利对象的制作、利用和处理的排他性独占权，从而使发明者获得应有的收益。某项产品、技术或劳务的发明者拥有专利权以后，在专利保护的有效期内形成了对这种产品、技术和劳务的垄断。

（三）规模经济的要求

有些行业的生产需要投入大量的固定资产和资金，具有这种规模的生产就具有经济性，低于这种规模的生产则是不经济的。这样来看，规模经济就成为一些企业垄断市场的重要原因。那么，在这个行业当中，只有这个具有大量生产规模的企业才能够生存下来，其他企业都不具备这种生存能力。

（四）资源禀赋

当某个生产者拥有并且控制了生产所必需的某种或某几种生产要素的供给来源时，市场中也会形成垄断。例如，拥有或控制主要原料可以阻止竞争，从而形成垄断。

（五）生产技术

由于个别厂商对某些产品特殊技术的独占控制而形成垄断，例如，可口可乐公司对饮料配方独占而形成垄断。

（六）市场需求

由于某些产品的市场需求量很小，只要一家厂商生产即可满足全部市场需求，而其他企业因为市场需求小也不愿意进入，或者进入后会导致亏损，这种情况下也会形成垄断。

三、完全垄断厂商的需求曲线、平均收益与边际收益

在完全垄断市场上，一家厂商就是整个行业。因此，整个行业的需求曲线也就是这一家厂商的需求曲线。这里的需求曲线就是一条遵循需求定律的从左上方向右下方倾斜的需求曲线。

在完全垄断市场上，厂商是价格的制定者，厂商每出售一单位商品所获得的收益等于商品的价格，即平均收益等于商品的价格。厂商的平均收益随着产品销售量的增加而减少。

同时，在完全垄断市场上，不仅厂商的平均收益随商品的销售量的增加而减少，而且边际收益也是随着商品销售量的增加而递减的。但由于在平均收益递减条件下，边际收益总小于平均收益，在图形中，边际收益曲线总是位于平均收益曲线的下方。

四、完全垄断厂商的竞争决策

在完全垄断市场上，由于垄断厂商控制了整个市场，所以垄断厂商就可以通过采用价格策略来获取垄断利润。通常，垄断厂商所采用的价格策略就是经济学上常说的价格歧视。

(一) 价格歧视的定义和条件

价格歧视是指在同一时间对同一种产品向不同的购买者索取不同的价格。当然,价格歧视并不反映包括成本因素引起的价格差异。

通常,在垄断市场中实行价格歧视,需要具备一定的条件:

1. 各个市场对同种产品的价格敏感程度不同

这时,垄断厂商就可以针对消费者价格敏感程度不同的市场实行不同的价格。在价格敏感程度较小的市场上实行高价格,就可以获取高额利润;反之,结果相反。

2. 不同市场之间或市场的各个部分之间是分离的

这意味着消费者因某些原因由某个市场转向另一个市场购买商品的可能性较低。例如,地区封锁和限制贸易自由的各种障碍往往有利于垄断者实行价格歧视,在这个地区的消费者只有接受这种价格。

3. 市场存在着不完善

即市场不存在竞争,市场信息不畅通,或由于其他原因使市场分割,即消费者不了解其他市场的价格,这样垄断者就可以实行价格歧视。

一旦价格歧视的条件成立,垄断厂商便可以通过价格歧视,最终使原本应该属于消费者的剩余转化为生产者的剩余。

(二) 价格歧视的类型

1. 一级价格歧视

一级价格歧视,又称完全价格歧视,是指垄断厂商对每一单位产品都按消费者愿意支付的最高价格出售,即以每位顾客的每一商品的边际效用定价,索取其愿意支付的最高价。在这种价格歧视中,每一单位产品都有不同的价格,即假定垄断者知道每一个消费者对任何数量的产品所要支付的最大货币量,并以此决定其价格,所确定的价格正好等于对产品的需求价格,因而获得每个消费者的全部消费剩余。

> 【实例】　　　　　　　　一个一级价格歧视的例子
>
> 某消费者购买某个商品:当价格为 9 元时,购买第 1 个单位;价格为 8 元时,购买第 2 个单位;价格为 7 元时,购买第 3 个单位……当价格降到 1 元时,消费者将购买第 9 个单位。而垄断者凭借其垄断地位,采取的是一种以需求定价的方法。因此,为获得 9 个单位的产品,消费者实际支付的价格为 45 元。

当然,由于企业通常不可能知道每一个顾客愿意支付的最高价格,所以在实践中不可能实行完全的一级价格歧视。垄断厂商按不同的价格出售不同单位的产量,并且这些价格是因人而异的。这是一种极端的情况,现实中很少发生。

2. 二级价格歧视

二级价格歧视,即垄断厂商针对不同数量段的商品而制定不同的价格的方法。比如,电信公司针对客户每月上网时间的不同,收取不同的价格:对于使用量小的客户,收取较高的价格;对于使用量大的客户,收取较低的价格。垄断卖方通过这种方式把买方的一部分消费者剩余据为己有。在移动通信市场,中国移动和中国联通都有规定,用户的通话费或通话时间在一定范围内必须支付一个比较高的价格,超过这个范围则可以享受一定比例的折扣,如果通话费更多或通话时间更长,还可以享受更大的折扣。对于用户来讲,通话时间越长,平均价格就越低。

【实例】 移动公司的手机套餐

某地移动公司推出多个月消费额为88元、128元、188元等多个手机套餐。其中,在88元套餐下,可享受市话呼出400分钟,每分钟0.22元;在128元套餐下,可享受市话呼出800分钟,每分钟0.11元。可见,消费者通话需求量越大,越会使用金额大的套餐,而每分钟的电话费就越便宜。

通常,企业按照二级价格歧视制定价格以增加企业利润,不但没有损害消费者的利益,反而使部分消费者享受到更加便宜的电信产品价格。

【实例】 上海电力公司的阶梯定价

2012年7月1日起实施的上海电力定价:上海居民阶梯电价按年度电量为单位、分户均每年0—3 120度(含)、3 120—4 800度(含)、超过4 800度三档实施,电价水平分档递增。在未分时的情况下,每户每年用电量0—3 120度(含3 120度)时,电价每度0.617元;每户每年用电量为3 120度—4 800度(含4 800度),超过3 120部分,电价每度0.667元;每户每年用电量为4 800度以上部分,电价每度定价0.917元。

与一级价格歧视相比,二级价格歧视下,消费者仍然可以保留一定的消费者剩余,在实际的经济生活中其运用也更现实而普遍。

3. 三级价格歧视

三级价格歧视,这是指垄断厂商面对多个能分割的且需求弹性不同的市场(不同消费群体)制定不同价格的方法。通常,厂商会对小弹性的市场定高价,而对大弹性的市场定低价。在这种情况下,垄断厂商根据消费者价格敏感程度将消费者划分为两种或两种以上的类别或阶层,对每一个类别或阶层收取不同的价格。这里,每一个类别或阶层就是一个单独的市场,它不但是指不同的地理区域市场,而且是指由于消费者的偏好不同、收入不同等形成的不同的市场部分。

【实例】 航空公司的差别定价

民航客票定价中,航空公司将潜在的乘机者划分为两种类型(相当于将客票销售分割成两个市场)。一类是因公出差人员、私企公司高级职员等。他们对乘机时间要求较高,对票价不计较。因而,对他们可收取相对高的票价,而在时间上给予优惠,允许他们提前一天订票。另一类是收入较低的旅行人员、淡季出游者等。这部分人群对时间要求不高,但在乎票价。对于他们,在票价上可相对较低,而在时间上要求对航空公司有利。这样,可以充分利用民航的闲置客运能力,增加公司收益。

【实例】　　　　　　　　电影院的周二半价日

电影院的上座率,在节假日与平时不一样。通常,在重要节假日(如情人节、春节),消费者对电影票价格不太敏感,会愿意接受高价。此时,电影院通常会将票价定得较高;而在平常日子,由于上班,消费者看电影的需求较低。于是,有些电影院推出周二半价日这种促销手段,以刺激大家到电影院看电影。

第四节　垄断竞争厂商

一、垄断竞争市场的含义与特征

垄断竞争市场,是一种既有垄断,又有竞争,既不是完全垄断又不是完全竞争的市场结构。通常,垄断竞争市场具有以下三个基本特征。

(一)厂商的数量比较多

在垄断竞争的市场上,尽管厂商的数量不像完全竞争条件下那么多,但也存在一定数量的厂商,因此,存在一定的竞争,每一个厂商只能对市场施加有限的影响,而不能操纵市场。

(二)厂商提供的产品存在差别

在垄断竞争市场下,厂商所提供的产品存在一定的差别。这些产品差别多种多样,既有产品本身质量和功用的差别,也有产品非实质的差别如包装、商标等,同时还有一些有关产品销售条件的差别如地理位置、销售态度等。由于产品差别的存在,提供差别产品的厂商就具有一定程度的垄断力量。当然,这种垄断性通常都是很有限的,因为同种产品虽然有差别,但这些差别仍具有一定的可替代性,从而导致厂商间还存在比较激烈的竞争。

(三)厂商进出比较自由

虽然垄断竞争市场不像完全竞争市场那样可以自由、无障碍地进入,但由于垄断性竞争企业规模比较小,资金筹措等方面比较容易,因此,比较容易进入。一旦亏损,退出市场也是比较容易的。

现实生活中,垄断竞争是一种普遍存在的市场结构,如轻工市场、食品市场等。

二、垄断竞争市场下的需求曲线

由于产品既存在差异性又存在替代性,因而垄断因素使得每一生产有差别产品的厂商对自己产品价格都有一定程度控制力,成为价格的决定者。同时,竞争因素又限制了厂商的价格决定权。因此,垄断竞争厂商面对的价格与需求存在反向的关系,即价格下降,需求增加。然而,厂商的需求曲线既不像完全竞争市场那样水平(即作为价格接受者,产品的价格不发生变化),也不像完全垄断市场那样陡峭(即厂商是价格的控制者,可以决定市场价格),而是一条比较平坦的向右下方倾斜的需求曲线。

通常,垄断竞争市场下,厂商面临两种需求:

第一,主观需求。即某厂商主观上希望自己降价而其他厂商不会降价,以促进自己销售量的增加,这种情况下该厂商面临的需求即主观需求。主观需求可用主观需求曲线 d 来表示。该曲线代表在垄断竞争市场中的某个厂商改变产品价格,而其他厂商的价格都保持不变时,该厂商的产品价格和销售量之间的关系。

如图 4-3,假定某垄断竞争厂商在其主观需求曲线上开始时处于价格为 P_1 和产量为 Q_1 的 A 点,它想通过降价来增加自己产品的销售量,并相信其他厂商不会对它的降价行为做出反应。随着它的商品价格由 P_1 下降为 P_2,它的销售量会沿着需求曲线 d_1 由 Q_1 增加到 Q_2,因此,它预期自己的生产可以沿着 d_1 由 A 运动到 B 点。

第二,客观需求。即某厂商客观上面对的一种实际产品需求情况。同样,客观需求也可用客观需求曲线 D 表示,即在垄断竞争市场中的某个厂商改变产品价格,而且市场中的其他所有厂商也使产品价格发生相同变化时,该厂商的产品价格和销售量之间的关系。

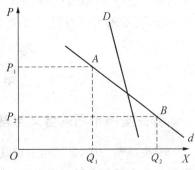

图 4-3 垄断竞争市场下的需求曲线

例如,某电视机厂商决定降低电视机售价,而其他电视机厂商也同样会采取降价措施,这种情况下,由于其他电视机厂商降价可能会吸引一些买者,因此该电视机厂商降价所带来的产品需求增加幅度小于其他厂商不降价时所带来的产品需求增加幅度。因此,客观需求曲线 D 往往要比主观需求曲线 d 陡(如图 4-3)。

三、垄断竞争厂商的决策

在垄断竞争市场下,厂商一般会有两种竞争决策,分别是价格竞争和非价格竞争。

1. 价格竞争

价格竞争,是指厂商运用价格手段,通过价格的提高、维持或降低,以及对竞争者定价或变价的灵活反应等,来展开竞争的一种方式。例如,饮料市场在我国是一种典型的垄断竞争市场,厂商众多,产品具有一定差异,有一些知名品牌,但这些品牌不足以垄断整个市场,价格竞争也常见于该市场之中。

> 【实例】　　　　　　　　　饮料市场上的价格战
>
> 在我国饮料市场,包括近200种品牌。一进入夏天,各大品牌便纷纷推出降价促销措施,使得我国饮料市场价格竞争更趋激烈。一些常见国外品牌如百事、芬达,我国内地品牌如农夫山泉、娃哈哈等,以及港澳台地区的品牌如康师傅、旺旺等都是价格战中常见的主角,一些中小品牌也往往被迫卷入惨烈的价格战之中。

2. 非价格竞争

非价格竞争,即厂商采取的价格策略之外的一种竞争方式,是一种通过提供更好、更有特色或者更能适合市场需求的产品和服务的一种竞争。非价格竞争有两种典型方式:一是产品变异竞争,二是产品推销竞争。

产品变异,是指厂商为了获取超额利润,通过变换产品的花色、款式、质地、做工等来扩大其产品的差别。通常,产品变异往往会引起平均成本的上升,如果产品变异引起价格的上升,销量增加,给厂商带来超额利润,这种变异就是优化变异。反之,为非优化变异。

产品推销,是指厂商通过发布广告、举办展销会、送货上门、提供售后服务等办法,来增加销量。这些方法往往会增加产品的成本。只有当推销成本小于推销带来收入的增加额时,给厂商带来超额利润,推销才是有效的。

第五节　寡头垄断市场

一、寡头垄断市场的含义与基本特征

寡头垄断市场,是指由少数几个厂商控制整个市场中的生产和销售的市场结构。这些厂商的单个规模大到足以影响市场价格,同时它们之间又存在着不同形式的竞争。通常,寡头市场具有以下四个基本特征:

第一,市场中厂商数量极少。市场上的厂商只有一个以上的少数几个(当厂商为两个时,叫双头垄断),每个厂商在市场中都具有举足轻重的地位,对其产品价格具有相当的影响力。几家大企业生产和销售整个行业的极大部分产品,它们每家都在该行业中具有举足轻重的地位。

> 【实例】　　　　　　　　　一些寡头垄断市场
>
> 从全球范围看,在智能手机市场中,苹果与三星公司形成了双寡头垄断的竞争格局,这为两家公司带来丰厚的利润,但却限制了其他厂商的机会。此外,在碳酸饮料市场中,可口可乐和百事可乐也形成了双寡头垄断。在我国,最为典型的是我国的石油产业,目前主要由中石化、中石油和中海油构成的寡头垄断市场。其中,中石油和中石化两大集团凭借其在石油行业上下游领域的特殊地位,其市场行为充分表现出寡头垄断企业的特征。

第二,厂商间具有很强的相互依存。在寡头垄断市场中,任一厂商进行决策时,必须把

竞争者的反应考虑在内,因而,它们既不是价格的制定者,也不是价格的接受者,而是价格的寻求者。这是因为,寡头厂商市场控制力大小和利润水平高低取决于它们之间行为的相互作用方式。如果它们更多的是采取合作和串谋而不是竞争方式,就有可能获得丰厚利润。同时,寡头之间也可能发生激烈的竞争,并降低它们获得的利润。

第三,厂商生产的产品虽然同质但可以是无差别,也可以是有差别的。在产品无差别的情况下,厂商间的依存度较强;产品如果具有差别,厂商间的依存度则较弱。

第四,进入寡头垄断市场存在较大障碍。其他厂商进入该市场相当困难,甚至极其困难。因为不仅在规模、资金、信誉、市场、原料、专利等方面,其他厂商难以与原有厂商匹敌,而且由于原有厂商相互依存、休戚相关,也导致其他厂商难以进入或退出。

【实例】　　　　　　　　中国电信市场上的寡头垄断

在中国,电信市场是一种典型的寡头垄断市场,主要由中国移动、中国电信和中国联通三大运营商垄断。那么中国通信市场的 HHI(赫芬达尔-赫希曼指数,常运用在反垄断经济分析之中,HHI 值越大,表明市场集中度越高)便是 0.6。结果表明,电信市场是集中度很高的市场。其中,在宽带领域市场,中国电信和联通成了当之无愧的两大宽带垄断运营商。当然,正是因为电信和联通公司的寡头垄断地位,导致企业有时候并未给上亿名宽带用户带来良好的服务和体验,并导致了"既贵又慢"的局面。

赫芬达尔-赫希曼指数(Herfindahl-Hirschman Index),是用某特定市场上所有企业的市场份额的平方和来表示,是衡量市场集中程度或垄断程度的一个指数。

赫芬达尔-赫希曼指数的公式为:

$$HHI = \sum_{i=1}^{N}(X_i/X)^2 = \sum_{i=1}^{N}S_i^2$$

式中:

X——市场的总规模

X_i——i 企业的规模

$S_i = X_i/X$——第 i 个企业的市场占有率

N——该产业内的企业数

通常,HHI 越大,表示市场集中程度越高,垄断程度越高。例如,某市场中有两个企业,分别占市场份额的 50% 和 40%,其他企业过小而忽略不计。则 $HHI = (0.5)^2 + (0.4)^2 = 0.41$。

二、寡头垄断市场的分类与形成

(一)寡头垄断市场的分类

寡头垄断市场的结构种类众多,不尽相同,但主要可以分为以下几类:

第一,根据产品存在差别与否分为纯粹寡头与差别寡头。

(1) 纯粹寡头。如果寡头市场每个厂商所生产的产品是同质的,则称为纯粹寡头市场。例如,钢铁、水泥、铜等产品生产的寡头。

(2) 差别寡头。如果寡头市场每个厂商所生产的产品是有差别的,则称为差别寡头市场。例如,汽车、计算机等产品生产的寡头。

第二,根据厂商行为方式分为勾结寡头与独立寡头。

(1) 勾结寡头。如果寡头的行动方式中有勾结行为(即合作行为),则称为勾结寡头。

(2) 独立寡头。如果寡头的行动方式主要是自行独立做出的,并不与其他寡头具有合作或勾结,则称为独立寡头。

(二) 寡头垄断市场的形成原因

寡头垄断市场的形成主要归因于两点:

第一,源于市场竞争的垄断,即企业通过自身的竞争优势所获取的市场垄断。例如,微软对操作系统软件领域的垄断。

第二,源于政府法定的行政垄断,即政府通过法律法规赋予行业中的某个企业以垄断权力,同时对其进行一定的管制,以改善效率。这种市场形态主要出现在一些具有自然垄断属性的行业当中,例如供水、管道煤气等。

三、寡头垄断市场的价格

寡头垄断市场上的价格,通常表现为由各寡头相互协调的行为方式所决定,并主要具有以下两种形式:

(一) 价格领先制

这主要是指一个行业的产品价格,通常由某一寡头率先制定,其余寡头追随其后确定各自产品的售价。价格领先制通常有三种形式:第一,支配型价格领先。这是指由寡头垄断行业中占支配地位的厂商根据利润最大化原则确立产品的售价,其余规模小一些的厂商根据已确立的价格确定各自的产销量。第二,成本最低型价格领先。这是指由成本最低的寡头按利润最大化原则确定其产销量和销售价格,而其他寡头也将按同一价格销售各自的产品。第三,晴雨表型价格领先。这是指寡头垄断行业中,某个厂商在获取信息、判断市场变化趋势等方面具有公认的特殊能力,该厂商产品价格的变动,起到了传递某种信息的作用,因此其他厂商会根据该厂商产品价格的变动而相应变动自己产品的价格。

(二) 成本加成法

这是寡头垄断市场上一种最常用的定价方法。该方法的主要步骤是:首先以厂商生产能力的某个百分比确定一个正常或标准的产量数字;然后根据这一产量计算出相应的平均成本,由此可以防止由于实际产量的变动而使厂商制定的价格产生频繁变动;最后在所估计的平均成本基础上加上固定百分比的加成,从而制定出产品的售价。

四、寡头垄断市场中的竞争行为

(一) 博弈

在寡头垄断市场中,不是由一家企业完全垄断市场,而是由少数几个寡头企业占领市场,每个企业都希望自己利润最大化,但它们也都需要考虑其他几家企业的反应来决定自己的市场策略。或者说,寡头垄断市场中,厂商在进行决策时,需要根据自己行为后其他寡头厂商的反应来决定自己的策略。为此,我们可以使用博弈理论来解释寡头垄断厂商的竞争行为。通常,博弈可以分为两种,即合作博弈和非合作博弈。

合作博弈,主要指博弈方之间通过妥协,达成共识,进行合作。合作博弈是研究人们达成合作时如何分配合作得到的收益,即收益分配问题。

非合作博弈,是研究人们在利益相互影响的局势中如何选决策使自己的收益最大,即策略选择问题。非合作博弈由学者纳什提出并分析,故非合作博弈下的均衡又称为纳什均衡。

合作博弈与非合作博弈的重要区别在于前者强调相互发生作用方之间的信息互通和存在有约束力的可执行契约。如果有,就是合作博弈;如果没有,就是非合作博弈。

(二) 囚徒困境

在现实社会中,由于信息非对称的存在,非合作博弈是一种普遍的现象,也是分析寡头垄断市场厂商间竞争行为的一个有效工具。下面,我们以囚徒困境解释非合作博弈下相互发生作用方的决策行为。

有一天,一位富翁在家中被杀,财物被盗。警方在此案的侦破过程中,抓到两个犯罪嫌疑人:小王和小李,并从他们的住处搜出被害人家中丢失的财物。但是,他们矢口否认曾杀过人。于是警方将两人隔离,分别关在不同的房间进行审讯,并分别和每个人单独谈话。警方说:"由于你们的偷盗罪已有确凿的证据,所以可以判你们1年刑期。但是,根据法律相关条款,坦白从宽,抗拒从严。如果你单独坦白杀人的罪行,我只判你3个月的监禁,但你的同伙要被判10年刑。如果你拒不坦白,而被同伙检举,那么你就将被判10年刑,他只判3个月的监禁。但是,如果你们两人都坦白交代,那么,你们都要被判5年刑。"小王和小李该怎么办呢? 这种情况下,小王和小李各面临三个决策,即决策一(双方都不承认)、决策二(一方承认一方不承认)、决策三(双方都承认)。如图4-4所示。

		小王	
		承认	不承认
小李	承认	(5年,5年)	(3个月,10年)
	不承认	(10年,3个月)	(1年,1年)

图 4-4 囚徒困境博弈

很明显,决策一是上策,即双方都不承认情况下都只判1年,而决策三是下策,即双方都承认情况下都判5年。但是由于两人处于信息不对称情况下,即由于隔离无法串供,所以,每一个人都是从利己的目的出发,他们选择坦白交代是最佳策略,因为坦白交代可以期望得到很短的监禁即 3 个月,但前提是同伙抵赖,显然要比自己抵赖要坐 10 年牢好。并且,如果对方坦白了而自己抵赖了,那自己就得坐 10 年牢。因此,在这种情况下还是应该选择坦白交代,即使两人同时坦白,至多也只判 5 年,总比被判 10 年好吧。所以,两人合理的选择是坦白,原本对双方都有利的策略(抵赖)和结局(被判 1 年刑)就不会出现。这样两人都选择坦白的策略以及因此被判 5 年的结局被称为"纳什均衡",也叫非合作均衡。

(三)纳什均衡与厂商的市场行为

纳什均衡可以用来分析寡头垄断市场中厂商的行为。假定某寡头垄断市场由两家寡头企业垄断。在寡头垄断市场,每家企业达到利润最大化的定价都是垄断定价,即满足 $MR = MC$(边际收益等于边际成本)的定价,这时两家企业平分市场。然而,只要其中一家企业定价稍低于这个价格,消费者就会都跑去购买它的低价商品,那么降价企业就将占有全部市场份额,而未降价的那家企业就会被踢出市场。因此,两家企业都预料到这种情况,为防止对方降价把自己赶出市场,两家企业都会选择降价。最后的结果就是,两家企业定价都降无可降,达到完全竞争市场价格,即满足 $P = MC$(价格等于边际成本,若继续降价企业就要亏本,所以不能再降价)。

可见,在寡头垄断市场中,如果厂商之间没有达成合作的可能或厂商间信息存在不对称情况,每个厂商都会从对方的行为角度进行考虑从而选择降价,最终引起行业内部的价格战。

当然,厂商之间也可以通过合作以避免"两败俱伤"的结果。如大企业之间可以实现价格协调或价格联盟的方式,因为通过合作、避免价格大战可以实现多寡头共享高额利润。为了规避垄断法的约束,一些大企业往往暗中进行价格共谋。可以说,由于行业价格协调的现实可能性,寡头企业为谋求更高的利润,不同形式的价格共谋将不断涌现。当然,也有一些价格联盟和共谋既缺乏合法性,也缺乏稳定性,结果往往是瓦解。

【思考】 我国电视机行业属于什么样的市场结构?

中国电视机行业从 20 世纪 80 年代初开始迅猛发展,遍地开花。1991 年国家放开了彩电市场价格,中国彩电产业的发展真正走向了市场化,此后全国的彩电企业超过 200 家,小有名气的品牌近百个,TCL、创维、海尔都是自那以后进入电视机市场的。1996 年是电视机行业的转折点。当年 3 月 26 日,长虹挑起行业内的第一次大规模价格战,市场从此全面洗牌,此后,许多企业开始衰落,陆续有国内品牌退出,到 20 世纪末只剩下 20 个左右。2000 年以来,高路华、乐华、嘉华、熊猫、西湖、赛博等重量级品牌陆续退场。目前,国内电视机品牌堪称"战国七雄",即七大民族品牌 TCL、长虹、康佳、创维、海信、海尔和厦华,约占国内市场的 75%,另外还有十大国际品牌包括荷兰飞利浦,韩国的三星和 LG,日本品牌松下、索尼、东芝、三洋、日立、夏普和雅佳等占据了中国的小部分市场。目前在我国,电视机行业具有较高的技术和资金壁垒,现在更加讲究经营规模和品牌影响,是一个市场化非常成熟的行业,这使得其他企业再要成功进入电视机市场已经难上加难了。同样,对现有电视机生产企业来说,与其他行业一样,电视机大品牌之间的兼并是必然的。同时,国际品牌中也会有一些因业绩不佳而退出中国市场,甚至退出电视机行业。因此,随着众多电视机厂商的退出以及厂商之间的合并和兼并,我国电视机市场将由厂商众多、竞争激烈的局面发展为由少数大企业垄断的局面。从这个角度看,我国电视行业将由垄断竞争逐渐向寡头垄断市场发展。

关键概念: 完全竞争市场 完全垄断市场 垄断竞争市场 寡头垄断市场 价格歧视

1. 市场类型与划分标准包括哪些?
2. 完全竞争市场具有什么特点?请举例说明。
3. 如何理解完全竞争市场下厂商的竞争决策?
4. 垄断形成的原因有哪些?
5. 什么是价格歧视?有哪些类型?请举例说明。
6. 垄断竞争厂商的竞争决策有哪些?请举例说明。
7. 寡头垄断市场下厂商是如何决定价格的?请举例说明。

第五章　分配理论

案例导入

美国的遗产税

在美国,遗产税包含了三种类型的个人资产转移赋税:一是遗产税,二是赠予税,三是隔代资产转让税。1916年美国联邦政府只是开征遗产税,后为防止通过生前赠予以及将遗产以信托的方式转让给子女的下一代或几代,从而逃避遗产税,联邦政府又相继开征赠予税和隔代遗产转让税。1977年起美国遗产税和赠予税适用统一的税率表。美国遗产税实行的是累进税率,而且也是美国所有联邦税中税率最高的。以2013年为例,在应纳税遗产中,10 000美元以下遗产征收的税率就高达18%,100 000～150 000美元遗产的纳税率为30%。如果一个人留给后代的应纳税遗产达到100万美元,其继承人就要向"山姆大叔"奉献410 000美元。想多留点财产给后代没问题,但向政府交的税也是水涨船高。当应纳税遗产达到250万美元的时候,继承人得到的财产就到了不如"山姆大叔"多的地步了,这时的纳税税率已超过50%,为53%。而当应纳税遗产在300万美元以上时,"山姆大叔"可以唾手而得55%的遗产额,而继承人得到的遗产只能是应纳税遗产总额的45%。

讨论: 你如何看待遗产税等针对个人财富和收入的税收在社会收入分配中的作用?

> **学习目标：**
> 1. 熟悉生产要素需求的基本内涵
> 2. 掌握劳动的收入效应与替代效应
> 3. 熟悉资本理论
> 4. 熟悉土地理论
> 5. 了解收入分配与收入再分配的含义
> 6. 掌握收入分配的衡量与收入分配政策的内容

第一节 生产要素的需求

一、生产要素的需求

(一) 生产要素的概念

生产要素，即厂商需要投入到产品生产过程中的各类要素。在 19 世纪，西方经济学家们习惯于把生产要素分为三类，即土地、劳动和资本。这三类生产要素的价格，则被分别称作地租、工资和利润。因此，那时的生产要素的价格理论就是地主、工资收入者和资本家这三个主要社会经济阶级之间的收入分配理论。到 19 世纪末，第四种生产要素——企业家才能被"发现"。于是，利润被看成是企业家才能的收益，而资本所有者的收益被称为"利息"。

劳动，主要指人类在生产过程中提供的体力和智力的总和。土地不仅指土地本身，还包括地上和地下的一切自然资源。资本可以表现为实物形态或货币形态。企业家才能指企业家组织建立和经营管理企业的才能，它其实是一种无形的生产要素。这四种生产要素所对应的价格，分别被称作工资、地租、利息和正常利润。

(二) 生产要素需求的概念

厂商对生产要素的需求，则是指厂商对应于一定的要素价格愿意并且能够购买的要素数量，或者说是厂商为购买一定数量要素所愿意支付的价格。一般而言，生产要素价格的高低，直接决定着收入的分配大小与方式，因此生产要素价格的决定在西方经济学的传统上是收入分配理论的一个重要部分。

(三) 生产要素需求的特点

在要素市场上对生产要素的需求的特点，不同于产品市场上对产品的需求的特点。通常，生产要素的需求具有以下两个基本特点：

第一，需求的派生性。

需求的派生性，是指厂商对生产的需求是由其他需求(主要指市场需求)所引致和派生出来的。商品可以直接满足消费者的需求,但生产要素必须通过商品的生产才能满足消费者的需求。商品的需求者是消费者,生产要素的需求者是厂商。厂商之所以需要生产要素是因为用它可以生产商品。这就是说,对生产要素的需求是由对商品的需求产生的,它是一种派生的需求。如果消费者对某种商品的需求增加了,厂商对生产这种商品所需要的生产要素的需求也会增加。

> 【实例】　　　　　　　　方便面开发中的投入要素
>
> 　　随着人们生活水平提高和生活节奏加快,市场需要一种具有高营养价值的方便面。为此,某家企业准备向市场推出这种方便面。为此,该企业在开发和生产这种方便面时,需要食品营养学专家研发和一线工人制作的劳动时间投入(劳动要素)、企业所占的实际空间(土地要素)、研发与生产设备(资本要素)以及高级管理人员如总经理的经营管理投入(企业家才能要素)。

可以看出,市场对高营养价值方便面的需求是一种直接需求,正是这种直接需求才引致出企业对劳动、土地等要素的需求。

第二,需求的联合性。

要素需求不仅是一种派生的需求,也是一种联合的需求。联合需求是指,任何一种生产过程都需要两种以上的生产要素才能进行,单一生产要素无法生产出任何产品和劳务。在产品生产过程中,各种生产要素之间存在相互替代或补充的关系,因此,厂商对生产要素的需求,不仅要受该要素价格的制约,还要受其他要素价格的制约。如果人工很便宜,使用昂贵的机器不如用人工合算,厂商就会更多地使用人工来代替机器。

(四)影响生产要素需求的因素

1. 市场对产品的需求及产品本身的价格

一般来说,市场对某种产品的需求大,产品的价格高,则生产这种产品时对各种生产要素的需求也就多,反之,对各种生产要素的需求也就少。

> 【实例】　　　　　　　　　房产的需求
>
> 　　进入21世纪以来,随着我国经济的发展,老百姓对住房的需求逐渐增加,从而导致市场上对房产的需求量也不断增加,商品房的价格也一路攀升提高。为此,开发商就要加大房地产的开发面积,同时也必然要增加从银行的贷款数、建筑工人的使用规模和原材料的采购量等。

2. 生产技术状况

生产的技术决定了对某种生产要素需求量的多少。如果技术是资本密集型的,则对资本的需求大;如果技术是劳动密集型的,则对劳动的需求大。

> **【实例】　　　　　　　　　劳动力的需求**
>
> 自20世纪70代末改革开放以来,我国大量农村地区的劳动力向沿海转移,尤其是向东南沿海如广东、福建、浙江等地。为何这些地区需要大量的劳动力？这主要是因为改革开放以后在这些地区建立的企业多数是纺织、服装、玩具、皮革、家具、塑料等制造业企业,而这些企业都是典型的劳动密集型企业,在产品生产中主要依靠大量使用劳动力。

3. 生产要素的替代性

生产要素的需求还取决于其他生产要素的替代程度。某种生产要素替代品的价格越低,质量越好,则厂商在生产过程中用替代品代替原有生产要素的可能性就越大,从而该生产要素的需求量就会大量减少。

> **【实例】　　　　　　选择用设备还是劳动力来生产？**
>
> 某厂商在生产某种产品时既可以使用机械设备,又可以更多地使用劳动。对于机械设备来说,如果劳动工资较低而技术水平又高的话,生产中就会以劳动替代机械设备进行生产,这时对劳动的需求就会增加。

4. 生产要素本身的价格

生产要素的价格影响厂商的成本和利润,从而影响生产要素的需求。通常,某种生产要素价格增加,厂商会减少该生产要素的需求;反之,则增加。

> **【实例】　　　　　　　　　销售品种的选择**
>
> 某食品厂一直经营牛肉、猪肉和鸡肉等多种汉堡包。然而,近期牛肉价格大涨,由于老百姓对汉堡包价格增加的接受程度有限,为了保证企业的一定利润,该食品厂会选择减少原材料牛肉的采购,减少牛肉汉堡的生产与销售,增加其他肉类汉堡包的销售。

(五)生产要素需求的决定

"边际生产力"这一术语由19世纪末美国经济学家克拉克首创并进一步用于其分配论分析。边际生产力指的是,在其他条件不变前提下每增加一个单位生产要素投入所增加的产量,即边际物质产品(Marginal Physical Product,有时被简称为边际产品MP)。同时,增加一个单位要素投入带来的产量所增加的收益,则叫作边际收益产品(Marginal Revenue Product,简写为MRP)。边际收益产品(MRP)等于要素的边际物质产品(MP)和边际收益(MR)的乘积,即:

$$MRP = MP \times MR$$

因此,可变要素的边际收益产品MRP,取决于两个因素:(1)增加一单位要素投入带来的边际物质产品(MP)的变化;(2)增加一单位产品所增加的收益(MR)的变化。

二、生产要素的供给

研究生产要素市场的供给就是要确定生产要素供给量与价格间的关系。一般情况下,生产要素供给曲线是一条向右上方倾斜的曲线,即生产要素的价格越高,生产要素所有者愿意提供的生产要素数量就越多。

当然,在某些情况下要素的供给会受到某些限制。例如劳动供给,对所有行业而言,整个社会的劳动供给曲线是一条几乎垂直的曲线 SL_0,这是因为在一定时期内,整个社会的劳动供给是一个固定的数量,并且劳动的最大供给量不会超过社会中劳动的总存量 L^*,如图 5-1(a)所示。而某一行业所面临的劳动供给曲线就不是一条垂直线了,若该行业雇佣的劳动在整个社会的就业量中仅占很小的比重,那么,该行业的劳动供给曲线是相当平坦或至少是斜率很小的向上倾斜的曲线,如图 5-1(b)所示。

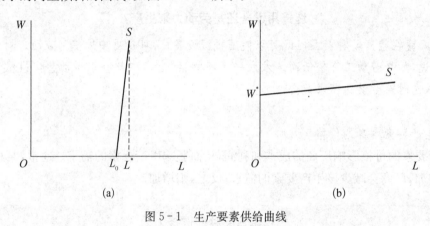

图 5-1 生产要素供给曲线

第二节 劳动、资本、土地与企业家才能

一、劳动理论

(一)劳动的供给

工资是劳动力的报酬,是国民收入中属于劳动者的部分。一般而言,工资是劳动的需求价格与供给价格相均衡时的价格。其中,劳动的需求价格是劳动要素需求者购买劳动力时愿意支付的价格,而劳动的供给价格则是指劳动要素的所有者为提供一定劳动量所愿意接受的价格。本部分将主要考察劳动的供给,并将劳动的需求与供给结合起来分析工资的分配以及与工资分配有关的理论问题。

从劳动者个人角度来看,劳动力供给可以从个人的工作和闲暇的最佳选择方面来解释。通常,一个劳动者的时间可分为劳动时间和闲暇时间。所谓闲暇时间,是指劳动者不从事工作劳动而进行休闲的时间。劳动者在闲暇时间内可以从事娱乐、旅游、家务劳动、物品购买及消费、休息等各种属于个人或家庭的活动。然而,闲暇是需要有货币花费和成本的。

为了获得用于闲暇的收入,劳动者需要在劳动时间和闲暇时间之间进行选择。那么劳动者是如何选择的呢？通常,我们可以从劳动力的收入效应和替代效应两个角度来解释。替代效应是指,如果工资率增加,劳动者会使用劳动来替代休闲,以获取更高的收入。在这种情况下,劳动力供给与工资率呈正比关系,即工资率增加,劳动者的劳动力供给也将增加;而收入效应则是指,如果工资率增加,劳动者会减少劳动而去用所获得的收入享受休闲。在这种情况下,劳动力供给与工资率呈反比关系,即工资率增加,劳动者的劳动力供给量会减少。

例如,某劳动者的工资率原为每小时8元,当工资率提高到每小时10元时,会产生两种效应：一是替代效应,即由于享受一小时闲暇比以前付出更大的代价,或者多工作一小时可以得到更多的收入,所以居民倾向于用收入去替代闲暇,替代效应使劳动的供给量增加;二是收入效应,由于工资率的提高使居民的处境更好,他有着更高的收入而可以并愿意享受更多的闲暇,所以收入效应使劳动供给量减少。

一般而言,工资率的变化会对劳动力供给同时有替代效应和收入效应的作用,至于工资率变化与劳动力供给间正向还是反向,则取决于替代效应和收入效应哪个更强。通常,在劳动者的工资率水平较低时,他们的生活水平并不高,所以工资率上升带来的替代效应大于收入效应,劳动的供给量随着工资率的上升而增加。相反,在居民的工资率水平较高时,他们的生活水平较高,所以工资率上升带来的收入效应大于替代效应,劳动的供给量随着工资率的上升而减少。

如果用横轴直接表示劳动时间,纵轴直接表示工资率,就可用图5-2来反映劳动者劳动供给与工资率的关系规律。

图5-2中的ABC曲线是一条个人劳动供给曲线,它表明工资率(价格)和按每一工资率的工作的小时(数量)之间的关系。如图所示,当工资率在W_1和W_2之间变动时,说明劳动工资率较低,并且劳动时间L_t将与工资率W呈正方向变动。当工资率超过W_2水平后,也就是劳动力工资水平较高时,工资率增加,劳动者提供的劳动时间L_t反而减少,从而形成"向后弯曲的劳动供给曲线"。这是劳动供给区别于其他要素供给的一个重要特点。

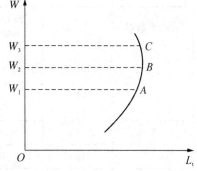

图5-2 劳动供给与工资率的关系

【思考】　　　　　　为何王某放弃了高报酬的加班？

王某是上海一美国独资企业的运营总监,年薪60万元人民币。他具有多年的运营高管的工作经验。高薪酬高投入,王某在该美资企业工作近五年很少休假。年初,他感觉有必要陪陪家人,于是决定利用"十一"黄金周带家人去马尔代夫旅游。然而,9月下旬,该企业总经理告诉他有一项重要商务谈判安排在"十一"黄金周期间,希望

> 他能够留沪假期工作,并同意按每工作一天1万元的加班报酬给王某。然而,王某没有经过什么考虑,就与总经理诚恳地说明了自己休假的想法,放弃高额的加班收入,带家人赴国外旅游去了。这是什么原因呢?

上述这个例子中,王某整体收入水平较高,其工资率可能已经超过了图5-2中的W_2这个水平。因此,王某工资率上升产生的收入效应会大于替代效应,即工资率上升,劳动供给却减少。然而,对于多数低收入劳动者而言,工资率上升产生的替代效应更可能会占主导地位,他们更愿意工作而不是休闲。

(二)劳动的需求

厂商的目标是追求最大利润,所以厂商决定使用多少劳动力,取决于每个工人能带来多少利润以及厂商为雇佣这一单位劳动力而付出的成本。通过上节的分析,可以知道,厂商为了实现最大利润,要使所雇佣劳动力的边际收益产量等于劳动力的价格,即 $MRP = W$(W表示劳动力的价格,即工资)。

根据需求定律,产品(生产要素)的价格与需求量呈反比关系。因此,作为一种生产要素,劳动的需求曲线向右下方倾斜,即劳动的价格越高,厂商对劳动力这种生产要素的需求越低。现在,具体举例说明。假定某小型饼干生产公司每天投入工人的数量与产量变化的关系如表5-1所示。

表5-1 投入工人的数量与产量变化

劳动力数量	产量(箱)	劳动的边际产量(箱)	劳动的边际收益产量(50元/箱)	劳动的边际成本(工资:元)	边际利润(元)
0	0	—			—
1	60	60	3 000	1 800	1 200
2	110	50	2 500	1 800	700
3	150	40	2 000	1 800	200
4	180	30	1 500	1 800	−300
5	200	20	1 000	1 800	−800

那么该企业到底雇佣多少工人最合适呢?从表5-1可以看出,企业雇佣第1个工人,给企业带来的利润是1 200元;第2个工人给企业增加的利润是700元;第3个工人给企业增加的利润是200元;第4个工人使企业的利润减少300元,第5个工人使企业的利润减少800元。可见,第3个工人是最合适的,即边际收益产量最接近或等于边际成本(工资)的时候。同时,从表5-1还知道,随着雇佣工人数量的增加,劳动的边际收益产量在递减。这可以用向右下方倾斜的直线表示。为了使利润最大化,企业选择的最佳劳动数量为市场工资与劳动的边际收益产量相等时决定的劳动数量。也就是说,对于任何一个既定的工资水平,

企业都会按照以上的利润最大化原则选择最佳的劳动投入数量。

> 【思考】　　　　政府调整最低工资会对劳动者有利吗？
> 　　某市人保局通知,在3月底将该市职工最低工资由1 600元提升到1 860元。该市某生产企业的一线工人听闻之后非常开心,因为他们目前的工资为1 620元,这样他们一个月收入至少可以多增加240元。然而,到了当年4月底,该企业向全厂员工通知:企业裁员5%。一些工人也相继收到了辞退通知。那么这是什么原因呢？

事实上,劳动力为该企业的一种基本生产要素。从劳动的供求关系角度看,企业是劳动的需求方,工人是劳动的供给方。从企业角度看,工资的上涨意味着劳动力这种生产要素的价格的上升,从而会降低企业对劳动力的购买,即劳动需求量降低。从工人角度看,如果他们工资率较低,工资的替代效应大于收入效应,工资的上涨意味着自己提供的这种产品在市场中价格变高了,他们将会愿意提供更多的劳动力。可见,企业方劳动的需求在降低,工人方劳动的供给却在增加,这必然会导致劳动供给大于劳动需求的一种状态,出现劳动力剩余,从而企业会决定裁员以避免人员冗余。

二、资本理论

（一）何为资本与利息

1. 何为资本

资本具有两种形式:实物形式和价值形式。资本物品是资本的实物形式,它是指各种建筑、机器、设备、工具等等。这些资本物品可以直接投入生产,也可以在竞争的市场上交易或出售。资本的价值形式表现为货币形式,也就是厂商用于购买实物资本的金融资源,称为金融资本。

2. 何为利息

利息是资本的所有者将资本投入生产得到的报酬,是资本这一生产要素的价格。利息的多少用利率来表示,利率是利息在每一个单位时间内(如一年)在货币资本中所占的比率。西方经济学认为,资本之所以能带来利息,是因为生产中使用资本可以提高生产效率。

（二）利息的作用

作为重要的"经济杠杆",利息的作用表现在以下几个方面:

第一,通过影响储蓄收益可以调节社会资本的供给。例如,提高利率可以增加居民储蓄,从而促进社会资本的供给。

第二,通过对投资成本的影响可以调节社会投资总量和投资结构。例如,提高利率会减少社会投资总量,而差别利率可以调节社会投资结构,使得资金向那种利润率较高的行业和部门转移。

第三,通过影响企业的生产成本与收益发挥促进企业改善经营管理的作用。由于企业使用资本要支付利息,因此,利息的存在是刺激企业有效地利用资本的最好手段。

第四,通过改变储蓄收益对居民的储蓄倾向和储蓄方式的选择发挥作用,影响个人的经济行为。例如,利率降低,将会刺激百姓减少储蓄、增加消费。

(三) 利息决定与资本的供求

利率高低取决于对资本的需求与供给。资本的需求主要是企业投资的需求,因此,可以用投资来代表资本需求。资本的供给主要是储蓄,因此,可以用储蓄来代表资本的供给。这样就可以用投资与储蓄来说明利率的决定。

1. 资本的需求

厂商对资本的需求产生于对实物资本的需求。在给定时期内,企业打算借贷资本的数量由计划投资决定,而影响计划投资和借贷计划的因素是资本的边际收益产量和利率。

资本的边际收益产量是指每增加一单位资本的使用所带来的收益的变化。企业之所以要借入资本进行投资,实现利润最大化,是因为资本具有净生产力,资本的使用可以提高生产效率。然而,随着资本使用量的增加,资本的边际收益产量在下降,即随投资增加,每单位投资的收益是减少的。

同时,利率既是厂商借贷资金的机会成本,也是厂商使用自有资金的机会成本。利率越高,企业对借贷资本数量的需求也会减少。

【实例】　　　　　　　　　银 行 的 降 息

自2012年6月8日降息还不足一个月,2012年7月5日晚间,中国人民银行宣布再次降息,自7月6日起分别下调存贷款基准利率0.25个和0.31个百分点,并再次下调贷款利率浮动区间下限至0.7倍。这是自2008年9月16日以来央行首次采取不对称降息。

2012年降息的主要原因在于,当时在一些省区市经济增速放缓,企业盈利预期不强的情况下,一些企业由于利率较高而导致信贷需求(资本需求)减弱,企业的融资成本较高。央行2012年的密集降息,尤其是非对称降息以及再次扩大贷款利率浮动区间,有利于降低企业融资的机会成本,提振企业资本的需求。

2. 资本的供给

资本的供给就是资本的所有者在各个不同的利率水平上愿意而且能够提供的资本数量。利息是为了诱使人们抑制或推迟现期消费进行储蓄,即提供资本的一种报偿。一般而言,利率越高,人们越愿意增加储蓄,反之,利率越低,人们越要减少储蓄。

既然在资本市场中,资本的供给主要来自人们的储蓄,故而我们可以从储蓄角度来考虑影响资本供给的因素,具体如下:

第一,人们的收入。其他条件不变的情况下,收入越高,个体手上花费后节余的资本也就越多,从而储蓄越多。

第二,人们对未来收入的预期。当个体预期自己未来收入会提高时,其储蓄意愿会越低,这是因为其不用担心未来消费所使用收入的不足。

第三,利率水平的高低。通常,利率越高,当前消费的机会成本会越高,所以消费者会减少当前消费,增加储蓄。并且,利率越高,也会刺激消费者将货币存在银行里,以获取银行的较高的利息。

> 【实例】　　　　　　　　利率上调引起百姓转存风
> 2007年3月18日,是2007年银行定期存款利率上调第一天,北京市许多市民到银行提前取存款,然后以新利率转存,部分银行出现了排长队等待的现象。在位于北京市海淀区新街口豁口附近的工商银行,营业厅内坐满了等待办理业务的市民。在大约五分钟的时间里,先后有三位储户向工作人员咨询转存的事情。一位62岁的女士在银行开门前大约半个小时就来排队,并说,"当时已经排了六七个人了,都是来转存的"。在北京平安里、东直门等地的银行也出现了类似的情况,部分银行的等待时间比以往多出了一倍。

资本供给曲线,可以通过资本供给与利率间的关系来理解。资本供给是由消费者提供的,因此其类似于劳动供给曲线,即刚开始的时候消费者随着利率的提高,会增加资本供给,但是当利率达到一定程度,其收入增加,所以就不再会提供更多的资本了。这是因为,当消费者觉得把资金放到银行获取利息赚的钱够了,再赚也没太多意义了,就会在自己的收入中多拿出一部分用于消费,而不是存款。所以,在一定利率 r_0 以内,资本的供给是一条向右上方倾斜的曲线,即利率与储蓄即资本的供给呈同方向变动,但超过一定点后,该曲线将向后弯曲(如图5-3所示)。

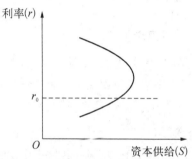

图5-3　资本供给与利率的关系

三、土地理论

(一)地租的决定

地租是土地这种生产要素的价格,即土地所有者提供了土地后得到的报酬。地租本身具有两种含义:一是土地本身价格,另一是土地服务价格。在我国,土地的终极所有权归国家,故地租主要指土地服务的价格,或指在一定使用年限下土地使用的价格。

地租的高低也由土地的供求决定。租地人对土地的需求取决于土地的边际生产力。通常,土地的边际生产力也是递减的,即厂商每增加一单位土地这种生产要素给自己带来产量的增加是在递减的。故而,土地的需求曲线是向右下方倾斜的曲线,即地租与土地的需求存在反比的关系。

在土地的供给方面,由于土地这种自然资源并非人类劳动的产物,也不能通过人类劳动增加其供应量,并且它具有数量有限、位置不变以及不能再生产的特点,因此,土地的供给量是固定不变的,土地的供给曲线是一条与横轴垂直的线。

关于地租的决定,我们可以用图来说明。在图5-4(a)中,横轴 ON 代表土地量,纵轴 OR 代表地租水平,垂线 S 为土地的供给曲线,表示土地的供给量固定为 N_0,D 为土地的需

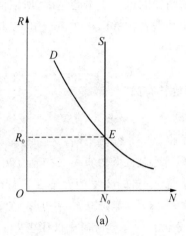 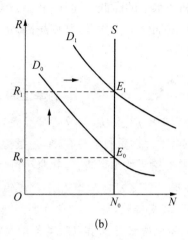

图 5-4 土地的需求与供给曲线

求曲线，D 与 S 相交于 E，决定了地租为 OR_0。

> **【思考】** 　　　　　　　　为何房价又高了？
>
> 　　自进入 21 世纪以来，北京、上海、深圳等大城市的房价持续攀升。当地政府部门采取多种措施来抵制房价的提升，然而，效果并不是很明显。即使一些措施一开始有点成效，但没过多久，房价又升高起来。

　　事实上，我国一些城市中出现的房价难以控制、一直处于上升通道的现象，可以用土地的供求关系来解释。在我国，北京、上海、深圳等大城市，由于其经济发展速度较快、发展水平较高，社会福利整体水平也较好，这吸引了大量外地人员导入，导致城市人口的不断增加，人们对土地的需求也不断增加，而这些大城市的土地面积（即土地供给总量）是有限、固定的，这将致使地租（房价）持续上升。我们可以用图来说明。在图 5-4(b) 中，D 为土地的需求曲线。当人口增加时，土地的需求曲线由 D_0 移动到 D_1，就表明土地的需求增加了，但土地的供给仍为 S，S 与 D_1 相交于 E_1，决定了地租为 R_1。R_1 高于原来的地租 R_0，说明由于土地的需求增加，地租上升了。通常，地租（土地出让金）就是开发商购地的楼板价，而楼板价又是决定房价销售的核心因素。楼板价越高，房价也会越高。因此，当地租上升时，市场中的房价也会随之上升。

> **信息**　　　　　　　　　楼　板　价
>
> 　　楼板价是指土地价格除以该土地的允许最大建筑面积，每个土地在获得时，基本都有容积率规定，框定了该土地建筑的最大面积。楼板价表明了该项目在销售时，单位售价中所包含的土地成本。因此，土地楼板价＝土地价值/总建筑面积。

（二）地租的相关概念

1. 准地租

准地租(quasi-rents)，是英国经济学家 A·马歇尔提出的一个概念。准地租又称准租，是指在短时间内因使用固定资本而产生的超额利润。该利润代表固定资产的收入，这种收入是由于产品价格超过弥补其平均可变成本的余额而产生的。准地租是租用固定性耐久生产设备（如建筑物、大型设备机器等），需要付给占有者的租赁费（租金），类似地租，故称准地租。当然，其实质系超额利润。如果使用公式来表示就是：

$$准地租 = 销售价格 - 单位变动成本$$

【实例】　　　　　　　　　准地租的计算

某企业生产一种产品，并租用一生产设备 5 年。假定第 100 件产品生产时，设备分配到该产品上的固定成本为 50 元，该产品的单位变动成本为 30 元。如果该产品销售价格为 40 元，则生产第 100 件产品上使用该设备的准租金为 10(=40-30)元，即租用设备生产单位产品时所带来的收入为 10 元。

在短期内，固定资产是不变的，与土地的供给相似。不论这种固定资产是否取得收入，都不会影响其供给。只要产品的销售价格能够补偿平均可变成本，就可以利用这些固定资产进行生产，这点与第四章完全竞争厂商生产决策分析中短期生产的停止营业点相类似。

注意的是，准地租只在短期内存在。在长期内，固定资产也是可变的。因此，在长期内一般不存在准地租。

2. 经济租

如果生产要素的所有者所得到的实际收入高于他们从事其他活动应得到收入的部分，则超过的这部分收入就被称为经济租。这种经济租类似消费者剩余，所以也称为生产者剩余。如果使用公式来表示，就是：

$$经济租 = 要素收入 - 机会成本$$

【思考】　　　　　　　　　小王真得赚钱吗？

小王开办一家企业，第一年可赚纯利润 8 万元，第二年可赚纯利润 12 万元。于是，小王认为他开办企业是赚钱的。这是真的吗？

小王赚钱，从经济租角度看，未必如此。如果小王专门供职一家企业，获得工资，即所谓的职业经理人，可以获得年薪 10 万元。因此，小王开办企业，他放弃的成本就是工资（10 万元），他在考虑办企业的时候需要将这 10 万元考虑进去，也就是说他办企业除掉资本、劳动支出获得的利润必须超过 10 万元才能弥补他的损失。简单来说，第 1 年他获利 8 万元，那他实际上相当于获利-2(=8-10)万元；第 2 年获利 12 万元，那他实际上是获利 2(=12-10)万元。

这里的 2 万元和 -2 万元就是经济学中的经济利润,对于小王来说才是真正的利润。

经济租是一种相对收益的概念,即相对于最大机会成本的相对收益。通常,人们总是在比较各种情况后选择收益大的,但是这在人们的思维不是很普遍。例如,利润 10 万元,就是 10 万元,很少去考虑那些看不到的成本(主要指机会成本),例如自己花费的时间、潜在的其他盈利机会等等。例如,在银行存款利率高达 6% 的情况下,如果一个人投入资本经营一个企业的利润率仅为 5%,这说明其经济租为负值,即使利润率为 5%,经营不亏损却也要关闭,因为相同的资本放在银行里更为划算。

四、利润理论

正常利润是企业家才能的价格,也是企业家才能这种生产要素所得到的补偿。它包括在成本之中,其性质与工资相类似,也是由企业家才能的需求与供给所决定的。

对企业家才能的需求是很大的,因为企业家才能高低是生产好坏的关键,它是使劳动、资本与土地结合在一起生产出更多产品的决定性因素。而企业家才能的供给又是很少的,并不是每个人都具有企业家才能,培养企业家才能所耗费的成本是很高的。企业家才能的需求与供给的特点,决定了企业家才能的收入(即正常利润)必然是很高的。可以说,正常利润是一种特殊的工资,其特殊性就在于其数额远远高于一般劳动所得到的工资。

第三节　社会收入的分配

一、收入分配的方式与衡量

(一) 收入分配的方式

1. 初次分配与再次分配的概念

初次分配,又称一次分配,是指国民总收入(国民生产总值)直接与生产要素相联系的分配。任何生产活动都离不开劳动力、资本、土地和技术等要素。在市场经济条件下,取得这些要素必须支付一定报酬,如工资和薪金是对付出劳动的报酬,租金和赁金是对提供地产或者一段时间内转让其他实物资本的回报,提供货币就能得到利息等,这种报酬就形成各要素提供者的初次分配收入。如我们工作所获得的报酬,就是一次分配的结果。

再次分配也称社会转移分配或二次分配,是指在初次分配结果的基础上,各收入主体之间通过各种渠道实现现金或实物转移的一种再次分配过程,也是政府对生产要素收入进行再次调节的过程。主要包括收入税、财产税、社会缴款、社会福利、其他转移收支。

【实例】　　　　　　　　　收入的分配

高收入阶层缴税较多,他们所交的税收被国家征收后形成国家的财政收入。于是,国家可以使用财政资金用于改善贫穷者的住房。其中,某贫穷者根据自己劳动贡献获得的收入为初次分配获得的收入,而改善的住房福利则是国家给予其的再次分配。

2. 初次分配和再分配的区别

第一,分配主体不同。初次分配的主体是各种市场主体,主要是国有经济、集体经济及非公有制经济等企业。再分配的主体是国家,国家的各级政府以社会管理者的身份而不是市场主体的身份进行再分配。这里要说明的是,在国有经济中,国家作为主体参与初次分配,但这个主体是市场主体而不是社会管理者的身份。

第二,分配的范围不同。初次分配是在创造国民收入的物质生产领域进行的分配,再分配是国民收入继初次分配之后在整个社会范围内进行的分配。

第三,分配的注重公平的具体措施不同。初次分配注重公平的具体措施,是着力提高低收入者的收入,逐步提高最低工资标准,建立企业职工工资正常增长机制和支付保障机制。再分配更加注重公平的具体措施,如加强政府对收入分配的调节,保护合法收入,调节过高收入,取缔非法收入。通过强化税收调节,整顿分配秩序,把收入差距控制在一定范围之内,防止出现严重的两极分化,实现公平分配。

(二)收入分配的衡量

个人间的收入差距,是现实社会中的一种典型现象。然而,收入差距不仅存在于个体之间,也存在于人们所生活的国家和地区之间,以及一个国家或地区的不同地方之间。通常,现代西方经济学主要通过洛伦茨曲线、基尼系数等来衡量一个国家或区的收入分配均衡程度。

1. 洛伦茨曲线

为了理解洛伦茨曲线,我们可以先把社会中的人数分为五份,每份占总人数的20%,社会财富也分为五份,每份同样占总财富的20%。如表5-2所示,假设20%最贫者拥有社会财富的4%;在此基础上,加上20%的较贫者即共40%的人,拥有社会财富的10%;再加上20%的中等收入者即60%的人时,拥有社会财富的30%;进一步加上20%的较高收入者即共80%的人时,共拥有社会财富50%;最后加上20%的最富者即共100%的人时,共拥有财富100%。很明显,最后的最富者占总人数的20%,却拥有了社会财富的50%,而最先的最贫者也同样占总人数的20%,却只拥有社会财富的4%(见表5-2)。可见,社会收入分配存在典型的不平均现象。

表5-2 社会收入分配

收入分组		占人口百分比		收入绝对平均的情况		收入不平均的情况	
		百分比	累计	占财富的百分比	累积占财富的百分比	占财富的百分比	累积占财富的百分比
最低	1	20%	20%	20%	20%	4%	4%
	2	20%	40%	20%	40%	6%	10%
	3	20%	60%	20%	60%	20%	30%
	4	20%	80%	20%	80%	30%	60%
最高	5	20%	100%	20%	100%	40%	100%

上述有关收入分配不平等的现象,经济学家洛伦茨最先使用一个图形来表示,因此形成了著名的"洛伦兹曲线"。洛伦兹曲线(Lorenz Curve),是指在一个总体(国家、地区)内,以"最贫穷的人口计算起一直到最富有人口"的人口百分比对应各个人口百分比的收入百分比的点组成的曲线。如在图5-4中,正方形的底边即横轴代表收入获得者在总人口中的百分比,正方形的左边即纵轴显示的是各个百分比人口所获得的收入的百分比。在上例中,如果将正方形的高分为五等份,每一等分为20的社会总财富。同样,在正方形的长上,将100的家庭从最贫者到最富者自左向右排列,也分为5等份,第一个等份代表收入最低20%的家庭。在这个正方形中,将每一等份的家庭所有拥有的财富的百分比累计起来,并将相应的点画在图中,便得到了一条曲线B,就是洛伦兹曲线(见图5-5)。例如,E点代表收入较低的80%人拥有社会总财富的50%,而收入较高的20%人拥有社会总财富的50%。

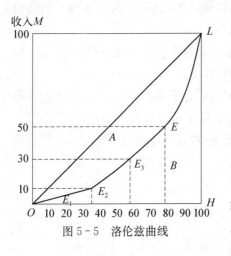

图5-5 洛伦兹曲线

洛伦兹曲线,用以比较和分析一个国家在不同时代或者不同国家在同一时代的财富不平等,该曲线作为一个总结收入和财富分配信息的便利的图形方法得到广泛应用。通过洛伦兹曲线,可以直观地看到一个国家收入分配平等或不平等的状况。一般来讲,它反映了收入分配的不平等程度。弯曲程度越大,收入分配越不平等,反之亦然。特别是,如果所有收入都集中在一人手中,而其余人口均一无所获时,收入分配达到完全不平等,洛伦兹曲线成为折线OHL。另一方面,若任一人口百分比均等于其收入百分比,从而人口累计百分比等于收入累计百分比,则收入分配是完全平等的,洛伦兹曲线成为通过原点的45度线OL(见图5-5)。当然,收入分配绝对平等线一般是不存在的。实际收入分配曲线即洛伦兹曲线都在均等线的右下方。

2. 基尼系数

基尼系数(Gini Coefficient)是意大利经济学家基尼(Corrado Gini,1884—1965)于1922年提出的,用于定量测定收入分配差异程度。如果将洛伦兹曲线与45度线之间的部分A叫作"不平等面积",当收入分配达到完全不平等时,洛伦兹曲线成为折线OHL,OHL与45度线之间的面积$A+B$叫作"完全不平等面积"。不平等面积与完全不平等面积之比为基尼系数,是衡量一国贫富差距的标准:

$$基尼系数 G = A/(A+B)$$

通常,基尼系数为零,表示收入分配完全平等,基尼系数为1,表示收入分配绝对不平等。显然,基尼系数不会大于1,也不会小于零。国际公认的标准,基尼系数若低于0.2表示收入绝对平均;0.2~0.3表示比较平均;0.3~0.4表示相对合理;0.4~0.5表示收入差距较大;0.6以上表示收入差距悬殊。其中,0.4则是它的"警戒线",超过这条"警戒线"时,贫富两极的分化较为容易引起社会阶层的对立从而导致社会动荡。

根据国家发改委相关研究,目前我国城市居民收入差距的基尼系数已达到合理值的上限,在0.4左右。而且这还是在各种岗位外收入、非正常收入难以准确估计的情况下得出的。如果把后者也算上,则计算出的实际基尼系数肯定要更大一些。

> **信息**
>
> ### 我国的基尼系数
>
> 2014年1月,中国国家统计局公布2013年的基尼系数为0.473,是近十年来基尼系数最低的一年。如下图所示,自2003年以来十年的全国基尼系数:2003年是0.479,2004年是0.473,2005年0.485,2006年0.487,2007年0.484,2008年0.491;然后逐步回落,2009年0.490,2010年0.481,2011年0.477,2012年0.474,2013年0.473。目前,中国各省区市中基尼系数较高的前五个分别为广东、福建、上海、浙江、江苏,其基尼系数在0.5—0.65之间;基尼系数较低的五个分别为陕西、甘肃、宁夏、青海、西藏,其基尼系数在0.28—0.35之间,其中西藏的基尼系数最低。

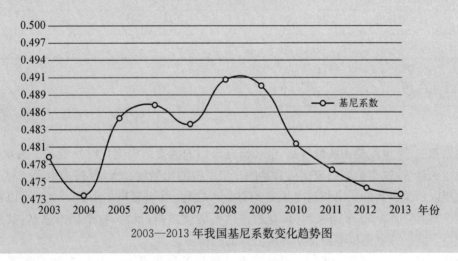

2003—2013年我国基尼系数变化趋势图

相关数据显示,在城市,目前我国居民收入最低的1/5人口只拥有全部收入的3%左右,仅为收入最高的1/5人口所拥有收入的5%。如果从城乡比较来看,目前我国城乡收入差距比约3∶1,成为世界上城乡收入差距最大的国家之一。可以说,当前我国城市居民的收入分配差距在相当程度上是不合理的。如不同行业收入差距的迅速扩大,管理层与被管理层收入差距扩大过快、过大,部分职工岗位外收入、非正常收入的增长过快、所占比重过大。

目前,发达国家基尼系数一般在0.25左右。其中,日本是全球基尼系数最低的国家之一,基尼系数约为0.27,德国为0.3左右,而美国的基尼系数已经超过0.4的警戒线。发展中国家基尼系数一般较高,大致在0.4上下。其中,日本基尼系数较低的一个重要原因是政府通过实行高额累进税制"劫富济贫",高收入群体的最高所得税税率达到75%,一般低收入群体只有15%。

恩格尔系数——一个衡量生活水平的指数

"吃了吗?"这是过去相当一段时期中国人见面后再熟悉不过的口头语。那用意几乎相当于国际流行的"你好吗"。渐渐地,"吃了吗"这口头语我们听得越来越少了,因为"吃"对于中国人越来越不像过去那样重要了。换句话说,"吃"在中国人生活中所占的比重越来越小了。此现象在经济学上就叫作"恩格尔系数"降低。下表(右)是联合国判断生活水平的标准。

不同国家恩格尔系数对比表

国家	恩格尔系数
印度	52
泰国	30
巴西	35
法国	16
日本	16
加拿大	11
美国	13

恩格尔系数与生活水平对应表

恩格尔系数(%)	生活水平
30 以下	最富裕
30~40	富裕
40~50	小康
50~60	勉强度日
60 以上	绝对贫困

恩格尔是 19 世纪德国统计学家,他在研究人们的消费结构变化时发现了一条规律:一个家庭收入越少,这个家庭用来购买食物的支出所占的比例就越大,反过来也是一样。而这个家庭用以购买食物的支出与这个家庭的总收入之比,就叫恩格尔系数。由此可以得出结论:对一个国家而言,这个国家越穷,其恩格尔系数就越高;反之,这个国家越富,其恩格尔系数越是下降。这就是世界经济学界所公认的恩格尔定律。

恩格尔系数=食品支出总额/消费支出总额。恩格尔系数可从静态和动态两个角度理解。

【静态】不同收入水平的家庭,其食品支出在总的消费支出中的比重不同:

(1) 收入水平越低的家庭,其食品支出比重越高;

(2) 收入水平较高的家庭,其食品支出比重较低。

【动态】恩格尔定律:其他条件不变,随着收入水平的提高,食品支出占消费总支出的比重有下降趋势。

改革开放 30 多年来,我国恩格尔系数,无论是农村还是城市,恩格尔系数都是往下走的。不排除个别年份,因为物价水平的变化,恩格尔系数稍微有一些波动,但总的趋势是往下的。从农村来讲,基本上在 42% 左右。从城市来讲,居民的恩格尔系数已经下降到 40%以下,充分说明随着收入水平的提高,人民生活由总体小康走向全面小康,已经摆脱了原来以吃、喝、穿这种生存意义的消费为主的消费结构,正在进入以住和行消费为引导的消费升级的新阶段。

二、收入分配政策

(一) 公平与效率的关系

在收入分配理论中,公平是指社会成员收入的均等,而效率则是泛指资源的有效配置。公平和效率都是微观经济的政策目标。

收入分配中效率目标主要强调:收入分配由个人拥有要素的多少以及这种要素的稀缺程度决定,即一个生产要素所有者相应报酬的多少主要由其所具有的生产要素效率的高低来决定。然而在现实中,人们占有生产要素的状况是不一样的,例如有的人占有的资本、土地等要素多一些,有的人则劳动能力强一些。为此,对于市场决定的收入,根据要素供给分配收入,则人们的收入必然有差别。然而,过于强调通过市场机制的调节来促进效率提高,会不可避免地导致收入分配不平等,以致产生越来越严重的贫富分化。

收入分配中公平目标主要强调:取消或缩小上述差别以实现收入均等化,避免贫富差距过大。通常,公平目标的实现往往会损害效率目标。例如,在工资收入分配上如果搞平均主义,就会伤害人们工作的积极性;如果个人所得税率过高,就会妨碍人们对工作的积极性,影响效率;社会保险项目越全、保障待遇越高(如失业保险),也会导致社会中一些懒汉的出现。当然,在我国收入分配公平的实现中,国家对个人收入分配进行的调节,不是要消灭收入差异,而是把差距保持在合理的范围之内,防止两极分化或贫富差距过大。

2002年党的十六大报告强调要"坚持效率优先、兼顾公平","鼓励一部分人通过诚实劳动、合法经营先富起来"。因此,2002年以后近10年,我国收入分配政策实施主要以"效率优先、兼顾公平"为指导,即无论是按劳分配还是按生产要素的贡献参与分配,都必须、也必然要把效率摆在优先地位,然后再考虑公平。这一方面要承认收入差别,允许一部分人和一部分地区先富起来,通过市场机制刺激效率,为过渡到共同富裕创造物质基础;另一方面要通过国家宏观调控等手段来构筑平等竞争的空间和平台,保证分配的公平。

之后,2012年党的十八大报告提出"初次分配和再分配都要兼顾效率和公平,再分配更加注重公平"的要求。这意味着我国收入分配改革中,一定要坚持社会主义市场经济体制下的收入分配导向,既应有利于调动经济活动参与者积极性、提高经济效率,也应相对公平地保证所有社会成员最基本的生活需要,特别在再分配环节上实行更加注重公平的政策举措,来补充初次分配中可能因生产要素占有不公平所导致的"短板",形成缩小收入分配差距的长效机制。

(二) 收入分配政策内容

为防止收入差距悬殊和贫富两极对立,保证社会的稳定,通常对社会收入分配进行调节。由于收入差距过大的原因在于富人收入过高,而穷人收入过低,为此,收入分配政策的主要内容分为两个方面,即主要针对富人的税收政策和针对穷人社会福利政策。

1. 税收政策

税收政策,主要针对富人群体,运用税收政策降低高收入者的收入水平,来缩小收入差距。其实质是将富人的一部分财产转移给穷人,以防止贫富差距过大。通常,用于调节收入

的税收主要包括以下几类:

第一,个人所得税。可以通过征收累进税率的所得税缩小贫富差距。目前,我国个人所得税采取累进税率,即根据收入的高低确定不同的税率,对高收入者以高税率征收,对低收入者以低税率征收。其中,个人所得包括11项,分别为:(1)工资、薪金所得;(2)个体工商户的生产、经营所得;(3)对企事业单位的承包经营、承租经营所得;(4)劳务报酬所得;(5)稿酬所得;(6)特许权使用费所得;(7)利息、股息、红利所得;(8)财产租赁所得;(9)财产转让所得;(10)偶然所得(如中奖);(11)其他所得。

表5-3 我国个人所得税税率表

全月应纳税所得额	税 率	速算扣除数(元)
全月应纳税所得额不超过1 500元	3%	0
全月应纳税所得额超过1 500元至4 500元	10%	105
全月应纳税所得额超过4 500元至9 000元	20%	555
全月应纳税所得额超过9 000元至35 000元	25%	1 005
全月应纳税所得额超过35 000元至55 000元	30%	2 755
全月应纳税所得额超过55 000元至80 000元	35%	5 505
全月应纳税所得额超过80 000元	45%	13 505

注:扣除标准3 500元/月(2011年9月1日起正式执行)(工资、薪金所得适用);
应纳税所得额=扣除三险一金后月收入-扣除标准。

例如,小王2012年5月份月收入4 000元,交过三险一金后为3 280元,小于3 500元起征点,无须纳税;小王2014年5月份月收入达到6 000元,交过三险一金后为4 920元,则其应纳税所得额为1 420(=4 920-3 500)元,应纳税为426(=1 420×3%)元。

第二,遗产税。遗产税是一个国家或地区对死者留下的遗产征税,国外有时称为"死亡税"。其主要是以被继承人去世后所遗留的财产为征税对象,向遗产的继承人和受遗赠人征收的税。征收遗产税的初衷,是为了通过对遗产和赠予财产的调节,防止贫富悬殊。尽管西方许多国家早已征收遗产税,但我国尚未有征收遗产税的法律规定。

第三,消费税。消费税是在对货物普遍征收增值税的基础上,选择少数消费品再征收的一个税种。消费税主要是为了调节产品结构,引导消费方向,保证国家财政收入。消费税通常是对过度消耗资源和危害生态环境的商品(如汽油、柴油、汽车、轮胎),过度消费不利于人类健康的商品(如烟、酒)以及只有少数富人才能消费得起的商品(如贵重首饰)等进行征收。例如,对烟酒征收消费税,一方面可以筹集财政的收入,另一方面又对这类产品的消费有一定的限制作用,目的是保护人民的身体健康。当然,由于消费税是价内税,原则上,销售者会将消费税的金额打到价格里,转嫁给消费者。

2. 福利政策

福利政策,主要针对穷人群体,运用福利政策提高低收入者的收入水平或对其收入进行弥补,来缩小收入差距。福利政策意味着政府把税收的一部分用于救济穷人,是一种转移支付行为,即征缴一部分人的收入,用来支付给另一部分人以提高其收入,所以,福利政策往往又是一种典型的收入再分配政策。

通常,针对低收入群体的福利政策主要包括以下形式:(1)实物转移。即直接向穷人提供保障生活的物品和服务,例如,政府部门提供给穷人相关的食物(或食品券)、居住场所等。(2)收入补贴。这是一种较为直接的福利政策。例如,对各种残疾人的收入补助、对贫困线以下家庭的收入补助、对单亲家庭的未成年子女补助等。(3)教育、医疗性福利。例如,对贫困者进行培训和提供就业机会。(4)社会保障与社会保险制度。如失业保险、最低生活保障制度等。

【信息】 **最低生活保障**

最低生活保障是指国家对家庭人均收入低于当地政府公告的最低生活标准的人口给予一定现金资助,以保证该家庭成员基本生活所需的社会保障制度。最低生活保障线也即贫困线。2014年4月1日起,上海市城镇居民最低生活保障标准从每人每月640元调整为每人每月710元。

【实例】 **小刘一家可以获得多少金额的低保?**

假定户口为上海市的小刘家庭共有4人:小刘和他的妻子以及两个正在上小学的孩子。小刘月收入1 640元,小刘妻子下岗在家。那么,小刘一家获得的低保是多少呢?

根据2014年度上海市最低生活保障政策,小刘家共有4人,家庭人均月收入为410元,低于上海市710元的标准,差额为300元。于是,这个家庭可以获得1 200元的最低保障补助。此时,小刘妻子如果找到工作,月收入为1 700元,则家庭平均收入835元,高于710元的标准,则无法再获得相关低保补助。可见,小刘妻子要是一周五天去工作,相当于家庭收入才增加500(=1 700−1 200)元。从这个角度看,一些帮助穷人的政策,可能鼓励穷人依靠自己的努力摆脱贫困,也有可能削弱穷人的工作激励。

3. 劳动立法保护

法律是维护公平的有力武器,利用法律手段立法规定最低工资水平、改善工作条件和环境等,也是社会收入分配政策的重要内容。我国在这方面,立法还需完善,还需完善相关法律法规,保障社会收入分配的相对平等,另外在执法过程中也更需要严格和规范。

【信息】 **我国的《最低工资规定》**

在我国,《最低工资规定》已于2003年12月30日经劳动和社会保障部第7次部务会议通过,自2004年3月1日起施行。最低工资标准是指劳动者在法定工作时间或依法签订的劳动合同约定的工作时间内提供了正常劳动的前提下,用人单位依法应支付的最低劳动报酬。上海市于2014年4月1日起调整最低工资标准,从1 620元调整为

1 820元,小时最低工资标准从14元调整为17元。通常,月最低工资标准适用于全日制就业劳动者,小时最低工资标准适用于非全日制就业劳动者。一般而言,下列项目不作为月最低工资的组成部分:

——延长法定工作时间的工资
——中班、夜班、高温、低温、有毒有害等特殊工作环境、条件下的津贴
——个人依法缴纳的社会保险费和住房公积金
——伙食补贴(饭贴)、上下班交通费补贴、住房补贴

关键概念: 生产要素 劳动的替代效应 劳动的收入效应 利息 地租 准地租 经济租 初次分配 再分配

1. 生产要素需求的含义是什么?如何理解生产要素需求的特点?
2. 从劳动的供求关系解释当前上海保姆收入不断攀升甚至超过硕士毕业生收入的现象。
3. 如何理解劳动的替代效应和收入效应?两者有什么区别?试举例说明。
4. 影响资本供给的因素有哪些?
5. 初次分配和再分配的含义是什么?两者有什么不同?
6. 收入分配政策的内容是什么?联系现实进行说明。

下 篇

宏观经济学

第六章　国民收入理论

> **案例导入**
>
> **国内生产总值（GDP）**
>
> 　　20世纪行将结束之际，美国商务部开始回顾她的历史成就。在这次回顾中，美国商务部将国民收入和产出的发明与运用称为她的"世纪性杰作"。诺贝尔经济学奖获得者保罗·萨缪尔森也认为，国内生产总值（GDP）是20世纪最伟大的发明之一。20世纪30年代，GDP等经济总量指标诞生之时，正是凯恩斯发表现代宏观经济学奠基之作《就业、利息和货币通论》之际。从此，GDP核算与现代宏观经济学相互促进，共同发展，成为现代宏观经济分析的支柱，而宏观经济学也成为全球人文社会科学领域内经世济用的超级"显学"。
>
> **讨论**：谈谈你对国内生产总值（GDP）这个词的理解。

学习目标：
1. 了解总收入与总支出间的关系
2. 熟悉国内生产总值的含义与特点
3. 掌握国内生产总值的计算
4. 熟悉国内生产总值的相关概念
5. 了解现行国民收入核算的缺陷
6. 掌握凯恩斯革命和有效需求理论
7. 熟悉乘数理论及相关乘数的核算

第一节　总收入与总支出

总支出，就是整个经济体所有购买者的花项的钱的总和；而总收入，则是整个经济体所有销售者的收入的总和。这两者是交易的两面，两者必然相等。

【实例】　　　　　　　　　小李吃饭的收入与支出

小李到某饭店吃饭，花了 100 元。小李支出了 100 元，饭店必然也获得收入 100 元。如果在某一时段仅考虑由小李和饭店两方构成的微型单元经济体，则在这经济体内总收入是 100 元，总支出也是 100 元，即总收入等于总支出。

上述例子中"总收入＝总支出"似乎比较容易理解。然而，在现实国家的经济运行中是非常复杂的。为了方便理解，我们把一个国家的经济部门简化为厂商和居民两个部门，从这两部门的国家经济来进一步理解这个公式。

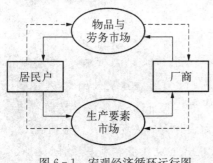

图 6-1　宏观经济循环运行图

图 6-1 是两部门的一国宏观经济循环运行图。图中的居民户就是家庭，厂商代表成千上万生产和提供各类商品与劳务的企业。为此，在这个两部门经济中将形成两个市场：一个是商品与劳务市场，一个是生产要素市场。图中的箭头，内圈的实线代表实物（消费品、劳务以及各种生产要素）流向，外圈的虚线代表货币流向。

在商品与劳务市场上，厂商将生产出来的商品和劳务出售给居民（即消费者），居民将按照商品与劳务的价格把货币支付还给生产者。在生产要素市场上，居民将自己所拥有的劳动、土地、资本或企业家才能出售给厂商，厂商将按照这些要素的价格（用货币表示的工资、租金、利息和利润）支付给消费者。在商品与劳务市场上，只有厂商把商品与劳务给了居民的同时，居民才会将货币给了厂商。同样，在生产要素市场，只有居民把劳动、土地、资本、企业家才能出售或出租给厂商，厂商才会将相应的工资、租金、利息、利润付给其所有者。

在每一次市场交易中，虽然时间、地点、交易的双方主人和交易的内容千差万别，但有一点是相同的，这就是交易双方收入和支出的量相等。在任何一种市场上，卖者所得到的收入与买者的支出是相等的。例如，厂商向 10 位居民购买一年的劳动这种生产要素，价值 80 万，则在生产要素市场上，厂商的支出为 80 万，居民的收入为 80 万。同样，这 10 位居民向厂商一年购买价值 50 万的商品与劳务市场，则在该商品与劳务市场上，居民的支出为 50 万，厂商的收入为 80 万。在这个两部门经济中如果仅考虑上述两个交易，则总收入＝80 万（居民收入）＋50 万（厂商收入），而总支出＝80 万（厂商支出）＋50 万（居民支出）。

可见,在两部门经济中,每一次交易时买者的支出与卖者的收入是相等的,所以,整个经济的收入等于支出。

$$总收入 = 总支出$$

记住"总收入等于总支出"这个公式,对于理解我们下面将使用"支出法"和"收入法"两种方法核算国内生产总值是有意义的。

当然,现实经济要比我们假设的两部门的经济要复杂得多。如在四部门(即厂商、居民、政府、对外经济)的经济中,居民并不将全部收入用于购买国内生产的商品与劳务,他们还要将一部分收入用于购买国外生产的物品与劳务(即进口),同时还将一部分收入用于储蓄、投资和纳税。厂商生产的商品与劳务有一部分被政府购买,有一部分被别的企业购买,还有一部分被外国人购买(即出口)。我们要强调的是,不管买者是谁,也不管卖者是谁,在每一次交易中买者的支出与卖者的收入总是相等的,从而整个经济的总收入等于总支出,并且等于总产量,这一结论总是正确的。

第二节　国内生产总值

诺贝尔经济学奖获得者萨缪尔森把 GDP 称为"20 世纪最伟大的发明之一"。它可以衡量经济增长的总体表现,是判断一国经济景气周期以及经济健康与否的最重要依据,因而它至今都是国际上用来衡量国家与地区经济表现的通用标准。如果没有 GDP 这一总量指标,决策者制定政策、采取措施时就会陷入杂乱无章的数字海洋而不知所措,更无法确定一国承担怎样的国际义务,享受哪些优惠待遇。在这一节中,我们对国内生产总值这一概念进行介绍。

一、中间产品与最终产品

所谓最终产品,是指在一定时期内完成全部生产过程,不再进行加工的制成品。而中间产品则是指生产出来后作为供其他部门生产所用的燃料、原料等还需要进一步加工的产品。可见,最终产品就是直接被最终消费者消费掉的产品。而中间产品可能是生产资料,也就是为了生产最终产品而被生产出来的产品;也可能是组装最终产品的零部件。

一个产品有可能同时是中间产品和最终产品,二者的核心区别在于其是否直接面向消费者。直接面向消费者的产品为最终产品,而不直接面向消费者的产品则为中间产品。

> 【实例】　　　轮胎和方向盘是中间产品还是最终产品?
>
> 如果汽车是最终产品,则对汽车来说,轮胎和方向盘以及生产汽车的机器都是中间产品。然而,如果消费者去配件市场自己买一个轮胎或者一个方向盘,那么这时候轮胎和方向盘则要计入最终产品。

二、国内生产总值的理解

国内生产总值(Gross Domestic Product,简称GDP)是最重要的宏观经济指标。国内生产总值,是指某一国家(或地区)的常住机构单位在一定时期内(如月、季度或年)所生产出的最终产品的市场价值之和。为此,有关国民生产总值,我们可以从以下几个方面理解:

1. 地域性

地域性,这主要指国内生产总值是针对一个国家或地区内的总值,也就是"在一个国家或地区地域范围内"的生产总值。通常,在一个国家(或地区)的地域范围内,不管是本国(本地区)人所生产的物品和劳务还是外国(外地区)人所生产的物品和劳务,都计算在这个国家(或地区)的国内生产总值之中。

【实例】　　　　　　　　　　跨国界的GDP计算

一个中国公民在澳大利亚工作两年,则其生产的价值应计算为澳大利亚的国内生产总值中的一部分。同样,跨国公司所生产的物品只能计算在它的分公司所在国家的国内生产总值中。如联想公司在美国的分公司生产的电脑要计算在美国的国内生产总值中,而东芝在中国的公司所生产的电器则应计算在中国的国内生产总值中。

同时,尽管国内生产总值强调"国"的概念,但事实上以前我们可能会在媒体上看到一种说法,如"2003年上海市国内生产总值"。上海只是中国的一个城市,何来"国"的概念?事实上,GDP中的D(Domestic)具有"国内、地区、当地、家里"等多种含义,上海市的GDP称为"国内生产总值"显然不合适。根据2004年1月国家统计局《关于改进和规范GDP核算的通知》,地区GDP的中文名称改为"地区生产总值",特定地区的GDP用行政区的名字作定语,如"××省生产总值",简称"××省GDP"。这样,对于上海市的GDP只能称为"上海市生产总值",而不能称为"上海市国内生产总值"。在我国,通常只要属于县级或以上行政单位,基本上都可以使用GDP(地区生产总值)这个概念。

信息　　　　　　　　　　　我国的县级行政单位

我国县级行政单位一般包括县、市辖区(地级市的区)、绝大多数县级市(不设区的市)、自治县、旗、自治旗、特区、工农垦区、林区等。为此,"上海市崇明县GDP"或"上海市徐汇区生产总值"都是适用的。

2. 市场价值性

所谓市场价值性,是指所计算的商品和劳务的价值是正常市场交易下形成的价格。通常,这可以从两个层面理解。

第一,商品和劳务只有经过市场交易并形成价格,其价值才能计算在国内生产总值之中。

【实例】　　　　　　　　国内生产总值的计算

一个农民食用自己种的粮食和蔬菜或一个木匠使用自己制作的家具等的价值,不应该计为国内生产总值的一部分。同样,一个人在别人家做家务所获得的收入是国内生产总值的一部分,而在自己家洗衣、做饭、收拾房间却不算在国内生产总值中。如小李在老张家当保姆,所获得的工资是国内生产总值的一部分,如果两人结婚,国内生产总值的这一部分就不存在了。

第二,商品和劳务的市场交易强调正常性,即合法、合规的交易。非正常性的交易值不应计算在国内生产总值之内。有些物品虽然经过市场交易,但属于违法交易,则不应包括在内,如走私、贩毒、色情交易等。

3. 生产性

这主要指国内生产总值强调的是当期生产的商品和劳动的价值,而不是生产概念之外的商务和劳动价值。其中,生产的商品和劳动,既包括当期生产的已被销售的商品和劳动,也包括当期生产但未被销售(库存)的物品与劳务。然而,其他时期内(主要指以前)生产的商品,无论是旧货,而是生产出来之后一直未使用的新货,由于不是当期生产的商品和劳动,都不应计算在当期的国内生产总值之内。

【实例】　　　　　　　　国内生产总值的计算

2014年5月初,小王将一辆于2010年生产、自己2011年购买的大众轿车在二手汽车市场出售,卖了5万元。这辆大众轿车应计算在2010年的国内生产总值之中,而不包括在2011年或2014年国内生产总值之中,这是因为这辆轿车不是在现期(2014年)生产的,也不是购买那年(2011年)生产,而是2010年生产的。

4. 时期性

这主要指衡量国内生产总值时需要有一个计算期的概念。或者说,国内生产总值是计算期内生产的最终产品价值。目前在我国,国内生产总值的计算期通常是一年或一个季度。

由于国内生产总值是一个计算期内的值,因此是流量而不是存量。流量是指一段时间内发生的量。例如,某市的开放大学建校50年以来共毕业学生300 000人,这个学生数300 000人就是一个流量概念。存量是指在一个时点上存在的量。如今年9月份新学年开始后这个开放大学在校生人数70 000人,就是一个存量概念。国内生产总值是一个流量概念,需要按照一定时期中所发生的经济流量计算。

5. 最终性

这主要指国内生产总值是用最终产品来计算的,即最终产品在该时期的最终市场交易价值。而中间产品不能计入,否则会造成重复计算。

> 【思考】　该地区的国内生产总值为多少？
>
> 　　某地区有一家面粉厂和面包厂。在一定时期内，这个地区的面粉厂生产出市场价值为 100 万元的面粉，其中 60 万元的面粉卖给了面包厂进一步加工做面包，另外 40 万元的面粉卖给了当地居民。面包厂采购来 60 万元的面粉后进一步加工，生产出市场价值为 120 万元的面包并卖给了当地居民。如果该地计算只考虑这两家企业，则该地区的国内生产总值为多少？

在上述这个例子中，如果不考虑该地区其他企业，则该地区的最终产品的价值应为面粉厂卖给居民的 40 万元面粉和面包厂卖给居民的 120 万元面包的价值之和，即 160 万元。中间产品的价值则为面粉厂卖给面包厂的 60 万元面粉。如果国民生产总值是简单的生产总值之和而不考虑是否为最终产品，即 200 万元（面粉厂的生产值 100 万元＋面包厂的生产值 120 万元），则面粉厂里计算了 60 万元面粉的价值，面包厂生产的 120 万元面包也包括了这 60 万元面粉的价值，则明显出现重复计算了。

三、国内生产总值的计算

（一）支出法

支出法，又称为最终产品法。用支出法核算国内生产总值，就是把一年内全社会对最终产品和劳务的购买支出加总而得到。最终产品和劳务的购买者主要分四大类：居民、政府、企业和国外。支出法所核算的也就是来自这四方面的购买支出即消费、政府支出、总投资和净出口的总和。

1. 消费

这主要指居民的购买支出，是指居民个人对最终商品与劳务的总支出，包括耐用消费品，如住房、汽车、冰箱等，以及非耐用消费品，如服务和医疗等。通常，一个国家居民的生活水平越高，其居民用于购买商品和劳务的支出占国内生产总值的比重越高。

2. 总投资

这主要指企业的购买支出，即企业购买的"资本品"包括厂房、设备、工具及存货（不属于中间产品）等方面的支出。

通常，企业总投资包括固定资本投资和存货投资。其中，固定资本投资是指在单位时间内所增加的新机器设备、建筑物（住宅及非住宅等）以及其他生产资料，存货包括原材料、半成品以及未售出的制成品。由于原材料与半成品在生产过程中极为重要，而未售出的制成品在销售过程中更是不可或缺，所以当期存货的变动是投资的重要组成部分。应该注意的是，"存货的变化"是投资的一部分，而"存货"本身不能算作投资。

3. 政府支出

这主要指政府购买物品和劳务的支出。政府支出包括政府购买和政府转移支付。其中，政府提供国防、公共建筑、道路、举办学校等都属于政府购买，这些政府购买都作为最终产品计入国内生产总值。政府这些购买通过雇请公务员、学校教师，建立公共设施，雇请司法部门的人员等为社会提供服务。

由于政府上述这些服务不是典型地卖给最终消费者，因此对政府提供的服务难以有一个市场估价。这就使政府购买和居民消费、企业总投资和出口不同。在计入国内生产总值时，不是根据购买政府服务所费成本，而是根据政府提供这些服务所费成本。例如，根据政府在教育方面的支出来计算公共教育的价值，国防的价值则假定等于国防费支出。

> **【实例】　　　　　　　　　公务员收入的增加**
>
> 　　2014年1月，中国某市决定给该市全体公务员增加工资，由此造成政府需要每年多支付20亿元，可以认为政府支出增加了20亿元。

值得注意的是，政府购买只是政府支出的一部分，政府支出中只有一部分计入国内生产总值，而其他有些部分，如政府转移支付是不包括在国内生产总值之中的。转移支付只是简单地把收入从一个人或一个组织转移到另一个人或另一个组织，并没有相应的货物或劳务的交换发生。例如，政府给残疾人发放救济金，并不是因为残疾人提供了生产要素的服务而创造了收入。

政府转移支付，是指政府无偿地（单方面）支付给个人或其他主体的形式。根据国际货币基金组织（IMF）《政府财政统计手册》中的支出分析框架，政府转移支付有两个层次：

第一，国际间的转移支付，包括对外捐赠、对外提供商品和劳务、向跨国组织交纳会费。例如，中国向非洲某一国家捐赠5 000万元人民币，则这5 000万元属于政府转移支付。

第二，国内的转移支付，既有政府对家庭的转移支付如养老金、住房补贴等，又有政府对国有企业提供的补贴，还有政府间的财政资金转移。通常，政府转移支付是收入再分配的形式。

> **【实例】　　　　　　　　　对老人的转移支付**
>
> 　　上海市奉贤区对100周岁（含100周岁）以上本区常住户口的老年人，每月发放200元营养补贴。这200元营养补贴的发放，并不是市场等价交易的，是奉贤区政府无偿支付给老人的，老人们不需要提供劳务或其他商品用以交换。

4. 净出口

这主要指国外购买一国商品和劳动的净数值，通常是指一个国家商品及劳务的出口与进口的差额。当一国的出口大于进口时，就产生了"顺差"，即净出口为正；反之，则为"逆差"，即净出口为负。

上述四项支出相加，即得到支出法下国内生产总值的核算公式：

国内生产总值（支出法）＝消费支出＋总投资＋政府支出＋（出口－进口）

自改革开放以来,我国国内生产总值持续增加,连续多年保持两位数以上的增长速度。根据 2014 年 9 月 28 日国家统计局官方信息,2013 年我国国内生产总值达到 568 845 亿元,占全球 GDP 比重达到 12.3%。人均 GDP 由 1952 年的 119 元增加到 2013 年的 41 908 元(约合 6767 美元)。可以说,自新中国成立来,我国综合国力和国际影响力实现了历史性跨越。统计显示,1953 年至 2013 年,我国 GDP 按可比价计算增长了 122 倍,年均增长 8.2%,其中改革开放以来 GDP 年均增长 9.8%。1952 年国内生产总值只有 679 亿元,1978 年增加到 3 645 亿元,居世界第十位。改革开放以来,GDP 连续跃上新台阶,1986 年超过 1 万亿元,1991 年超过 2 万亿元,2001 年超过 10 万亿元,2010 年达到 40 万亿元,超过日本成为世界第二大经济体。

表 6-1 国际货币基金组织(IMF)的数据(2013 年各国 GDP)

排 名	国家名称	GDP 总量(10 亿美元)	所在地区
1	美 国	16 197.96	美 洲
2	中 国	9 038.66	亚 洲
3	日 本	5 997.52	亚 洲
4	德 国	3 373.3	欧 洲
5	法 国	2 565.62	欧 洲
6	英 国	2 532.05	欧 洲
7	巴 西	2 503.87	美 洲
8	印 度	2 117.28	亚 洲
9	俄罗斯	2 109.02	欧 洲
10	意大利	1 953.82	欧 洲

(二) 收入法

收入法是根据生产要素在生产过程中应得的收入份额反映最终成果的一种计算方法。通常,生产要素包括劳动力、资金、土地、固定资产、企业家才能等,为此这些生产要素所形成的收入就应该计算在收入法下国民生产总值之中,具体如下:

1. 工资

这主要是指劳动这种生产要素所获得的报酬。这里的工资包括劳动者获得的各种形式的工资、奖金和津贴,既有货币形式的,也有实物形式的。还包括劳动者所享受的公费医疗和医药卫生费、上下班交通补贴和单位为职工缴纳的社会保险费、住房公积金等,以及工资收入者必须缴纳的所得税及社会保险税。

2. 利息

这里的利息里指人们储蓄时所提供的货币资金在本期的净利息收入,但政府公债利息及消费信贷的利息不计入国民生产总值,而只被当作转移支付。

3. 租金

这主要指土地、房屋等生产要素提供所对应的收入。通常,租金包括个人出租土地、房屋等获得的租赁收入。

4. 税前利润

这主要指企业家经营企业所获得的收入,包括公司利润税(公司所得税)、社会保险税、股东红利及公司未分配利润等。

5. 非公司企业主收入

非公司企业主收入是指各种类别的非公司型企业的纯收入,如私人医生、律师、农民和个人店铺等的收入。他们被自己雇用,使用自有资金,因此他们的工资、利息、利润和租金等是混在一起作为非公司企业主收入的。

6. 间接税

间接税,主要指企业缴纳的货物税或销售税、周转税。这些税收虽然不是生产要素创造的收入,但要通过产品加价转嫁给购买者,故也不应看作是成本。间接税和直接税不同,直接税(如公司所得税、个人所得税等)都已包括在工资、利润及利息中,故不能再计入国内生产总值之中。

7. 企业转移支付

企业转移支付包括两部分:一是企业对部分个人和社会组织的捐款,如对贫困学生、希望工程、学校、寺庙、救灾等捐款;二是处理企业在经营过程中形成的呆账、死账等,如银行收不回来的贷款、企业要不回来的债务等。企业转移支付形成了接受转移支付者的收入。

8. 折旧费

这主要指固定资产这种要素在一定时期内所对应的收入(转移价值)。通常,我们使用折旧费来衡量。折旧费,是指一定时期内为弥补固定资产损耗按照规定的固定资产折旧率提取的固定资产折旧,或按国民经济核算统一规定的折旧率虚拟计算的固定资产折旧。它反映了固定资产在当期生产中的转移价值。收入法是从收入的角度出发,把生产要素在生产中所得到的各种收入相加。其中,(1)—(5)项收入是生产要素收入,(6)和(7)项收入不是生产要素收入,但也构成了 GDP 中的一部分,(8)项为过去投入的资本收入。为此,将全国各部门(物质生产部门和非物质生产部门)的上述各个项目加以汇总,即可计算出国内生产总值。收入法下国内生产总值的核算公式为:

国内生产总值(收入法) = 工资 + 利息 + 租金 + 税前利润 + 非公司企业收入
  + 间接税 + 企业转移支付 + 折旧费

第三节 国内生产总值的相关概念

除了国内生产总值这个重要的国民收入核算指标外,各国还使用其他的指标从不同方面来衡量经济的总体情况。为此,本节将对国内生产总值之外的其他重要国民收入核算指标进行介绍。

一、国民生产总值

与国内生产总值相关的另一个总量指标是国民生产总值(Gross National Product,简称GNP)。国民生产总值是指一国国民在一定时期内所生产的最终产品的市场价值总和。

国民生产总值,是与所谓"国民原则"联系在一起的。按照这一原则,凡是本国国民(包括本国公民以及常住外国但未加入外国国籍的居民)所创造的收入,不管生产要素是否在国内,都被计入本国的GNP,而外国公司在该国子公司的利润收入则不应被计入该国的GNP。

国内生产总值,则是与所谓"国土原则"联系在一起的。按照这一原则,凡是在本国领土上创造的收入,不管是不是本国国民所创造的,都被计入本国的GDP。特别是,外国公司在某一国子公司的利润都应计入该国的GDP,而该国企业在外国子公司的利润就不应被计入。

【实例】　　　　　　　　　是 GDP 还是 GNP?

某一美国公司在中国境内的工厂的生产利润为2 000万元,则这2 000万元利润应划入中国GDP但不应计入GNP。

【实例】　　　　　　　　　是 GDP 还是 GNP?

一个在美国打工的上海人获得一年劳动报酬为10万美元,则这10万美元的报酬应计入美国的国内生产总值,原因是根据"国土原则",其生活在美国;同样,这10万美元也可计入中国的国民生产总值,原因是根据"国民原则",其为中国国民。

总体上,国内生产总值与国民生产总值的区别在于"国土原则"和"国民原则"的区分。由此,我们可以得出GNP与GDP存在以下关系:

$$GDP = GNP - 本国公民在国外生产的最终产品的价值总和 + 外国公民在本国生产的最终产品的价值总和$$

为了方便理解国内生产总值和国民生产总值间的区别,我们假设世界只存在两个国家,中国领域内既有中国人也有美国人,美国领域内既有美国人也有中国人。其中,ABCD分别代表不同人群一定时期同人所生产的最终产品的市场价值。

可见,中国的国民生产总值=A+C,而中国国内生产总值=A+B;美国的国民生产总值=B+D,而美国国内生产总值=C+D。

二、人均、实际、绿色与潜在的国内生产总值

(一) 人均国内生产总值

通常,我们还会使用人均国内生产总值(Real GDP per capita),也称作"人均GDP",它是将一个国家核算期内(通常是一年)实现的国内生产总值与这个国家的常住人口(或户籍人口)相比进行计算得到。这是衡量各国人民生活水平的一个标准,为了更加客观地衡量,经常与购买力平价结合。对于我国的各省、自治区、直辖市,也可分别计算其人均GDP(参见表6-2)。

表6-2 2013年全国各省区市人均GDP排名

排名	省区市	2013年GDP(亿元)	2013年常住人口(万)	人均GDP(元)
1	天津	14 370.16	1 413.15	101 688.85
2	北京	19 500.6	2 069.3	94 237.66
3	上海	21 602.12	2 380.43	90 748.81
4	江苏	59 161.75	7 919.98	74 699.37
5	浙江	37 568.49	5 477	68 593.19
……				
27	广西	14 378	4 682	30 709.10
28	西藏	802	308	26 038.96
29	云南	11 720.91	4 659	25 157.57
30	甘肃	6 300	2 553.9	24 668.15
31	贵州	8 006.79	3 484	22 981.60

(二) 实际国内生产总值

我们在上文所介绍的国内生产总值,是在一定时期内按当年生产的产品和提供的劳务市场价格计算的国内生产总值,又称为名义国内生产总值。然而,现实中可能出现一种情况,即通货膨胀会造成名义国内生产总值虚高。

【实例】 **某牛奶厂贡献的实际国内生产总值**

某企业在2013年生产牛奶的市场价值为1 000万元,在2014年生产的牛奶的市场价值1 100万元。表面上看,该牛奶厂商在2014年对所在国(地区)国内生产总值的贡献更大。然而,这有可能是物价上涨而导致其牛奶的市场价值增加。如果扣除物价因素,按照2013年的物价情况,2014年1 100万元的牛奶的市场价值只有900万元。因此,实际上该牛奶厂商在2014年对所在国(地区)国内生产总值的贡献却在降低。

因此,受货币价值因素影响,不同时期的名义国内生产总值常具有不可比性。为此,我们引入实际国内生产总值的概念。实际国内生产总值,即实际 GDP,又称真实的 GDP,是用从前某一年作为基期的价格计算出来的当年全部最终产品的市场价值。它衡量在两个不同时期经济中的产品产量的变化,以不同的价格或不变金额来计算两个时期所产生的所有产品的价值。

【实例】　　　　某饮料厂贡献的实际国内生产总值

某生产饮料的厂商产量如下所示。如以 2010 年的饮料价格为基期价格,则 2014 年该厂商贡献的实际 GDP 应为 30 000 万元而不是 36 000 万。

年 份	产量(箱)	价格(元/箱)	名义 GDP(万元)	实际 GDP(万元)
2010 年	500 万	50	25 000	25 000
2014 年	600 万	60	36 000	30 000(600×50)

(三) 绿色的国内生产总值

从 20 世纪中叶开始,随着环境保护运动的发展和可持续发展理念的兴起,一些经济学家和统计学家们尝试建立新的国民经济核算体系,对 GDP 指标进行调整,从 GDP 中扣除资源浪费和环境污染所造成的损失,这就是绿色 GDP。

1993 年,绿色 GDP 的概念正式提出。1993 年联合国统计署正式出版了《综合环境经济核算手册》,该手册首次正式提出了"绿色 GDP"的概念。根据联合国统计署提出的绿色 GDP 的概念和核算方法,在理论上,绿色 GDP 与 GDP 的关系可以用下式表示:

绿色 GDP = 国内生产总值(GDP) − 固定资产折旧 − 资源环境成本
　　　　　= 国内生产净值(NDP) − 资源环境成本

具体应用中,绿色国民经济核算(即绿色 GDP 核算)则是指从传统 GDP 中扣除自然资源耗减成本和环境退化成本的核算体系,从而更为真实地衡量经济发展成果。目前世界上尚没有哪一个国家开展全面的环境经济核算工作。

在我国,2006 年 9 月,国家环保总局和国家统计局联合发布了我国第一份经环境污染调整的 GDP 核算研究报告《中国绿色国民经济核算研究报告 2004》。截至目前,我国绿色 GDP 的核算结果只公开了四次。其中,第一次发布,也即上述《中国绿色国民经济核算研究报告 2004》最为引人注目。但在两部门停止合作后,随后的发布只是由环境规划院单独完成,从 2010 年开始陆续公布 2008 年、2009 年和 2010 年的核算结果。其中,根据《中国环境经济核算研究报告 2010(公众版)》,2010 年,我国生态环境退化成本达到 15 389.5 亿元,占当年 GDP 的 3.5%。其中,环境退化成本 11 032.8 亿元,占 GDP 比重 2.51%,比上年增加 1 322.6 亿元,增长了 13.7%;生态破坏损失(森林、湿地、草地和矿产开发)4 417 亿元,占 GDP 比重 1.01%。

(四) 潜在的国内生产总值

潜在的国内生产总值,也称潜在产出或潜在国民收入,是指一国在一定时期内可供利用的经济资源在充分利用的条件下所能生产的最大产量,也就是该国在充分就业状态下所能生产的国内生产总值。这里的 GDP 就反映了在该时期内的最大产出能力。

通常,潜在国内生产总值是能生产的最终产品和劳务的最大产出量而不是实际产出量。在一定时期中实际国内生产总值不一定等于这一潜在产出量,尤其在经济衰退时,工人被解雇,工人工作时间减少,实际产出量会低于潜在产出量。潜在国内生产总值决定于社会所拥有的全部资源的数量、质量和技术水平。

潜在国内生产总值也称为充分就业时的国内生产总值。实际国内生产总值和潜在国内生产总值之间的距离称为国内生产总值缺口。图 6-2 描述了 A 国 1976—2007 年中的这种缺口。图中,从 1976 年以来,不少年份 A 国实际国内生产总值低于潜在的国内生产总值。从缺口可以反映出许多本可以创造出来的产品和劳务,都没有生产出来。因此,缺口表现出经济萧条及资源浪费情况,表现出劳动力失业情况。

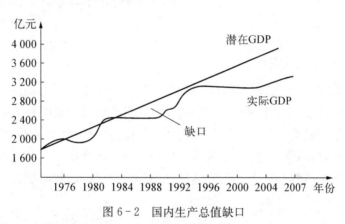

图 6-2 国内生产总值缺口

三、国民收入核算的四个总量

(一) 国内生产净值

国内生产净值(Net Domestic Product,简称 NDP),是指一个国家在一定时期内新生产的产值,也就是新增加的物品和劳务的价值。从实物形态上看就是一定时期内新生产的物品与劳务。

从价值形态上看,NDP 是在 GDP 中扣除了折旧(用收入法计算 GDP 时列出的最后一项收入)后的价值,因为被折旧的价值是以前生产的,不应该计算到当期新生产的产品价值之中。为此,用公式表示 NDP 即:

$$国内生产净值(NDP) = 国内生产总值(GDP) - 折旧$$

GDP 是衡量一定时期一国范围内生产的最终产品的市场价值,是一个地域概念,但 NDP 考虑到了"消耗"或者说"折旧"在经济增长中的重要因素,是一个不折不扣的经济概念。

考虑到经济和社会的可持续性发展,在追求 GDP 高增长率的今天,NDP 比 GDP 有着更为深远的价值,这是因为它促使人们在追求表面经济高增长率的同时,更为深入地思考经济高增长率所带来的浪费、环境牺牲等长期问题,对于政府及各经济单位改进经济政策、企业发展理念有着极其深厚的意义。

> **信息** **绿色国内生产净值**
>
> 绿色国内生产净值(Environmentally Adjusted Domestic Product,缩写为 EDP),是指从国内生产总值中同时扣除生产资本消耗和自然资本消耗,得到经环境调整后的国内生产净值。这是联合国综合环境与经济核算体系的核心指标。

(二)国民收入

在西方经济学中,国民收入(National Income,简称 NI)有两层含义:一是等同于国内生产总值(GDP),例如,国民收入核算就是 GDP 核算;二是指生产要素的收入,即工资、利息、地租、利润。前者为广义的国民收入,后者为狭义的国民收入。本书所说的国民收入是指后者,即狭义的国民收入。

狭义的国民收入,是指用收入法计算 GDP 时列出的前五项收入,也就是在国内生产总值的基础上减去间接税、企业转移支付和折旧,再加上政府给企业的补助金(政府的一种转移支付),也就是生产要素在一年中的总收入。间接税、企业转移支付不能成为生产要素收入,应该减去;同样,折旧属于过去生产要素的收入,不能计算在当期范围内,也应减去。政府向企业的转移支付虽然不计入产品价格,但可成为要素收入,故应加入。为此,国民收入的衡量公式为:

$$国民收入(NI) = 国内生产总值 - (间接税 + 企业向社会的转移支付 + 折旧) + 政府向企业的转移支付$$

(三)个人收入

个人收入(Personal Income,缩写为 PI),是指一国(或地区)之内所有个人在一年内从各种来源所得到的收入的总和。一个国家或地区之内的个人实际就是该国家或地区的居民。个人收入与国民收入的区别是,国民收入是个人(国民)创造但并不为个人全部得到的收入,而个人收入则是指个人(国民)实际得到的那部分收入。当然,一个国家或地区之内所有个人的收入的总和与该国家或地区之内所有居民的收入总和,也就是国民收入应当是一致的。但是,实际经济运行中存在的一些因素导致了个人收入与国民收入数量上的不同。这些因素同时也是个人收入构成中的重要因素,具体包括:

1. 企业未分配利润的存在

企业未分配利润是企业为了未来发展的需要而保留在企业手中的本应分配给生产要素所有者的利润。

2. 公司所得税的存在

公司所得税是因为存在利润而向政府缴纳的税收,而缴纳给政府就意味着无法分配给个人。

3. 各种社会保险费的存在

生产要素所有者的收入必须有一部分以社会保险税费(如养老金、医疗金、失业金等)的形式上交给有关机构,因此必须进行扣除。

4. 转移支付的存在

在现实经济中,个人还会得到政府发放的以事业救济金、退休金等形式体现的转移支付。

因此,个人收入的构成实际上是国民收入减去应当作为生产要素报酬支付给个人而没有支付的部分,再加上个人实际获得的不属于生产要素报酬的收入。

综上,个人收入的公式为:

$$个人收入(PI) = 国民收入(NI) - 企业未分配利润 - 公司所得税 - 社会保险税费 + 转移支付$$

(四)个人可支配收入

个人可支配收入(Disposable Income,缩写为 DI),是指在缴完个人所得税后,个人自己可以随意支配的那部分收入。个人可支配收入被认为是消费开支的最重要的决定性因素,因而常被用来衡量一国生活水平的变化情况。表示个人可支配收入与个人收入关系的公式为:

$$个人可支配收入 = 个人收入 - 个人所得税$$

一般而言,国民收入核算中所使用的各种指标从不同方面反映了国民收入总量的变化,其计算方法不同,反映问题的角度和分析评价的要求也不同。因此,在进行国民收入的总量分析时,可以根据不同的分析要求,选择运用不同的总量指标分析说明国民收入在不同情况下的发展变化特征及其变动规律。

上述四个总量与国内生产总值存在密切关系,可以根据国内生产总值来计算。下面我们以某年 A 国的国民收入统计为例来说明国内生产总值与这四个总量间的关系。

表 6-3　A 国国民收入统计

单位:亿美元

国内生产总值(GDP)	5 000
减:折旧	500
等于:国内生产净值(NDP)	4 500
减:企业间接税 　　企业向社会的转移支付	300 200
加:政府向企业的转移支付	100

		续 表
	等于：国民收入(NI)	4 100
	减：公司未分配利润	250
	公司所得税	150
	社会保险税	200
	加：政府和个人转移支付	180
	等于：个人收入(PI)	3 680
	减：个人所得税	420
	等于：个人可支配收入(PDI)	3 260

第四节　现行国民收入核算的缺陷及修正

一、现行国民收入核算的缺陷

现行的国民收入核算体系虽然被广泛地应用，但是，它仍然存在着许多不足之处。

（一）核算范围的局限

国民收入核算是对一国整体经济进行全面核算，统计进去的是可以用市场价格标价的产出，然而有些经济活动没有纳入官方统计，具体来说主要可以分为以下两类：

1. 地下的经济活动

地下经济是没有向政府报告的经济活动。有些地下经济是合法的，如摆摊出售旧货，在私人花园栽种农作物，雇请保姆、木匠、医生等，为了减轻税收或避免政府的管束，没向税务机关报告。有些地下经济是非法的，如贩毒、赌博、走私、卖淫等，这种地下经济又称为黑市交易。由于政府无法掌握地下经济的数据，因而无法将其计入国内生产总值中。

2. 非市场的经济活动

有些经济活动本身不以市场交易为目的，因此没有市场价格，如家务劳动、自给性生产活动。如果有两个国家的年最终产品数量相同，市场化程度高的国家的国内生产总值会大于市场化程度低的国家。此外还有些物的交易活动，是在货币经济以外进行的，没有以货币为等价物的市场价格，如现在网络上流行的"以物换物"的交易，也不被计入国内生产总值之中。

> 【思考】　　　　　离婚会使国民收入增加？
> 有人戏说：在现行的国民收入核算制度下，离婚可以使国民收入增加。这是什么原因？

例如，小李在老张家当保姆，所获得的工资3 000元(月)是国民收入的一部分，如果两人结婚,即使小李继续做家务和照顾老张,但国内生产总值的这一部分就不存在了。如果婚后不久小李与老张离婚,小李继续做保姆收入3 000元,老张另请了一个保姆小刘并给她每月2 500元的工资。这种情况下,小李的工资和小刘的工资都将计算到国民收入之中。因此,国民收入会增加。尽管经济学理论上是这样认为,然而现实中我们反对那些所谓为了增加国民收入而离婚的行为。

(二) 核算内容的片面性

国民收入核算注重单一的收入或支出核算,它并不能反映出人们在生产中所得到的福利变动情况。具体来说主要体现在以下方面:

1. 未反映休闲的变化

休闲的增加是福利增进的一个表现,但国内生产总值的增加有可能以休闲的减少为代价。如果通过减少休息时间加班加点来提高产量,由休闲减少所带来的福利减少会抵消产量增加所带来的福利增加。

2. 未反映资源和环境的变化

资源和环境与人们的生活息息相关,资源和环境的变化必然会影响人们的福利。然而,当前的国民收入核算体系反映不出一国的自然资源拥有情况以及在环境保护方面的情况,甚至国内生产总值的增加有可能伴随着资源浪费和环境恶化,使生活质量下降。

【实例】 GDP 的 增 加

清澈的河流不增加 GDP,但我国一些炼油厂、玻璃厂、造纸厂等在生产过程中向河流中排放污水造成环境污染却可以增加 GDP,而环境污染会造成人们生病增加,从而引起人们医疗支付费用增加,医疗机构的收入增加,并由此带来 GDP 的进一步增加。

3. 未反映产品质量的改进

通常,产品质量的改进会明显地增加经济福利,然而国内生产总值未将其反映出来。例如,今天3 000元的电视机比10年前同样价钱甚至更贵的电视机在功能、质量上有很大提高,个人享受的这种经济福利明显不同,但计入国内生产总值中的数值却是相同的。

4. 未反映福利的结构性变化

一方面是产品结构的变化。例如,房产开发商过于关注别墅等豪宅的开发,这导致富人所需要的别墅过剩,但老百姓要居住的一般商品房、经济适用房和廉租房等却缺少。这会使整个社会的福利减少,但在国内生产总值中却没有反映。

另一方面是产品分配结构的变化。例如,社会分配向穷人倾斜而使社会福利增加的情况,在国内生产总值中是看不出来的。因而,国内生产总值不能反映社会贫富差距,不能反映社会分配是否公平合理。

(三) 国际间的不可比性

各国运用的国民收入核算方法不一,即使使用同一种国民收入核算方法,因各国商品化程度的差异,各国统计资料缺乏完备性,加之各国计价货币在换算上存在着实际上的困难(由于官方汇率的存在以及汇率难以达到均衡水平),都加大了不可比性。

二、对现行国民收入核算的修正

针对国民收入核算体系中存在的各种缺陷,世界各国的经济学家及有关国际组织都在进行探索,试图予以弥补。现针对上述国民收入核算的缺陷对修正方法进行简要介绍。

(一) 对于国民收入核算范围局限的修正

在国民收入核算范围缺陷的修正方面,联合国分别制定了两大国民经济核算体系供成员国参考使用:一个是国民账户体系(The System of National Accounts,简称 SNA);另一个是国民经济平衡表体系,或称物质产品平衡体系(The System of Material Product Balances,简称 MPS)。

SNA 由生产、消费、积累和国外四大基本账户组成,以国民生产总值的核算为主,对国民经济运行过程及其联系进行系统、全面的描述与核算,为国家制定经济政策提供依据。该体系已被世界上大多数国家采用。MPS 是适应计划经济国家的需要而建立起来的国民经济核算体系。它由物资平衡表、财政平衡表、部门联系平衡表、劳动力平衡表等组成,以社会总产品和国民收入的核算为主,为国家对国民经济的计划管理服务。我国在改革开放前采用的是 MPS 体系,改革开放后开始采用 SNA 体系,在国民经济活动的统计方面逐步与国际接轨。

(二) 对于国民收入核算内容片面性的修正

国民收入核算内容片面性的典型表现,是其不能反映出人们在生产中所得到的福利变动情况。为此,英国经济学家托宾和诺德豪斯提出了经济福利尺度(Measure of Economic Welfare,简称 MEW),萨缪尔森提出了纯经济福利(Net Economic Welfare,简称 NEW)理论,试图将国民收入核算的内容扩大到福利的变化。由于 MEW 和 NEW 所涉及的计算问题还未完全解决,因而没有推广应用。

(三) 针对国民收入核算体系国际间不可比性的修正

为解决产品价格的不可比,或者说不同国家货币间的汇率不合理,瑞典学派经济学家卡塞尔以货币数量论为基础,提出了购买力平价理论(Theory of Purchasing Power Parrty,简称 PPP),即在不兑现纸币制度的条件下,以各国货币国内购买力的对比关系说明汇率的变动。只有使两国货币的国内购买力相等的汇率,才是两国间的真正汇率平价。

> 【实例】 汇率的计算
>
> 假设有代表性的一组货物在美国值 1 美元,在中国值 6 元人民币,则美元和人民币这两种货币的汇率是 1∶6。

PPP 理论对消除国与国产品价格差别,提高国民收入核算资料的国际对比具有一定意义,因而已被部分国际组织采用。但 PPP 理论也有其缺陷,由于它建立在一价定律基础上,认为随着要素的自由流动,各国间同一商品的价格必会趋于均等。而在实际的国际贸易中,由于关税壁垒、非关税壁垒的阻碍,以及运输成本等因素,一价定律很难实现。

第五节 国民收入的变动

一、萨伊定律与凯恩斯革命

(一)萨伊定律

"供给创造自己的需求",是萨伊定律最常见的表达形式。该定律暗示了"所有商品生产以后,一定能够销售"这种思想。该定律由萨伊(1767—1832)在《政治经济学概论》中首次提出。萨伊认为:产品的销售是产品与产品的交换,在产品换钱、钱换产品的过程中,货币只起瞬间作用,交换结束时总是一种产品交换成另一种产品。所以,在交换中,卖者同样是其他商品的买者,供给会创造需求,整个社会总供给和总需求一定相等。

> 【实例】　　　　　　　　　萨伊定律下的需求创造
>
> 　　某农户一年生产出 2 吨大米,价值 4 万元。该农户生产大米不是为了生产,而是为了大米生产销售得来的钱可以买吃的、穿的等商品。假设该农户把 4 万元用来购买衣服,从而创造 4 万元价值的衣服的需求。

在这个例子中,4 万元大米的生产自然创造了 4 万元的购买需求。相反,如果该农户只生产出价值 2 万元的大米,由于手上只有 2 万元现金,则只能给社会创造 2 万元的衣服购买需求,从而衣服生产商的销售就会存在问题。可见,根据萨伊定律,积极发展生产永远是需要的,这是因为交易总是以一种货物交换另一种货物。如果没有"另一种货物"的生产,则"一种货物"的销售就会发生困难以至于成为不可能的事情。

萨伊定律的主要背景是因为社会上存在分工。在分工产生以后人们生产的物品并不仅仅满足于自己的需要,而有所剩余并进行交换。此时生产的目的发生了改变,生产出来的物品是为了换取自身所需要的必需品、便利品以及奢侈品。因此,在分工的前提下,供给本身创造了自身的需求,在供给提供的过程中隐含着一种交换关系。正因为分工,产生了交换关系,进而导致了供给的需求。

当然,萨伊定律有两种重要的假设:一是在不同时间点之间,货币的价值是稳定的;二是货币仅作为交换媒介,在流通过程中一般不涉及对货币无限期的储藏。然而,上述两个假设在现实社会中都不存在,如大米生产户不会把 4 万元钱花掉,可能会储蓄;再如,其卖大米的 4 万元如果过一段时间后再使用时发生了贬值,即使把 4 万元全花掉,这 4 万元的购买力也大打折扣。故而,萨伊定律在现代社会经济发展中并不具有较大的价值。

在 20 世纪 30 年代之前,经济学家信奉的主要是萨伊定律。但 20 世纪 20 年代英国经济停滞和30年代全世界普遍的生产过剩和严重失业打破了萨伊定理的神话。

(二) 凯恩斯革命

18世纪初,一个名叫孟迪维尔的英国医生写了一首题为《蜜蜂的寓言》的讽喻诗。这首诗叙述了一个蜂群的兴衰史。最初,蜜蜂们追求奢侈的生活,大肆挥霍浪费,整个蜂群兴旺发达。后来它们改变了原有的习惯,崇尚节俭,结果蜂群凋敝,终于被敌手打败而逃散。这首诗所宣扬的"浪费有功"在当时受到指责。英国中塞克斯郡大陪审团委员们就曾宣判它为"有碍公众视听的败类作品"。但在200多年之后,这部当时声名狼藉的作品却启发凯恩斯发动了一场经济学上的"凯恩斯革命",建立了现代宏观经济学和总需求决定理论。

凯恩斯认为,在短期中决定经济状况的是总需求而不是总供给。这就是说,由劳动、资本和技术所决定的总供给,在短期中是既定的,于是决定经济的就是总需求。总需求包括消费、投资、政府购买和净出口(出口减进口)。通货膨胀、失业、经济周期都是由总需求的变动所引起的:当总需求不足时就出现失业与衰退;当总需求过大时就出现通货膨胀与扩张。总而言之,总需求决定了短期中国民收入的水平。总需求增加,国民收入增加;总需求减少,国民收入减少。引起30年代西方资本主义国家经济大危机的正是总需求不足,或者用凯恩斯的话来说是有效需求不足。

总需求理论的提出在经济学中被称为一场"革命"——革了"萨伊定律"的命。凯恩斯也在批判萨伊定律中建立了以总需求分析为中心的宏观经济学,并改变了人们的传统观念。例如,如何看待节俭。在传统观念中,节俭是一种美德。但根据总需求理论,节俭就是减少消费。消费是总需求的一个重要组成部分,消费减少就是总需求减少。总需求减少则使国民收入减少,经济衰退。由此看来,对个人是美德的节俭,对社会却是恶行。这就是经济学家经常说的"节约的悖论"。

总体上,凯恩斯的总需求理论重视消费的增加。1933年当英国经济处于萧条时,凯恩斯曾在英国BBC电台号召家庭主妇多购物,称她们此举是在"拯救英国"。在凯恩斯于1936年发表的《就业、利息和货币通论》中,他甚至还开玩笑地建议,如果实在没有支出的方法,可以把钱埋入废弃的矿井中,然后让人去挖出来。再例如,在现实社会中,一味提倡节俭,穿衣服都"新三年旧三年缝缝补补又三年",纺织工业还有活路吗?近些年我国经济在面临需求不足时政府努力寻求新的消费热点、刺激需求,这也说明需求在经济发展中的重要性。

二、有效需求原理

(一) 何为有效需求

有效需求的概念是凯恩斯在1936年《就业、利息和货币通论》一书中提出的,是指总供给和总需求相等时的总需求。通常,供给者、消费者对未来的预期总是大于对现实的估价,因此会使社会的有效需求相应不足。例如,某个社会的总供给为1 000亿美元,总需求为800亿美元,此时有效需求为800亿美元,而均衡的总需求应为1 000亿美元,才能消化掉社会中1 000亿美元的供给,从而有效需求低于均衡时的总需求。在有效需求不足情况下,意味着消费者货币购买能力不足,这将会导致社会经济萧条。

(二) 有效需求不足

有效需求不足,是一种总需求小于总供给的状态。影响有效需求的主要有三大心理规律:

1. 消费倾向递减规律

消费倾向,即消费支出对收入的比率。在人们收入增加的时候,消费也随之增加,但消费增加的比例不如收入增加的比例大。在收入减少的时候,消费也随之减少,但也不如收入减少得那么厉害。

通常,富人的消费倾向低于穷人的消费倾向。这是因为穷人的消费是最基本的消费,穷人之所以穷,是因为在穷人的收入中基本生活资料支出占了相当大的比重,而富人之所以富,在于富人早已超越了基本需求层次,基本生活资料支出在其收入中所占比例不大。例如,一个穷人在上海,月收入为2 000元,为了维持生活,可能一个月需要花掉1 600元,消费倾向为0.8;一个富人在上海,月收入为5万元,每个月即使享受高品质的生活,一个月可能基本上3万元花费就可以了,而消费倾向为0.6。

2. 资本边际效率递减规律

企业家对资本资产未来收益的预期决定着他们的投资需求。然而,根据凯恩斯的经济理论,由于资本边际效率(增加一笔投资预期可得到的利润率)在长期中是递减的,除非利息率可以足够低,否则会导致经济社会中投资需求不足。

一般而言,引起资本边际效率递减的原因主要有两个:一是投资的不断增加必然会引起资本品供给价格的上升,而资本品供给价格的上升意味着成本增加,从而会使投资的预期利润率下降;二是投资的不断增加会使所生产出来的产品数量增加,而产品数量增加会使其市场价格下降,从而投资的预期利润率也会下降。资本边际效率的递减使资本家往往对未来缺乏信心,从而引起投资需求的不足。

3. 灵活偏好规律

这主要是指人们愿意保持更多的货币,而不愿意保持其他的资本形态的心理规律。凯恩斯认为,灵活偏好是对消费需求不足和投资需求不足的反映,具体而言是由以下的动机决定的:

一是交易动机,指为了日常生活的方便所产生的持有货币的愿望。

二是谨慎动机,指应付各种不测所产生的持有现金的愿望。例如,一些老年人通常会持有一些现金,以备自己生病花费的急需。

三是投机动机,指由于利息率的前途不确定,人们愿意持有现金寻找更好的获利机会。例如,老百姓感觉银行定期存款利率较低,不如保留一些活期存款,遇到股市牛市或黄金价格上涨时用于投资获利。

这三种动机尤其是谨慎动机,说明面对诸多不确定性时,人们通常不敢轻易使用自己的存款。

三、乘数理论

(一) 乘数的含义

1920—1930年,英国陷入了严重的经济危机,失业人口多达100万,给政府造成很大的压力。1929年,劳埃德·乔治(Lloyd George)提出由政府举办公共工程来消除失业的竞选宣言,由此引发争论。英国剑桥大学的学生卡恩提出,总需求任何的变动,如消费的变动、政府支出的变动、税收的变动、净出口的变动等,都会引起国民收入的更大变动。卡恩将这一现象称为乘数效应,并在1931年发表的《国内投资与失业的关系》中首先提出,用来估计投资净增量与由此引起的总就业量二者之间的实际数量关系。后来,凯恩斯在《就业、利息和货币通论》一书中采用这一概念来说明收入与投资之间的关系,使其成为宏观经济学的重要理论。

(二) 乘数效应的形成机制

为什么会产生乘数效应呢?原因在于,如果投资支出增加,投资对总支出的影响不是一次性的,而是会通过一系列影响形成一个再支出的链条。支出的连续变动会引起收入不断地变动,最后会使整个经济总收入的增加数倍于最初投资的增加。

我们可以用一个例子说明乘数效应的发生机制。假设欧洲某个小镇上一个叫约翰的人准备把院子里的草坪修剪一下,他需要雇佣一个工人,按照市价,费用为100元,从而产生了100元的支出。然而,修剪草坪对经济的影响并没有结束。修草工的这100元收入的一部分会被用于他的消费之中,从而引发第二轮新的支出。假设边际消费倾向为0.8,新增加的100元收入中会有80元用于消费。假定修草工拿这80元到镇上的小饭店饱餐了一顿,于是,小饭店老板的收入又增加了80元。同样,由于小饭店老板也按边际消费倾向为0.8来消费,为此花掉64元;如果饭店老板把这64元用来到裁缝店做了一件衣服,裁缝店老板的收入增加了64元,并也按边际消费倾向为0.8来消费,花掉51.2元买了一些猪肉,于是肉铺老板收入增加51.2元。如此循环往复,可以看出,即约翰初始的花费100元,在乘数的作用下,最终使社会总收入增加了500元(如表6-4所示)。

表6-4 小镇上的乘数效应

	收 入	花 费	花费用途
约翰	—	100元	修草坪
修草工	100元	100×0.8=80元	饭店饱餐
饭店老板	80元	80×0.8=64元	做件衣服
裁缝店老板	64元	64×0.8=51.2元	买猪肉
……	……	……	……
总收入		$100+100\times0.8+100\times0.8^2+100\times0.8^3+\cdots=500$	

上述例子中初始花费100元,社会总收入却增加500元,扩大了5倍,这个5倍就是经

济学中常说的乘数。

(三) 几个常见的乘数

1. 投资乘数

投资乘数,即在一定的边际消费倾向条件下,投资的增加(或减少)可导致国民收入和就业量若干倍的增加(或减少)。收入增量与投资增量之比即为投资乘数。通常,一个部门或企业的投资支出会转化为其他部门的收入,这个部门把得到的收入在扣除储蓄后用于消费或投资,又会转化为另外一个部门的收入。如此循环下去,就会导致国民收入以投资或支出的倍数递增。以上道理同样适用于投资的减少。投资的减少将导致国民收入以投资的倍数递减。投资乘数的计算公式为:

$$投资乘数 = 1/(1 - 边际消费倾向)$$

2. 政府支出乘数

这是指政府公共支出变动引起的社会总需求变动对国民收入增加或减少的影响程度。政府的财政支出(包括政府消费支出和政府投资支出)是一种与居民投资十分类似的高效能支出。政府在商品与服务上的一项采购,将会引发一系列的再支出。当然,政府支出乘数也会出现反向作用。因此任何一届政府在选择经济政策时,究竟是采取扩张性政策还是紧缩性政策,在采取行动前必须知道实际的乘数究竟有多大,否则将会对国民经济造成极大的伤害。政府支出乘数的作用原理与投资乘数相同。政府支出乘数的计算公式为:

$$政府支出乘数 = 1/(1 - 边际消费倾向)$$

3. 税收乘数效应

它是指税收的增加或减少对国民收入减少或增加的程度。由于增加了税收,消费需求和投资需求就会下降。一个部门收入的下降又会引起另一个部门收入的下降,如此循环下去,国民收入就会以税收增加的倍数下降,这时税收乘数为负值。相反,由于减少了税收,使私人消费和投资增加,从而通过乘数效应使国民收入增加更多,这时税收乘数为正值。一般来说,税收乘数小于投资乘数和政府公共支出乘数。税收乘数的计算公式为:

$$税收乘数 = 边际消费倾向/(1 - 边际消费倾向)$$

关键概念: 中间产品　最终产品　国内生产总值　国民生产总值　国内生产净值　国民收入　个人收入　个人可支配收入　有效需求　乘数

1. 中间产品和最终产品是指什么?请举例说明。
2. 如何理解国内生产总值?

3. 国内生产总值与国民生产总值的区别是什么？

4. 国内生产净值、国民收入、个人收入、个人可支配收入是指什么？它们之间有什么关系？

5. 如何理解现行国民收入核算的缺陷？

6. 何为有效需求不足？有效需求不足产生的原因哪些？

7. 如何理解乘数效应的发生机制？结合中国的经济政策进行说明。

第七章 失业与通货膨胀理论

案例导入

"占领华尔街"

2011年年末,美国纽约出现青年、失业者及中产阶级为主要成员的"占领华尔街"运动,活动迅速蔓延至华盛顿、芝加哥等州市,同时波及大西洋彼岸的英国、西班牙、希腊。虽然"占领"的理由和诉求各有差异,但是"占领"的人群却多是年轻人,而且是无固定职业或失业的年轻人。高失业率是一颗定时炸弹。以"占领华尔街"的2011年9月为例,美国劳工部公布的非农业失业率保持在9.1%的高位,19~26岁年轻人的官方失业率更达到18.4%,黑人青年失业率是27%。经济低迷导致企业活动扩张和雇佣人数增长速度放慢,而原本能够解决部分青年就业的公共部门也因财政紧缩计划而被迫停止招募,甚至精简机构。

讨论:能否联系现实谈谈我国的失业及其对经济的影响?

学习目标:

1. 掌握失业的含义及类型
2. 熟悉通货膨胀的概念、衡量
3. 熟悉通货膨胀的原因及影响
4. 了解失业与通货膨胀的关系

第一节 失 业

一、失业的含义与类型

(一)失业的含义

失业,是指有劳动能力、处于法定劳动年龄阶段并有就业愿望的劳动者失去或没有得到有报酬的工作岗位的社会现象。在过去很长一段时间里,我们把失业看成是资本主义国家的特例。根据社会主义国家无失业论的固定思维模式,我国于 1958 年宣布已经彻底消灭了失业人口。在农村实行适龄劳动力自然就业,在城镇以待业表示劳动者有劳动能力并愿意就业而未能就业的现象。1982 年人口普查时做出了如下规定:在劳动年龄之内,有劳动能力的人要求就业而没有任何职业的人为待业。主要包括城镇待业青年和社会闲散劳动力这两部分。待业的实质就是失业,不但与国际惯例不符,更包含了众多的消极因素,一方面助长了待业者的就业依赖性,另一方面使国家背上了沉重的包袱。1993 年党的十四届三中全会决定,第一次把待业正名为失业。

按照国际劳工组织(ILO)的统计标准,凡是在规定年龄内一定期间内(如一周或一天)属于下列情况的均属于失业人口:

- 没有工作,即在调查期间内没有从事有报酬的劳动或自我雇佣;
- 当前可以工作,就是当前如果有就业机会,就可以工作;
- 正在寻找工作,就是在最近期间采取了具体的寻找工作的步骤,例如到公共的或私人的就业服务机构登记、到企业求职或刊登求职广告等方式寻找工作。

在过去 20 余年,我国失业人口主要指"城镇登记失业人员",即有非农业户口,在一定的劳动年龄内(16 岁以上及男 50 岁以下、女 45 岁以下),有劳动能力、无业而要求就业,并在当地就业服务机构进行求职登记的人员。从这个定义我们发现,我国的失业统计与发达国家的失业统计存在着较大差异,表现在统计的口径、失业数据的来源、失业年龄规定、从业时间等方面:

- 统计口径。如国外的失业人数是包括城镇和农村的全部失业人数,而我国的失业统计口径只限于城镇居民。
- 数据来源。国外失业数据的主要是通过对住户的抽样调查获得的,而我国失业数据主要通过在劳动管理部门登记的失业人口汇总而来。
- 年龄规定。国外对失业者只规定年龄下限(如 16 岁),并无年龄上限界定,退休后继续寻找工作仍算失业者;我国不仅对失业者的年龄下限有规定(16 岁),而且也规定了年龄的上限(如男 50 岁、女 45 岁以下)。
- 从业时间。国外对从业时间标准较量化,如一些国家认为凡在一定时期内劳动时间累加不足规定标准的人才被视为失业者,如美国规定每周工作 15 小时,法国规定每周工作 20 个小时。我国的失业界定中,缺乏以劳动时间来界定失业的明确标准。

当然,为了更真实反映失业人口情况,中国政府决定,从 2011 年开始,不再使用"城镇登记失业率"这一指标,而采用"调查失业率"。"调查失业率"是通过城镇劳动力情况抽样调查所取得的城镇就业与失业汇总数据进行计算的,具体是指城镇调查失业人数占城镇调查从业人数与城镇调查失业人数之和的比。

信息　中国官方首次正式发布的城镇调查失业率数据

2014年6月23日国家发改委公布数据显示,6月末,全国31个大城市城镇调查失业率为5.05%,已连续4个月下降。这是中国官方首次正式发布城镇调查失业率数据,以反映我国目前的实际失业率。此前的近10年,我国失业率数据主要使用城镇登记失业率,较长时期维持在4%左右(如下图所示)。

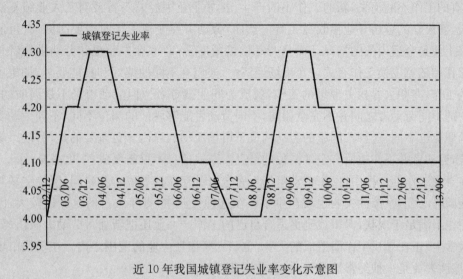

近10年我国城镇登记失业率变化示意图

(二) 失业的类型

1. 自愿性失业

自愿性失业,是指劳动者不愿意接受现行的工作条件和收入水平而未被雇用或自愿放度工作而造成的失业。由于这种失业是由于劳动者主观不愿意就业而造成的,所以被称为自愿性失业。这种失业出于劳动者主观原因,无法通过客观或外部的经济手段和政策来消除,因此,不是经济学所研究的范畴。

【实例】　"海归"还是"海待"

上海某富家子弟王某从美国一个三流大学管理学专业本科毕业回到上海。在找工作过程中,某一企业曾给他开出年薪12万元的条件,但王某认为自己是"海归",对方给的薪酬太低,于是放弃工作,到处游山玩水。

王某这种主观放弃工作的例子就是一种自愿性失业。事实上,上述王某这种自愿性失业的例子在我国不是个别的现象。在我国现实社会中就有这样一大批年轻人,他们被称为

"啃老族"或"傍老族"。这类人群不是找不到工作,而是主动放弃了就业的机会,赋闲在家,不仅衣食住行全靠父母,并且花销不菲。

2. 非自愿性失业

(1) 摩擦性失业。摩擦性失业,又称临时性失性,是指由于经济中正常的劳动力流动引起的失业,也就是两份工作转移之间这一段时间的短暂失业。一些人失业正是因为他们在跳槽——从一个工作换到另外一个工作一般是需要花时间的。

摩擦性失业可以从劳动需求和劳动供给两方面进行分析。从劳动需求角度看,经济中的各行业、各部门与各地区间劳动需求是经常发生变动的,如由于产业结构等方面的不断变化,原有的工作不断消失,新的工作不断产生,再如企业因经营不善或对工人业绩不满而辞退工人,新成立的公司开业招收员工等。然而,劳动者在变换工作时需要时间,有可能出现不能马上找到合适岗位的情况。而从劳动供给角度看,摩擦性失业也和劳动供给者自由寻找新工作和随意变换工作有关。在市场经济中,人们有不同的偏好和技能要求,如果不满意现有的工作,离职去寻找更理想的工作,就成为职业搜寻者。但劳动市场不是同质的,劳动市场中的不同劳动者之间并不完全相同,不同劳动者能够胜任的岗位不同,不同劳动者愿意从事的职业也不同,这种不同质的劳动构成了市场流动的障碍。更重要的是,劳动市场信息不完全,劳动者并不知道所有空缺岗位的信息。获取信息不仅需要成本,也需要时间。

在寻找工作的过程中,由于劳动市场不完全以及存在搜寻成本和时间,岗位空缺与失业并不能随时匹配,摩擦性失业也就产生了。在这种失业中,青年人占的比例比较大,因为青年人往往不满足于现状,渴望找到更适合自己的工作。一般还把新加入劳动力队伍(如刚毕业的大学生)正在寻找工作而造成的失业,也归入摩擦性失业的范围之内。在现代市场经济下,摩擦性失业是一种经常性的失业,并非周期性的。

【实例】　　　　　　　　**大学生的摩擦性失业**

在我国,大学生在一些高校里学的专业有些与市场并不接轨,从而造成大学生毕业后不能马上"上岗",形成摩擦性失业。为此,我国于 2009 年正式推出"三年百万见习计划",就是用 3 年的时间吸纳 100 万离校以后仍未就业的高校毕业生,在求职没有社会阅历和工作经验的情况下可以吸纳他们到见习岗位上来。见习时间一般为 6 个月,最长不超过 12 个月,见习期间由地方政府和见习单位提供基本生活补贴,并办理人身意外伤害保险。

(2) 结构性失业。结构性失业,即劳动力的供求结构不一致时引起的失业,具体来说就是指由于经济结构的调整与变化,劳动力的供给和需求在职业、技能、产业、地区分布等方面的不协调所引起的失业。其最大特点是劳动力供求总量大体相当,但却存在着结构性的供求矛盾,即在存在失业的同时,也存在劳动力供给不足。

在现实中,结构性失业表现形式多样。如由于工艺发生重大变化,一些人缺乏新工艺所要求的那种训练和技术而难以被雇佣;在经济发展过程中,有些部门发展迅速,而有些部门正在收缩,有些地区正在开发,而有些地区经济正在衰落,这引起一部分人失去工作;有的用工单位对年龄、性别和外来人口的歧视也会造成结构性失业。在结构性失业情况下,往往会出现"失业与空位"并存的现象。当然,结构性失业也是经济发展不可缺少的必要条件和代价,因为结构性失业多伴随着经济结构的升级和调整,而这又恰好是经济发展的重要前提和标志。

通常,结构性失业的产生必须同时具备两个条件:一是由于经济变动使社会对劳动力的需求结构发生了变化。随着生产力的发展,产业结构转变成为必然,一方面原有的支柱型产业不断衰弱,如我国产业结构调整促使第一产业、传统产业逐渐衰退,对劳动力需求减少,而新兴产业层出不穷,需要大量与之相适应的劳动力。但现有的劳动力素质结构,包括工种、技能、技术、知识、经验等在短期内都无法快速调整,无法满足新兴产业发展的需要。二是由于种种条件的限制使劳动力的供给结构满足不了需求结构的变化,如教育发展尚不能很好地满足经济发展、产业结构升级的需要,培养的人才与社会用人单位的实际需求脱节,再如劳动者的就业观念也不适应经济发展,对就业岗位的预期过高,与实际所能提供的就业岗位不一致。

【实例】　　　　　　　　　民　工　荒

我国东南沿海地区的"民工荒"突出、全国范围的"技工荒"明显,而大学生失业问题凸显,下岗失业人员实现再就业困难,中高级人才荒愈演愈烈。

(3) 周期性失业。周期性失业,是指由于经济周期性波动中的衰退造成的失业,也称为需求不足的失业,因为衰退时期经济中的总需求较低。这种失业与经济中周期性波动是一致的。在经济复苏和繁荣阶段,各企业争相扩充生产,就业人数普遍增加。相反,在经济学衰退和谷底阶段,由于社会需求不足,前景暗淡,各企业又纷纷压缩生产,大量裁减雇员,形成令人头疼的失业大军。

周期性失业的原因主要是整体经济水平的衰退;由于它是可以避免的,因而周期性失业也是人们最不想看见的。20世纪30年代经济大萧条时期的失业就完全属于周期性失业。与结构性失业、摩擦性失业等失业状况不同,周期性失业的失业人口众多且分布广泛,是经济发展最严峻的局面,通常需要较长时间才能有所恢复。

【实例】　　　　　　　　经济危机与失业

20世纪30年代,美国股市崩溃引发经济危机并波及全球。1931—1940年的10年间,失业率平均为18.8%,其范围从1937年低的14.3%到1933年高的24.9%。据1932年9月《幸福》杂志估计,美国有3 400万成年男女和儿童(约占全国总人口的28%)无法维持生计(1 100万户农村人口未计在内),流浪人口达200万,仅纽约一地1931年一年中记录在案的饿毙街头的案件就有20 000余起。这一时期出生的儿童身材矮小,后来被称作"萧条的一代"。全美有330万儿童失学,女孩子为了养家糊口冒着怀孕的危险以10美分一次的价格到街上卖淫。由于长期的营养不良,当美国参加二战需要补充大量兵员时,因体质不合格遭淘汰的达40%。

通常，在经济衰退时期，摩擦性失业倾向于减少，因为人们开始担心如果辞职会找不到另一个合适的工作。那些有很多工作选择等着的人，仍然很乐意换工作，尽管在衰退期这种情况较少。因此，摩擦性失业的减少主要是因为，在有很多其他选择之前，人们不愿自己主动辞职。但是，摩擦性失业减少的量是相对较小的，根本抵消不了周期性失业和结构性失业的大量增加。所以，在经济衰退时期，非自愿失业率一般呈现上升的趋势。

当然，除了上述自愿性失业和非自愿性失业两种失业的典型划分，在经济学中还有其他的失业类型。其中较具代表性的就是隐性失业。隐性失业，主要指具有劳动能力并在职工作但工作量不足，不能通过工作获得社会认可的正常收入，从而虽有工作岗位但未能充分发挥作用的失业。在隐性失业下，劳动者成了表面上有工作，但实际上对产出并没有作出贡献的人，即有"职"无"工"的人。在我国计划经济时代，"大锅饭"意识较为盛行，许多企业存在人员冗余、人力浪费、人浮于事的现象，这也是一种隐性失业的表现。

（三）充分就业

经济学家考察一国失业程度的基准是充分就业。充分就业由英国经济学家凯恩斯在《就业、利息和货币通论》中正式提出。充分就业，是指在某一工资水平之下，所有愿意接受工作的人都获得了就业机会。

充分就业并不是要做到不存在失业，或失业率降为零。在充分就业状态下，社会仍然存在一定的失业，只不过这些失业均属于摩擦性失业和结构性失业，并且失业的间隔期很短。通常，充分就业时的失业率就是自然失业率，它是摩擦性失业率与结构性失业率之和。如对于摩擦性失业，大学生毕业后可能会有短暂的时间处于失业状态，但只要其愿意工作，总会很快找到工作；对于结构性失业，尽管可能某工人因产业结构调整、不满足岗位的新技术要求而失业，但该工人经过学习也会找到新的工作。可见，这两类失业都被视为现代社会一种自然、正常的失业状态，因此，它们也被统称为自然失业。自然失业与总劳动力的比率就是自然失业率，又称为充分就业状态下的失业率。自然失业率一般被认为是经济社会所难以消除的，因而是一个国家能够长期持续存在的最低失业率。

充分就业不仅意味着一个国家劳动力资源的充分利用，而且意味着一个国家所有经济资源的充分利用。当实际失业率等于自然失业率时，经济处于长期均衡状态，所有经济资源都得到了充分利用，经济处于平稳运行中。如果实际失业率高于自然失业率，则失业显得过多，将可能引发严重的经济和社会问题；如果实际失业率低于自然失业率，则意味着社会经济资源被超负荷地利用，经济处于通货膨胀状态中。

自然失业率大小主要受以下列因素的影响：

（1）劳动力人口结构。在全部劳动力人口中，青年人劳动流动性较大，如果青年人比重较高，则会使劳动力的流动率上升，从而增加摩擦性失业，提高自然失业率。

（2）劳动力市场的健全程度。如果劳动力市场较为健全、就业信息充分，则会改进劳动力市场供求信息的传播，降低摩擦性失业和自然失业率。

（3）社会福利费程度。在失业保险较为健全、失业金较高的地区，失业人口会降低寻找工作的意愿，并为一些人更频繁地变换工作提供保障，从而增加摩擦性失业甚至自愿性失业的可能。

(4) 经济结构和技术水平。如一些行业萎缩和衰落造成人们的失业,技术水平的提升造成人们不符合岗位技术要求而失业。

(5) 劳动者培训。如社会建有健全、完善的失业人口培训体系,劳动者个人具有较强的再教育可能和意愿,则有助于减少结构性失业,进而降低自然失业率。

二、失业的成本与成因

(一) 失业的成本

高失业率是现代社会存在的一个严重问题,过高的失业率既会给失业者及其家庭带来影响,也会带来一系列社会问题。

一方面,失业对家庭和个人的成本。失业使失业者及其家庭的经济收入和消费水平降低,需要得不到满足,家庭关系遭到破坏,而且还给失业者造成巨大的精神压力和严重的心理伤害。尤其对于长期失业者来说必然会经受贫穷的煎熬。即使得到失业救济金也远不能抵消失业给失业者带来的伤害。并且,失业会破坏身体和精神健康,引致疾病、酗酒和自杀,引起婚姻和家庭关系破裂。西方有关的心理学研究指出,解雇的创伤不亚于亲友的去世或学业上的失败(参见表7-1)。

表7-1 失业和其他生活事件引起的紧张感

生 活 事 件	伴随事件的紧张程度	生 活 事 件	伴随事件的紧张程度
配偶死亡	100	由于学业不良而被迫退学	37
入狱	66	孩子离家	29
失去工作	49	工作条件的大变化	20
亲密朋友死亡	47		

资料来源:[美]保罗·萨缪尔森、威廉·诺德豪斯:《经济学》(第12版),高鸿业等译,中国发展出版社1992年版,第339页。

另一方面,失业对社会的成本。正如上述所说,失业会破坏个人身体和精神健康,并造成疾病、酗酒、自杀等,这不仅会造成社会的医疗成本增加,也会威胁到社会的稳定。为了使失业者能够生存下去,国家要为失业者供失业救济金和最低生活保障金,这些转移支付无疑加重了政府的财政负担。同时,当失业率上升时,国民经济中本可由失业工人创造生产出来的产品和劳务也就损失了,造成国民收入减少。并且,由于失业者及其家庭缺乏稳定的收入,他们会减少消费,这也会极大地抑制社会的消费需求,使得社会产品供过于求,进一步导致一些企业因为销量不足而裁员甚至破产。

(二) 失业的一些成因

总体上,失业的根本原因在于劳动力市场中劳动供求关系的状态,即劳动力供过于求。

通常,在劳动力市场中,劳动力需求大于劳动力供给,则失业人口将会降低;反之,在劳动力市场中,如果劳动需求小于劳动力供给,则失业人口将会增加。近五年,在"稳增长、调结构、促改革"等政策推动下,我国经济基本上维持在7%～7.5%左右的增速,在此背景下,我国劳动力市场需求将总体保持稳定。但在劳动力供给方面,2012年以来我国劳动年龄人口总量就逐步趋于下降,同时就业参与率也在逐年下滑,农村剩余劳动力日趋枯竭,在这些因素作用下我国的人口红利期将逐步结束,除个别细分市场外,劳动力供给紧缺局面将逐步显现。因此,劳动力供给趋紧而需求稳定的局面,有利于促进我国劳动者就业、降低失业率。

除了劳动力市场供求关系这个根本因素外,失业还有其他一些成因,具体如下:

1. 最低工资法

最低工资法是指一国或地区以法律的形式规定工人获得的最低工资。最低工资法是国际上的通行做法,可以用来保护劳动者的权益,使劳动者的基本劳动报酬能够得到保障。

最低工资法往往被用来解释一部分人失业的原因,尤其是那些缺乏技能和经验的年轻劳动者。对于这部分人来说,如果其工资由劳动力市场来调节,就会很低,因为他们还达不到企业的需求,他们只有要求低工资,企业才愿意雇佣这部分劳动者。但最低工资法把工资设定在这一群体实际可以达到的工资水平之上。这种情况下,这一群体实际上获得了超过自己劳动力本身应有价值的收入,于是他们更加愿意提供劳动力供给,然而,对于企业来说,这种劳动力并非"物有所值",从而减少这一类劳动力的需求,最终出现此类劳动力供过于求而导致的失业。

2. 工会

许多国家的企业都有工会(union)组织,欧美国家的工会力量更是强大。工会往往以工人代表的身份与企业主进行谈判,以罢工相威胁来获取更高的工资水平、更好的工作条件、更好的福利待遇。加入工会的工人工资水平高于劳动市场的均衡水平,此时劳动力的供给大于需求,必然有一部分工人会失业。

【思考】　　　　　增加工资,为何约翰却开心不起来?

A企业一线工人的工资平均在2 200元/月左右,比市场同类工人的工资2 500元/月略低。于是,该企业一线工人与代表自己利益的工会商议组织罢工,要求企业主必须将工资提高到3 000元,如果不提高,他们将集体罢工和辞职。由于A企业恰逢重要的生产时期,经过工会与企业间一周的谈判,企业主被迫答应,三个月后所有在职员工工资都增加为3 000元。许多工人听到这个消息后非常开心。然而,约翰听闻此消息后却开心不起来,其他同事都感觉他很奇怪。这是为什么呢?

这是因为由于A企业主购买的劳动力价格过高,高于市场的均衡工资2 500元,导致企业主对原先技能水平一般员工的劳动力需求减少,而其他企业能力较好的员工因为在自己企业只能拿到2 500元/月,于是会到这个3 000元/月的企业应聘,从而增加劳动力供给。于是,A企业将会出现劳动力供过于求现象。结果是,A企业技能水平一般的劳动者将会被辞退,只保留并招聘那些能力较高的员工到自己企业,以使得自己支付的3 000元劳动力购买具有实际的产出价值。而约翰则因自己能力较差而担心被辞退。

3. 效率工资

对于企业主来说,他们雇佣劳动力时一般面临两种工资率的选择。第一种是支付给劳动者的工资等于或低于市场均衡工资。这种情况下,企业给每个人支付的工资较低,采取的是"人海战术",从而企业雇佣的实际员工数往往可能会超过其实际需求。例如,我国过去一些国有企业的劳动力使用就属于这种情形,人员多但工资水平不高。第二种是支付给劳动者的工资高于市场均衡工资。在这种情况下,企业给每个人支付的工资水平较高,因此雇佣的劳动者能力和技能水平较高,采取的是"精英战术",从而此时企业雇佣的实际员工数较少。例如,国外一些世界五百强企业,人员精干、有效。

事实上,通过较高的工资雇佣较少的人而产生更高的效率,可以做到比较低工资雇佣较多人但效率较低更有利可图。于是,随着企业的发展,更多的企业会选择第二种工资率而不是第一种工资率,从而造成劳动力需求降低,导致一些能力较差的员工被淘汰而失业。

【实例】 坦桑尼亚种植园工资增加带来的失业

当现在叫作坦桑尼亚的这片土地于1961年刚取得独立的时候,大多数工人都在大种植园工作。和非洲其他国家一样,这些工人大多数是移民,他们每年都会返乡几次。这些工人的生产效率很低而且工资也很低。独立后,坦桑尼亚政府颁布法令让种植园的工人工资上升2倍。种植园主认为这项法令对他们而言简直是灾难。由于要支付工人高得多的工资,他们认为这势必会使他们破产。但政府根据效率工资理论予以反驳,说高工资会导致生产率的提高和劳动力的稳定。

政府的预言后来被事实证明是正确的,西沙尔麻的种植就是一个例证。西沙尔麻是一种坚韧的白色纤维物质的原料,可用来制造绳索或纤维。一方面,在实施高工资之后,西沙尔麻的产量增加了3倍。而这一增长并非由于实物资本投入的增加,而是因为种植园主雇用了更有积极性和能力更高的工人。然而另一方面,在工资上升后的连续几年内,坦桑尼亚西沙尔麻种植业的就业人数由129 000人下降为12 000人。可见效率工资会令失业率上升。

(资料来源:斯蒂格利茨:《〈经济学〉小品和案例》,王尔山、肖倩等译,中国人民大学出版社1998年版,第78页)

第二节 通 货 膨 胀

一、通货膨胀的概念与衡量

(一) 通货膨胀的概念

通货膨胀,一般定义为:在信用货币制度下,流通中的货币数量超过经济实际需要而引起的货币贬值和物价水平全面、持续并具有一定幅度的上涨。简而言之,通货膨胀是指一个一般物价水平持续上升的过程,也是货币价值持续贬值的过程。可见,通货膨胀的主要表现特征是物价上涨,并且这个物价上涨具有几个特殊的含义:

第一,通货膨胀下的物价上涨是全面性的物价上涨,即物价总体水平的普遍上涨,而不是指一种或几种商品的物价上涨。如果一部分物价上涨,而另一部分物价水平下跌,则不能称为通货膨胀,因为两者反方向作用的结果,可能会使一般物价水平稳定甚至下降。

第二,通货膨胀下的物价上涨是一定时期的持续性上涨,而不是指物价水平一时的上升。如果这个季度物价上升,而另一个季度物价下降,则从全年来看,一般物价水平可能稳定,甚至下降,也不能称为通货膨胀。

第三,通货膨胀下的物价上涨是具有一定幅度的物价上涨,指物价上涨达到一定的幅度,如果每年物价水平上升幅度较小,即使物价上涨,也不能算是通货膨胀。

当然,在有些特殊情况下,通货膨胀并不一定表现为物价上升。例如,在高度集中计划经济体制的国家里,价格受到国家严格控制,大部分商品既不涨价也不降价,即使货币超量发行,市场货币流通量过多,物价水平也不会明显上涨。

(二) 通货膨胀的衡量指数

1. 消费价格指数

消费价格指数(英文为 Consumer Price Index,简称 CPI),是一个反映居民家庭一般所购买的消费商品和服务价格水平变动情况的宏观经济指标。它度量一组代表性消费商品及服务项目的价格水平随时间而变动的相对数,用来反映居民家庭购买消费商品及服务的价格水平的变动情况。CPI 的现实含义,是指在普通家庭的支出中,购买具有代表性的一组商品,现在要比过去多花多少钱。CPI 的计算公式为:

$$CPI = (当期总的市场价值 / 基期总的市场价值) \times 100$$

CPI 指数度量的是消费者所购买的一组代表性固定物品的价格平均上涨情况,每种商品的价格都根据其在消费者的总消费支出中的相对重要性而被相应地给出一个固定的权重。它的编制方法是:由官方统计部门确定典型城市家庭购买的商品和劳务单,并估算出每一商品所占的权数,然后政府派出观察员逐月到商店记下商品和劳务的价格资料,计算出新的消费价格指数。因此,CPI 更为细化的公式是:

$$CPI = \frac{P_{1t}}{P_{10}}a_1 + \frac{P_{2t}}{P_{20}}a_2 + \cdots \frac{P_{it}}{P_{i0}}a_n$$

其中,P_{i0} 代表第 i 种消费品或劳务基期的价格,P_{it} 代表第 i 种消费品或劳务计算期的价格,a_i 代表第 i 种消费品或劳务所占的权数。

【实例】　　　　　　　　　CPI 的 计 算

2010 年购买一组商品所花费的支出是 857 元,2014 年购买同样的商品,支出是 1 174 元,则 2014 年的消费物价指数是 $(1\,174/857) \times 100 = 137$。

> **信息**
>
> ### 我国的 CPI 构成和比重
>
> 我国从 2011 年 1 月起,CPI 开始计算以 2010 年为对比基期的价格指数序列。这是自 2001 年计算 CPI 定基价格指数以来,第二次进行基期例行更换,首轮基期为 2000 年,第二轮基期为 2005 年。按此规律,我国将在 2016 年进行再次调整。目前,我国 CPI 构成和各部分比重(2011 年的调整):(1) 食品:31.79%;(2) 烟酒及用品:3.49%;(3) 居住:17.22%;(4) 交通通信:9.95%;(5) 医疗保健个人用品:9.64%;(6) 衣着:8.52%;(7) 家庭设备及维修服务:5.64%;(8) 娱乐教育文化用品及服务:13.75%。

当然,在日常生活中我们更关心的是通货膨胀率,即从一个时期到另一个时期价格水平变动的百分比,公式为:

$$T = \frac{P_t - P_{t-1}}{P_{t-1}}$$

其中,T 为 t 时期的通货膨胀率,P_t 和 P_{t-1} 分别表示 t 时期(代表报告期)和 $t-1$ 时期(代表基期)的价格水平(CPI 指数)。

如果用上面介绍的消费价格指数来衡量价格水平,则通货膨胀率就是不同时期的消费价格指数变动的百分比。

> **【实例】** 通胀率的计算
>
> 假定上例(CPI 的计算)中这组商品的 CPI 指数可代表一个经济体的 CPI 指数,即消费价格指数从 2010 年的 100 增加到 2014 年的 137,那么这一时期的通货膨胀率为 $T = (137 - 100)/100 \times 100\% = 37\%$,就是说通货膨胀率为 37%,表现为物价上涨 37%。

以 CPI 衡量通货膨胀的优点是消费品的价格变动能及时反映消费品市场的供求状况,资料易收集,公布次数频繁;不足之处在于范围较窄,公共部门消费、生产资料和资本、进出口商品和劳务的价格均不包括在内。

2. 生产价格指数

生产价格指数(英文为 Producer Price Index,简称 PPI),是衡量工业企业产品出厂价格变动趋势和变动程度的指数。由于这个指数针对的是出厂价格,因此又称批发价格指数,是一个根据产品和原料的批发价格编制而成的指数。PPI 是衡量各个时期生产资料与消费资料和原料的批发价格变化的指数。批发价格指数反映的是生产者销售价格的变动情况。

一般说来,消费者对批发价格指数不太感兴趣,但它是原材料价格和中间产品价格的信息来源。然而,理论上来说,生产过程中所面临的物价波动将反映至最终产品的价格上,因为整体价格水平的波动一般首先出现在生产领域,然后通过产业链向下游产业扩散,最后波及消费品。因此,观察 PPI 的变动情形将有助于预测未来物价的变化状况,因此这项指标受到市场重视。

当然,PPI 传递到 CPI 上,在不同的市场下表现情况不同。在卖方市场条件下,成本上涨引起的工业品价格(如电力、水、煤炭等能源、原材料价格)上涨最终会顺利传导到消费品价格上。然而,在买方市场条件下,由于供大于求,出厂产品的价格很难传递到消费品价格上,企业需要通过压缩利润对上涨的成本予以消化,其结果表现为中下游产品价格稳定,甚至可能继续走低,企业盈利减少。

3. 国内生产总值价格指数

国内生产总值价格指数,是按当年不变价格计算的国内生产总值与按基年不变价格计算的国内生产总值的比率。如用公式表示,则是:

国内生产总值价格指数 =(报告期名义 GDP/ 报告期实际 GDP)×100%

【实例】　某国 GDP 价格指数的计算

某国最终产品以猪肉和鞋子为代表,并且两种物品在 2015 年(现期)和 2010 年(基期)的价格和产量如下表所示:

	2010 年名义 GDP	2015 年名义 GDP	2015 年实际 GDP
猪肉	30 万单位×20 元=600 万元	40 万单位×25 元=1 000 万元	40 万单位×20 元=800 万元
鞋子	10 万单位×100 元=1 000 万元	15 万单位×120 元=1 800 万元	15 万单位×100 元=1 500 万元
合计	1 600 万元	2 800 万元	2 300 万元

通过上表,可以看出 2015 年名义 GDP 和实际 GDP 的差别,可以反映出这一时期(2015 年)和基期(2010 年)相比价格变动的程度。在该例中,2 800/2 300=121.7%,说明从 2010 年到 2015 年该国价格水平上升了 21.7%。此时,121.7%就是 2015 年该国的 GDP 价格指数。

(三)通货膨胀的程度

通货膨胀可按照轻重程度分为温和的通货膨胀、急剧的通货膨胀和恶性通货膨胀。

1. 温和的通货膨胀

其特点是价格上涨缓慢且可以预测,通货膨胀率一般小于 10%。此时物价相对来讲比较稳定,人们对货币比较信任。他们乐于在手中持有货币,因为这些钱的价值在一个月或一年当中不会有很大的变化。人们会愿意签订以货币形式表示的长期合同,因为他们有较大的把握肯定自己买卖的商品价格不会超出现行价格水平太多。大多数发达国家在过去的近 20 年中都经历过温和的通货膨胀。

2. 急剧的通货膨胀

当总价格水平以每年两位数甚至三位数的速率上涨时,这种通货膨胀便成为"急剧的通货膨胀"。许多拉美国家,例如阿根廷和巴西,在20世纪70和80年代,通货膨胀率曾高达50%至700%。中国在20世纪80年代末和90年代中期也曾经历过两位数的通货膨胀。这种急剧的通货膨胀一旦形成并稳固下来,便会出现严重的经济扭曲。急剧通货膨胀时期,货币贬值非常迅速,人们仅在手中保留最低限度的货币以应付日常交易的需要。金融市场逐渐消亡,资本外逃。人们囤积商品、购置房产,而且绝不会按照很低的名义利率出借货币。

3. 恶性的通货膨胀

存在急剧通货膨胀的经济似乎还可以生存下去,但当恶性通货膨胀袭来时,整个经济体就犹如患上恶性肿瘤一样,会逐渐窒息。恶性通货膨胀发生的时期,各种价格以每年十倍甚至百倍以上的惊人速率持续上涨。

【实例】 第一次世界大战后德国的通货膨胀

第一次世界大战之后,德国经历了一次历史上最引人注目的超速通货膨胀。在战争结束时,协约国要求德国支付巨额赔款。这种支付引起德国财政赤字,德国政府最终通过大量发行货币来为赔款筹资。从1922年1月到1924年12月德国的货币和物价都以惊人的比率上升。例如,每份报纸的价格从1921年1月的0.3马克上升到1922年5月的1马克、1923年9月的1 000马克。在1923年秋季,价格实际上"飞"起来了:一份报纸价格10月1日2 000马克、10月15日12万马克、11月9日500万马克直到11月17日7 000万马克。

二、通货膨胀的原因

(一)需求拉动型

需求拉动型通货膨胀,是指总需求过度增长所引起的通货膨胀,即"太多的货币追逐太少的货物"。这是从总需求的角度来分析通货膨胀的原因,认为通货膨胀的原因在于总需求过度增长,总供给不足。对此,可以用凯恩斯的经济理论来解释,并可分为两种情况分析:

一种情况是,当产量低于充分就业的水平时,即社会上存在着大量的未被利用的资源和失业现象,需求的增长会导致两种可能的结果:一是产量提高了而价格水平保持不变,因而不会产生通货膨胀;二是在经济扩张到一定程度,有些资源变得稀少的情况下,有效需求的增加部分引起产量的增加,部分物价上涨。这种情况,凯恩斯称之为半通货膨胀。

另一种情况是,当产量达到充分就业水平以后,资源已得到充分利用,由于生产能力的制约,总需求增长不再引起产量的增加,而只会导致物价水平按同一比例增长。通俗地说,民众需求多,但企业产能已经达到最大,无法再多生产产品,从而导致"物以稀为贵"。这种情况,凯恩斯称之为真正的通货膨胀。

(二)成本推进型

成本推进型通货膨胀,是指由厂商生产成本增加而引起的一般价格总水平的上涨,造成成本向上移动的原因大致有:工资过度上涨;利润过度增加;进口商品价格上涨。

1. 工资推进型

工资推动型通货膨胀，是指工资过度上涨造成成本增加从而推动价格总水平上涨，工资是生产成本的主要部分。工资上涨使得生产成本增长，在既定的价格水平下，厂商愿意并且能够供给的数量减少，从而使得市场中产品的总供给小于总需求，引起价格上涨。

【实例】　　　　　　强制涨工资将会增加物价上涨压力

在西方国家如美国、澳大利亚等，强大的工会组织的存在往往可以使得工资过度增加，如果工资增加超过了劳动生产率的提高，则提高工资就会导致成本增加，从而导致一般价格总水平上涨，而且这种通胀一旦开始，还会引起"工资-物价螺旋式上升"，即工资与物价互相推动，形成严重的通货膨胀。同样，如果政府采取行政性手段，强制企业增加工资，实际上也是相应地提高了劳动力成本，会进一步传导至产品价格，造成职工名义工资增长、物价上涨更多、职工实际工资并无增长甚至萎缩的局面，这种强制涨工资就容易变成一场"数字游戏"。

【实例】　　　　　最低工资标准调整下的劳动力成本变化

2010年以来，我国不少沿海发达省份将法定最低工资标准平均向上调整了20%，这在一定程度上缓解了"民工荒"问题，却导致劳动力成本的上升。

2. 利润推进型

利润推进型通货膨胀，是指厂商为谋求更大的利润导致的一般价格总水平的上涨。与工资推进型通货膨胀一样，具有市场支配力的垄断和寡头厂商也可以通过提高产品的价格而获得更高的利润，与完全竞争市场相比，不完全竞争市场上的厂商可以减少生产数量而提高价格，以便获得更多的利润，为此，厂商都试图成为垄断者。结果导致价格总水平上涨。

3. 进口成本推进型

进口成本推进型通货膨胀，是指由于进口商品价格的上升而引起的一般价格总水平的上涨。通常，如果一个国家生产所需要的原材料主要依赖于进口，那么，进口商品的价格上升就会造成进口成本推进型通货膨胀，其形成的过程与工资推进型通货膨胀是一样的。

【实例】　　　　　　大宗商品进口与消费品价格

我国是重要的大宗商品进口国，许多产品需求量的三成以上依赖进口满足，比如铁矿石（按含铁量计算）、天然橡胶、精炼铜、大豆等；石油的进口依赖程度亦达到了50%左右。甚至于我国传统出口产品煤炭，近些年来也出现了大量进口的局面。这些商品的大幅涨价，将直接增加我国企业的生产成本，并最终导致消费品价格的上涨。

> 【实例】　　　　　　　　　石油价格上涨带来的结果
>
> 1973年石油输出国组织(OPEC)将原油价格提高了两倍多,而20世纪70年代末爆发的两伊战争,使油价从1979年的每桶13美元猛增至1980年的34美元,这两次石油价格的上涨直接导致了主要工业化国家持续的物价上涨和经济衰退。

（三）需求拉动与成本推动混合型通货膨胀

除了需求拉动和供给推动导致的通货膨胀,许多经济学家还把总需求与总供给结合起来分析通货膨胀的原因,即通货膨胀不是单一的由总需求或总供给引起的,而是这两者共同作用的结果。

如果通货膨胀是由过度需求拉动开始的,过度的需求将引起物价上升,这种物价上升又使工资增加,从而引起供给成本增加,成本增加又引起成本推动的通货膨胀。如果通货膨胀是由成本推动开始的,即成本增加,引起物价上升。这时,如果没有总需求相应增加,工资上升最终会减少生产,增加失业,从而使成本推动的通货膨胀停止。只有在成本推动的同时,又有总需求的增加,才会引起物价水平继续上升。

（四）输入型通货膨胀

除了根据需求和供给划分的通货膨胀,还存在其他类型的通货膨胀。其中,较为典型的就是输入型通货膨胀。输入型通货膨胀,又称入口通胀,是指由于国外商品或生产要素价格的上涨,引起国内物价的持续上涨现象(汇率所致)。输入型通货膨胀与开放经济有密切的关系,开放的程度越大,发生的概率越大。通常,输入型通货膨胀具有三种传导机制：

1. 国外商品的价格传导途径

该途径的传导机制是：当国外出现通货膨胀、价格上涨时,在价格机制的作用下,一方面,由于国外商品的价格上涨,会导致该国对外商品出口的增加,从而增加该国的对外贸易出口需求；另一方面,由于国外商品的价格上涨,又会减少本国居民对国外进口商品的消费,而转为增加对本国商品的消费,由此,一增一减,最终引起整个社会总需求的增加。

2. 货币供给途径

该途径的传导机制是：当国外存在通货膨胀、价格上涨时,由于国外商品的价格上涨,使得该国的对外贸易将出现大量顺差,而大量贸易顺差的存在,又会使该国的外汇储备大量增加。在固定汇率制下,大量的外汇储备将导致国内货币供给大大增加,从而引起国内利率降低、投资增加,并最终导致需求拉上型通货膨胀。

3. 成本传导途径

该途径的传导机制是：由于国际市场上石油、原材料等价格上涨,导致国内这些基础产品的输入价格增加,从而引起国内的价格上涨,并最终引发成本推动型通货膨胀。

可见,输入型通货膨胀中的三种传导机制,前两种属于需求拉动型通货膨胀,而第三种则属于成本推动型通货膨胀。

三、通货膨胀的影响

（一）对就业和产出的影响

通货膨胀是否可以扩大就业并刺激生产取决于这种通货膨胀是"充分预料"还是"意外"。如果通货膨胀是"充分预料"，这意味着企业和个人都充分知道，所有产品和劳务的价格都会上涨。例如，如果各行业的工资每年将上涨5%，那么工人就不会跳槽，老板也不会多请工人干活，每个人都只会待在原来最适合自己的地方。这是因为即使收入增加5%，别的一切开支也都将增加5%。然而，如果通货膨胀是"意外"，这意味着通货膨胀在意料之外，生产者将物价的总体上涨视为自己产品相对紧缺、受欢迎的价格上涨，从而会增加生产，并招用更多的劳动力，社会就业率会上升。通常，"意外"的通货膨胀是一个短期的现象。

【实例】 **某四川饭店老板收入的增加**

上海某四川饭店老板的收入忽然增加了。这除了有可能是这家饭店的川菜越来越受欢迎，打败了附近其他餐饮店如湘菜馆、东北菜馆，也有可能是出现了普遍的通货膨胀，所有行业的收入都会同步增加，餐饮行业也不例外，只不过有可能碰巧该四川饭店走在前面了。

（二）对社会财富分配的影响

通货膨胀对财富分配的影响是显而易见的。一般来说，家庭财产可分为两类：一类是价格可变的资产，如房屋、土地等实物资产和股票等金融资产；另一类是金额固定的资产，如储蓄存款等。在通货膨胀中，可变资产的价格随着物价上升而提高，而金额固定的资产实际价值随着物价的上升而下降。因此，在家庭中，金额固定的资产所占的比重越大，家庭受通货膨胀的损失就越大，反之，损失就越小。

【实例】 **通货膨胀与房产价值**

小王和小李都在中国某沿海城市生活、工作。在2003年的时候，小王购买了市中心一套50平方米的房子，价值80万元。小李手上有100万元，他将这笔钱存了5年定期，年利率为5%。在这5年期间，由于该沿海城市一直有轻度的通货膨胀，到2008年时，小王购买的房子的市值已经达到180万元，而小李最终从银行获得钱本加利共125万元。

可见，在通货膨胀下，到2008年，小王持有价格可变的资产，由80万元变成180万元，而小李持有的是金额固定的资产，资产仅由100万元变为125万元。原先，小王和小李两个人中小王较穷，小王较富，然而，通过拥有不同类型的财产，小王却从这种价格水平上升中得到了好处。这相当于通货膨胀将一部分财富从债权人手中转移到债务人手中。

许多经济学家指出，这种财富再分配效应有助于解释为什么政府总是倾向于发行过多的货币。因为政府往往是一个巨大的债务人，向公众发行了巨额的国债，当价格水平上升时,政府还本付息的负担就会变得更容易承受。

(三) 对收入分配的影响

在通货膨胀中,由于工资增长的速度落后于物价上涨,这使得劳动者的实际工资降低,使以工资为主要收入来源的人们受到损失,而雇用这些人的雇主则会得到好处。如果是领取固定收入的人,他们在通货膨胀中受到的影响更大。同样,这对于租金收入和利息收入者也有重要影响。对于以利息和租金取得收入的人来说,由于利息和租金是由合同定下来的,未能及时调整,因此他们在通货膨胀中会由于实际利率降低受到损害。

【实例】 购买银行理财产品真能够保值吗?

2014年5月,某民营银行为融资发行一年期的高利率的储蓄型理财产品,年利率高达8%。你购买了该产品金额10万元,一年后即2015年5月连本带息共得10.8万元。然而,如果一年后价格水平上涨了20%,那么你最终拿到的这10.8万元的购买力实际上只相当于2014年的9万($=10.8$万$/120\%$)元。这样你不仅未能得到资金的增值,反而损失了一部分购买力。

当然,通货膨胀中,受损失最大的是离退休人员,他们的收入全部来源于养老金和老年社会补贴,不能及时调整的养老金会使他们变穷。

(四) 资源的重新配置

在通货膨胀下,不同产业和部门间价格上升的速度不同,从而造成利润率也会存在差别。总体上,产品价格上涨快于其成本上涨的部门会得到扩张,而产品价格上涨慢于其成本上涨的部门会收缩,引起资源由收缩部门向扩张部门流动,影响资源的合理配置。在许多国家,价格并不是充分放开的,政府往往对某些行业进行物价管制。这样,在通货膨胀的环境中,那些价格放开的行业价格上涨,利润丰厚,吸引了大量的资金和资源流入,而受政府价格管制较严的行业的发展则受到严重制约。

【实例】 房地产业的兴旺与资源配置

进入21世纪以来,由于我国房产价格往往上涨得比其他商品快,因而大量资金流入房地产业,这又进一步助长了投机,使得房产价格继续上涨。与此形成对照的是我国经济中的其他产业和行业,由于价格上涨较房产慢,利润增长缓慢,难以吸引到足够的资金。

(五) 皮鞋磨损成本的增加

皮鞋磨损成本,是指通货膨胀发生时,企业和个人为了减少对货币持有而付出的成本。在高通货膨胀的条件下,人们持有现金的成本将大大增加。假如你持有1 000元,如果通货膨胀率上升10%,则意味着这1 000元的价值将下降为909(＝1 000/110%)元。因此,人们会想尽办法将现金转化为实物资产或名义收益率随通货膨胀上升的硬通货如理财产品。同样,企业也需要花费大量的精力来进行现金管理。这种现金转换为其他资产而进行现金管理的过程,需要花费大量的时间和精力,从而被形象地称为"皮鞋磨损成本",因为人们一遍一遍地跑到银行、市场,容易把鞋底磨破。

(六) 菜单成本的增加

在一国发生较高通货膨胀的情况下,企业的成本会发生比较大的上升,为了保证自己正常的利润空间,企业必定会调整价格,而且通货膨胀率越高,企业调整价格越频繁。可是,企业调整价格、重新印制价目表并将新的价目表送达客户手中,都需要额外的投入。这些企业不得不额外负担的成本就是通货膨胀所造成的菜单成本。

【实例】 超市的菜单成本

某年5月到6月,由于物价上涨5%,为保证一定的利润率,如果上海市杨浦区中原路的欧尚超市要更改商品的价格,则超市里几十万类商品价目都要调整。然而,刚调整好,到了当年的10月,物价再次上升较快,该超市又要进行商品价目的调整。

可见,在该例中,欧尚超市不断调整价目会花费大量的人力物力。同样,一座大酒楼要更改价格,将其印制精美的菜单废弃掉重新印制,也会带来一定的成本。

四、失业与通货膨胀的关系:菲利普斯曲线

(一) 菲利普斯曲线的含义

凯恩斯主义的经济学家认为,在未达到充分就业而又接近充分就业时,存在一个"准通货膨胀"的区域,这时提高总需求水平,一方面会提高总产量和就业水平,另一方面也会使物价上升。那么,物价水平与就业率之间是否有一种此消彼长的关系?

1958年,新西兰经济学家菲利普斯根据英国近100年的资料作出了一条表示失业率与名义工资变动率之间关系的曲线,这条曲线表明二者之间存在着反向的变动关系,即当失业率较低时,名义工资增长率较高;失业率较高时,名义工资增长率较低。萨缪尔森和他在麻省理工学院的同事罗伯特·索洛一起作了进一步的研究。根据工资与价格的算术逻辑关系:通货膨胀率＝工资增长率－生产率增长率,他们认为既然工资是成本的主要成分,成本上升会体现为价格上涨,那么通货膨胀也应与失业率呈负相关,即通货膨胀率越高,失业率越低;通货膨胀率越低,失业率越高。这就是经济学中著名的菲利普斯线,它表明通货膨胀与失业之间也存在着反向变动的关系,即通货膨胀越高,则失业率较低,反之亦然。如图7-1中,横轴

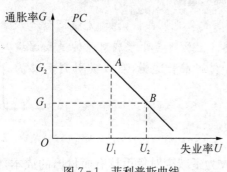

图7-1 菲利普斯曲线

U 值代表失业率,纵轴 G 值代表通货膨胀率,向右下方倾斜的 PC 即为菲利普斯曲线。这条曲线表明:在 A 点,当失业率低时,通货膨胀率就高;在 B 点,失业率高时,通货膨胀率就低。

菲利普斯曲线 PC 向下倾斜,这是因为:失业率越低,意味着劳动力市场上的劳动需求越是旺盛,因此,在劳动供给相对稳定的情况下,势必会出现劳动力供不应求的现象,从而引起劳动力价格即货币工资率上升;反之,失业率越高,意味着劳动需求减少,货币工资下降。

可见,菲利普斯曲线主要有两个基本观点:一是通货膨胀与失业的交替关系。即通货膨胀率高的时候,失业率下降,就业增加;通货膨胀率低的时候,失业率增加,就业下降。第二,通货膨胀是由于工资成本推动所引起的,这就是成本推动的通货膨胀理论。这是因为菲利浦斯曲线是通过利用通货膨胀率与名义工资率间关系来得到通货膨胀率与失业间关系。

(二)菲利普斯曲线的政策价值

菲利普斯曲线为政府部门干预宏观经济、实现宏观经济稳定提供了依据。失业率与通货膨胀率之间存在的负相关关系意味着可以以较高的通货膨胀率为代价来降低失业率或实现充分就业;而要降低通货膨胀率和稳定物价,就要以较高的失业率为代价。

具体做法是先确定一个社会临界点,失业率与通货膨胀率在此之内政府不用调节。如果通货膨胀率高于社会临界点,可以采取紧缩性政策,以提高失业率为代价降低通货膨胀;如果失业率高于社会临界点,可以采用扩张性政策,以提高通货膨胀率为代价降低失业率。

【实例】 菲利普斯曲线的价值

一个经济社会总存在民众认为是可被接受的通货膨胀率(假定为 4%)和失业率(假定为 5%)。只要经济的通货膨胀率小于 4%、失业率小于 5%,政府就不需要采取措施来调节经济;如果经济中的通货膨胀率达到了 6%,而失业率在小于 5% 的范围,这时根据菲利普斯曲线表明的替代关系,政府就可以采取紧缩性的财政和货币政策,提高失业率来降低通货膨胀率;反之,如果经济中的失业率比较高,达到了 6%,政府可以采取扩张性的政策来扩大总需求,提高通货膨胀率来降低失业率。

可以说,菲利普斯曲线之所以著名,就在于它具有重大的实践意义,给政策制定者提供了相机抉择的理论依据:扩大总需求,能减少失业,代价是通货膨胀加剧,紧缩总需求则带来相反的结果。作为政策选择的工具,就看政府在特定的条件下更关注哪一个目标。

关键概念: 失业 自愿性失业 摩擦性失业 结构性失业 周期性失业 充分就业 通货膨胀 消费价格指数 生产价格指数 皮鞋磨损成本 菜单成本

 小练习

1. 失业的类型有哪些？请举例说明。
2. 充分就业是否就意味着失业率降为零？请解释。
3. 形成失业的原因有哪些？
4. 什么是通货膨胀？请解释它的主要表现特征。
5. 通货膨胀的原因有哪些？
6. 通货膨胀对经济发展有什么影响？
7. 什么是菲利普斯曲线？它具有什么经济含义？

第八章 国际经济理论

案例导入

中澳经济交流

叶某赴澳大利亚某著名大学攻读工商管理硕士(MBA)。学经济管理的他本以为澳大利亚与中国在经济方面是两个截然不同的国家。然而,到了澳大利亚后叶某却很吃惊地发现很多澳大利亚人穿着中国生产的衣服,用着中国制造的家用电器,尤其在澳大利亚的媒体上也经常听到、看到关于中澳之间经济深入交流与合作的新闻,尤其是采矿业。他感觉到,中澳之间密切的经济往来已经影响到两国人民生活的各个方面,他的 MBA 经济学授课老师也提及,近十年很多国家都面临着经济衰退的巨大压力,而澳大利亚经济得以发展在很大程度上应归功于中澳之间紧密的经济贸易伙伴关系。

讨论:联系案例谈谈经济全球化背景下国家与国家之间的经济关系。

学习目标:

1. 掌握重商主义、绝对优势理论、比较优势理论和资源禀赋理论的内容
2. 了解对外贸易政策的含义、类型及相关策略
3. 了解外汇的基本内涵
4. 熟悉汇率的含义与标价
5. 掌握汇率变动的影响因素及对经济的影响

第一节 国际贸易理论

一、重商主义

在现实社会中,有很多钱即货币的人通常被称为富人,而钱少或货币缺乏的人则被称为穷人。因此,我们常常把一个想发财的人称为爱钱或爱货币的人,并把发财等同于有了较多的货币。可以说,按通俗说法,财富与货币是一组同义词。同样,如同富人一样,富足的国家也往往被认为拥有很多货币。美洲发现后曾有一段时期,西班牙人每到一个生疏的海岸第一个要问的问题就是近处有无金银发现。他们就根据这种情报,判定那个地方有没有殖民的价值,乃至有没有征服的价值。这种以金银为财富的衡量手段的观点就是重商主义的贸易学说。

重商主义的国际贸易观点,最早出现于15世纪末16世纪初的资本主义原始积累时期,又称贸易差额论,其核心观点是:一国的国力主要取决于通过贸易的顺差即出口额大于进口额所能获得的财富。代表人物有英国的托马斯·孟。该理论认为:

(1) 贵金属是衡量一个国家财富的唯一标准。因此,要使国家变得富强,就应尽量使出口大于进口即贸易顺差,因为只有贸易顺差才会导致贵金属的净流入。一国拥有的贵金属越多,该国就会越富有、越强大。因此,政府应该竭力鼓励出口,不主张甚至限制商品(尤其是奢侈品)进口。

(2) 一国一切经济的最终目的都是为了得到贵金属。要达到这一目的,除开采金矿和银矿外,可通过国际贸易顺差来促进贵金属财富的累积。由于不可能所有贸易参加国同时出现贸易顺差,而且任一时点上的金银总量是固定的,所以一国的获利总是基于其他国家的损失,即国际贸易是一种"零和游戏"。

重商主义的局限性主要在于把货币与真实财富等同起来。重商主义者不理解货币的起源和本质,把货币看成是财富的唯一形态。他们认为对外贸易是获得货币财富的真正源泉,只要在对外贸易中多卖少买,就可以给国家带来货币财富。当然,正是基于这样一个错误的认识,重商主义才轻率地把高水平的货币积累与供给等同于经济繁荣,并把贸易顺差与金银等贵金属的流入作为其唯一的政策目标。

二、绝对优势理论

斯密认为,重商主义者把金银财宝和真正的财富混淆在了一起,实际上,对一个国家来说,真正的财富不是金银,而是生产创造的商品和劳务。因此,作为扩大生产的手段之一,社会分工可以提高劳动生产率,促进生产的发展和产量的增加,从而实现国民财富的增长。那么,分工的原则是什么?就是每个人都生产自己最擅长的那种产品,然后交换。

【实例】 斯密的一个狩猎的例子

在狩猎社会,一个人在一开始既打猎又造弓箭,后来他发现,他更擅长于造弓箭,他

> 专门造弓箭去换猎物比二者都干效率更高；另外一个人开始也是既打猎又造弓箭，后来他发现自己更擅长于打猎，他专门打猎去换弓箭，比二者都干效率更高。于是，他们各自发挥自己的比较优势，然后进行交换，不仅自己的蛋糕可以做得更大，整个社会的蛋糕也可以做得更大。

上述这种个人之间的分工原则，也适用于国家之间。从国际视角看，社会分工又称为国际分工，即各国之间的劳动分工。它是社会分工发展到一定阶段，超出国家界限的结果。在《国富论》中，斯密指出国际贸易的基础在于各国商品之间存在劳动生产率和生产成本的绝对差异，而这种差异来源于自然禀赋和后天的生产条件。

一国如果在某种产品生产上具有比别国高的劳动生产率，该国在这一产品上就具有绝对优势；反之，则不具有绝对优势，而是具有绝对劣势。在国际分工中，每个国家应该专门生产自己具有绝对优势的产品，并用其中一部分交换其具有绝对劣势的产品，这样就会使各国的资源得到最有效率的利用，更好地促进分工和交换，使每个国家都获得最大利益。在贸易理论中，这一学说被称为"绝对优势理论"。

那么，如何判断一国在哪种产品上具有绝对优势呢？假设一国在某种产品上的产量为 Q，所要求的劳动力投入为 L，则：

(1) 劳动生产率 $= Q/L$ 高表明该国在此产品生产上具有比别国高的劳动生产率，即该国在此产品上具有绝对优势；

(2) 生产成本 $= L/Q$ 低表明该国单位产品所需的成本低于另一国，即该国在此产品上具有绝对优势；

例如，假定南非与德国两国在分工前，同时生产酒和咖啡两种产品，两国劳动力资源相同，都是 10 个工作小时，但生产技术是不同的。10 工作小时在南非可生产 15 单位的酒，或 10 单位的咖啡；而同样的 10 个工作小时在德国可生产 9 单位的酒，或 12 单位的咖啡。于是，根据劳动生产率法可得表 8-1。

表 8-1 南非与德国的生产可能性（劳动生产率）

	酒	咖 啡
南 非	$15/10 = 1.5$	$10/10 = 1$
德 国	$9/10 = 0.9$	$12/10 = 1.2$
	1.5（南非）＞0.9（德国）	1（南非）＜1.2（德国）

由此可见，南非在酒生产上具有绝对优势，因而应专业化生产并出口酒；而德国在咖啡生产上具有绝对优势，因而应专业化生产并出口咖啡。

三、比较优势理论

斯密的绝对优势理论暗含这样一个假设，就是参加贸易的双方，至少各有一种具有优势的商品，才能在两国之间销售。但如果一个国家所有的商品生产，相对于另一个国家都处于劣势,那么,这两个国家之间还会有国际贸易吗?为了回答这个问题,大卫·李嘉图于1817年提出了他的"比较优势理论"。迄今为止,这一理论仍然为世界各国的经济学家所普遍接受。比较优势理论的推理过程比较复杂,为了便于大家理解,我们不妨举个与家庭相关的例子。

【实例】 博士男与硕士女的劳动分工

博士男与硕士女共同组成了一个家庭,夫妻俩均为大学教师。在一天中,博士男外出教书,授课费为500元,完成家庭工作量(如培养小孩、照顾老人、家庭清洁、买菜烧饭)等价值为150元,各用半天时间;硕士女外出教书,授课费为300元,完成家庭工作量价值为100元,也各用半天。这样一天下来,一家的劳动成果为800元的授课费和市场价值为250元的家务工作量。几天过后,聪明的博士男发现了问题,就是夫妻俩一天干两种活,不如分一下工。于是博士男与自己妻子商量并建议:从今以后,你专门留在家里承担家务事宜,我专门外出教书辛苦赚钱。这样,一天的劳动成果为1 000元的授课费和价值为200元的家务工作量,结果对整个家庭都有好处。

这个例子说明,和硕士女相比,博士男虽然教书授课和家庭工作两个方面都有优势,但占优势的程度并不相同,相对于家庭工作而言,博士男外出教书的优势更大一些,这就是比较优势的含义之所在。反过来,虽然硕士女在外出教书和家庭工作两个方面都处于劣势,但在家庭工作方面的劣势更小些,与外出教书相比,这自然也是一种比较优势。按照比较优势分工的结果,夫妻俩和家庭都得到好处。通过这个例子,我们也可以理解,现在很多家庭会请家政服务人员打理家务,这并不代表家庭主人做家务不如家政服务人员,而是他们把做家务的时间用来做别的事情可能会更有价值。

我们可以把李嘉图的比较优势原理扩展到任何两个国家的任何两种产品。李嘉图认为,国际贸易的基础并不限于劳动生产率上的绝对差别。一个国家,不论处于什么发展阶段,不论经济力量是强是弱,都能确定自己的比较优势,即使处于劣势的也可以找到劣势中的优势。只要各国之间存在着劳动生产率上的相对差别,就会出现生产成本和产品价格的相对差别,从而使各国在不同产品上具有比较优势,使国际分工和国际贸易成为可能。

所以,每个国家应该根据"两利相权取其重,两弊相权取其轻"的原则,集中生产并出口其具有"比较优势"的产品,进口其具有"比较劣势"的产品,即让优势国家生产优势更大的产品,劣势国家生产劣势较小的产品,然后两国开展贸易,则贸易双方都可以用较小的消费,创造出更多的财富。

那么,如何判断一国在哪种产品上具有绝对优势呢?通常我们使用机会成本法来判别。

举例来说,假定南非与德国两国在分工前,同时生产酒和咖啡两种产品,两国劳动力资源相同,都是10个工作小时,但生产技术是不同的。10工作小时在南非可生产10单位的酒,或20单位的咖啡;而同样的10个工作小时在德国可生产20单位的酒,或30单位的咖啡。此时,德国在两种产品生产上均占优势,那么两国之间还能进行贸易吗?

答案是肯定的。从机会成本的角度来看,南非生产1单位酒需要1个工作小时,也就是生产2单位咖啡的时间,即南非生产1单位酒的机会成本是2单位的咖啡;对于德国来说,生产1单位酒的时间是0.5个工作小时,也就是生产1.5单位咖啡的时间,即德国生产1单位酒的机会成本是1.5单位的咖啡。如表8-2所示。

表8-2 南非与德国的生产可能性(机会成本)

	酒	咖 啡
南 非	20/10 = 2	10/20 = 0.5
德 国	30/20 = 1.5	20/30 = 0.67
	1.5(德国)<2(南非)	0.67(德国)>0.5(南非)

这样,德国在生产酒方面机会成本相对较小,具有机会成本上的优势,应该专业生产酒,而南非则专业生产咖啡。

四、要素禀赋理论

要素禀赋理论认为,国与国之间拥有生产要素的相对数量不同,也会促使国际贸易的产生。该理论最初由瑞典经济学家赫克歇尔于1919年提出。20世纪30年代,这一论点被他的学生俄林所充实论证并发展,因而这一理论又称为赫克歇尔-俄林理论或H-O理论。

他们注意到,在两国技术水平相等的前提下,产生要素禀赋差异有两个原因:一方面,两国的要素充裕度不同。该理论认为,各国拥有生产要素的充裕度或相对数量是不一样的,应该按照要素禀赋来生产相应的产品。通常,生产要素包括物资、劳动力、土地、矿产等资源。另一方面,商品生产的要素密集度不同。不同商品需要不同的生产要素配置。有些产品的生产技术性较高,需要大量的机器设备和资本投放,这种产品被称为资本密集型产品;有些产品的生产则主要是手工操作,需要大量劳动力,这种产品被称为劳动密集型产品。

> **信息** **金砖四国的要素禀赋**
>
> 在美国高盛公司首席经济学家奥尼尔于2001年提出的全球最大的四个新兴市场国家即"金砖四国"中,巴西、俄罗斯、印度和中国具有不同的要素禀赋,如印度和中国的要素禀赋为劳动力资源,而巴西和俄罗斯的资源禀赋为自然资源。

根据H-O理论,各国应集中生产并出口那些充分利用本国充裕要素的产品,以换取那些密集使用其稀缺要素的产品。这样的贸易模式使参与国的福利都得到改善。通常,如一国劳动力相对充裕,劳动力价格则偏低,因此劳动密集型产品的生产成本相对较低,而在资本相对充足的国家,资本的价格会相对较低,则生产资本密集型的产品更为合理。

例如,美国拥有较多的资本和技术,但缺乏劳动力,而金砖四国中的中国却富有土地和劳动力,但缺乏资本。因此,美国应该生产资本密集型的产品,因为这类产品需要投入较多的资本和较少的劳动力,这样的要素密集度与美国拥有的要素禀赋一致,而中国则应该生产劳动密集型产品,在这类产品上具有比较优势。然后,美国可以用资本密集型产品交换中国的劳动密集型产品,贸易双方都能从中得到好处。事实也的确如此,中国大量从美国进口芯片、飞机等资本或技术密集型产品,而向美国出口纺织品、玩具等劳动密集型产品。

第二节 对外贸易政策与战略

一、对外贸易政策

(一) 对外贸易政策的含义与类型

国际贸易是一项涉及各国物质利益重新分割和分配的经济活动,因此每个国家政府都会采取一系列有关对外贸易政策和措施来推进本国的外贸发展,以期在其中获得更大的经济利益。对外贸易政策是一国政府为了实现保护本国市场、扩大商品或劳务出口、积累资本和技术等目的而制定的有关贸易方针、法规及措施。一般情况下,各国制定对外贸易政策的目的在于:第一,保护本国市场,发展民族工业;第二,扩大商品或劳务出口,占领国际市场;第三,推进本国产业结构的改善与升级;第四,积累资本或资金,缩小和弥补经济发展过程中的资金缺口;第五,维护本国的对外政治关系。

通常,一国对外贸易政策主要分为自由贸易政策、保护贸易政策和管理贸易政策三类。自由贸易政策,是指国家取消对进出口的限制和障碍,取消对本国进出口商品的各种特权和优待,使商品自由进出口,在国内外市场上自由竞争。保护贸易政策,是指国家广泛利用各种限制进口的措施保护本国市场免受外国商品的竞争,并对本国的出口商品给予优待和补贴以鼓励商品出口,即奖出限入政策。贸易保护政策包括关税壁垒和非关税壁垒。管理贸易政策,又称协调贸易政策,对内体现为国家通过制定一系列的贸易政策、法规,以加强对外贸易的管理和实现对外贸易的有秩序、健康的发展,对外则是指通过谈判签订双边、区域及多边贸易条约或协定,协调与其他贸易伙伴在经济贸易方面的权利与义务。管理贸易是介于自由贸易和保护贸易之间的一种对外贸易政策,是一种协调和管理兼顾的国际贸易体制,是各国对外贸易政策发展的方向。

(二) 对外贸易政策制定所考虑的因素

一个国家在一定时期内是采取自由贸易为主的政策还是推行保护贸易为主的政策,一般要取决于一国的经济发展水平、国内经济形势、经济与产业结构和经济发展战略等多种经济因素的综合作用。

1. 经济发展水平

通常,一个国家经济发展水平越高,技术越先进,产品竞争力也越强,在这种背景下就会倾向于采取自由贸易政策以期望在国际市场的自由竞争中获得更大的经济利益,如欧美等经济强国。反之,如一个国家经济实力较弱,缺乏充足的资金和先进技术,所生产产品在国际市场上也缺乏一定竞争能力,就会倾向于实行保护贸易政策。我国在加入WTO前,由于经济发展水平较低而主张保护贸易政策,以使本国产品避免在国际市场上遭受更大损失。

2. 国内经济形势

如果一国国内经济发展势头良好,兴旺繁荣,国际竞争力上升,其对外贸易政策中的自由主义成分就会增加。反之,在一国国内经济萧条、外贸逆差扩大和产品竞争力下降的情况下,它就会倾向于阻碍和排挤外来商品的输入,实行贸易保护主义政策。例如,20世纪70年代以后西方国家普遍出现了较为严重的经济"滞胀"局面,即经济增长缓慢,通货膨胀率和失业率则居高不下。在此背景下,为了增加国内需求,刺激经济增长,西方各国又普遍推行了保护贸易的政策。

3. 经济与产业结构

在传统产业如农业占主导地位而现代化工业尚未得到成长的国家,为保护传统工业免遭国外同类行业先进力量的冲击,促进幼稚工业的发展,往往会推行保护贸易政策。如我国机电产品出口战略中,贸易保护将是一个长期的政策工具,因为对机电产业实行一定的保护,是我国机电出口产业不断升级的保证。相反,经济和产业结构已高度现代化的国家则一般通过推行自由贸易政策来获得更多的外部市场。

4. 经济发展战略

通常,如果对外贸易在一个国家的经济发展中的地位较高,该国通常会采取外向型经济发展战略,主张较开放和自由式的外贸政策。如日本人口少、资源少,消费需求也较少。然而,经济总量是通过实现销售获得扩张的,这就决定了日本只有依赖国际市场才能发展本国经济,从而提倡自由式的外贸政策。相反,一个内向型经济发展战略的国家,对世界范围内的贸易竞争和合作缺乏紧迫感,往往会采取较为强硬的贸易保护政策。

此外,非经济因素如本国与他国的关系、一国执政党及其领导人的经贸理念、国内外影响国际贸易的各种利益集团力量的对比等都会对一国国际贸易政策的制定产生影响。

尽管对于不同国家,贸易保护与贸易自由在不同时期各有其适应性,但各国之间应当加强合作,尽量避免贸易保护主义,尤其在全球经济萧条和复苏期。世界经济大国采取贸易保护主义,很可能引发其他国家的效仿甚至报复。这样,势必引起国际贸易环境的恶化,让处于经济萧条的世界经济雪上加霜。

【实例】 **美国的《霍利-斯穆特关税法》**

1929年10月12日,华尔街上的一条爆炸性新闻震撼了美国、欧洲乃至全世界。从华尔街股票暴跌开始,美国、欧洲和几乎全世界都跌进了灾难的深渊,即史上最大的经济危机。1930年5月,美国国会通过了《霍利-斯穆特关税法》。根据这项法令,约有75种农产品和925种工业品提高了关税率,全部关税的总平均水平从33%提高到40%,美国率先筑起了高关税的厚垒,税率创历史最高纪录。该法令对英国、法国、日本的丝、棉、毛织品,德国的化学制品,瑞士的钟表,加拿大的木材等传统出口商品打击沉重。美国这一行动使得各国怨声载道,马上招致了33个国家的严重抗议,其中7个国家立即对美国采取了报复性措施。加拿大大幅度提高对美国商品的征税率,法国对进口的美国小汽车增税60%,英国对棉纱和棉织品征收50%的重税。1932年,德国推行新税法对许多进口商品征收100%的重关税,日本和欧洲其他各国也纷纷效尤,高筑关税壁垒。很多经济史学家认为,美国在危机之初挑起的贸易战拖延了经济复苏进程,与世界经济陷入大萧条长达10年有直接关系。

二、与对外贸易相关的经济发展战略

(一)初级产品出口战略

初级产品出口战略,又称初级外向发展战略,是指发展中国家利用本国丰富的自然资源条件,发展农产品和矿产品的出口,促进国内民族经济的发展的战略。通常,初级产品包括农、副产品,矿产品或原材料等未经过深加工的产品。美国、加拿大、澳大利亚和丹麦等国家都是通过出口初级产品走上经济起飞之路。

初级产品出口战略在历史上有成功的先例,目前对很多发展中国家仍有实践意义。(1)提高对现有生产要素和资源的利用程度。生产、出口初级产品使许多闲置的要素如土地、劳动等有机会投入使用,使相对过剩的产品或资源找到"泄流口",如非洲的可可、南美的香蕉等等。(2)提高生产要素的生产能力。对外贸易的发展,经济的振兴,将吸引更多的外国资本和劳动的流入,使社会拥有更多的生产要素,从而使社会总生产出得以扩大。(3)刺激相关工业的发展。例如,发展纺织品出口既可能刺激对棉花种植业的需求,也可能刺激对纺织机械行业的需求。此外,出口工业的发展必然提高对公用事业的需求,诸如对于港口、道路、通信等行业的需求。(4)有利于就业。初级品行业是劳动密集型行业,扩大出口有利于增加就业。(5)有利于扩大外汇来源。以初级产品出口为主的国家,初级产品出口仍是进口国民经济必需物品的主要外汇来源。

(二)进口替代发展战略

该战略又称内向型的经济发展战略,是指通过建立和发展本国的制造业,实现对进口制成品的替代,以达到加快工业化进程和减少对国外经济依附的目的。19世纪初期,英国的棉纺织工业远远落后于印度和中国,为了鼓励国内棉纺织工业的发展,英国禁止从东方进口棉纺织品,以便能够用本国生产棉纺织品来替代进口。正是在这样繁荣起来的棉纺织业生产中发生了"产业革命",从而使整个人类进入了工业化时代,也使英国成了很长时期内的世界第一经济强国。当今世界的三个经济上最强的国家——美国、德国和日本,也无一不靠进口替代而致富。第二次世界大战后,获得政治独立的发展中国家面临着摆脱外国资本控制,以经济上的独立确保政治上独立的紧迫任务,因而大都把经济多元化和快速增长作为经济发展的重要战略目标。得益于这种发展战略的成功,许多发展中国家开始从殖民地经济结构中摆脱出来,实现了初步的工业化。

通常,关于实施进口替代发展战略的经济措施,各国和地区在具体做法上虽不尽相同,但其内容却是基本相似的。这些措施归纳起来主要有:(1) 加强进口限制,提高进口关税。20 世纪 70 年代初,作为拉美地区最早实行进口替代发展战略国家之一的智利,平均关税率为 94%,最高关税率竟达 500%。(2) 对替代产业实行减免的税收政策。通过税收减免、加速折旧等措施刺激替代产业生产者的生产积极性,加速替代产业部门的资本积累。(3) 高估本国货币对外国货币的汇率。汇率的高估,有力地抑制了外国商品的进入。

(三) 出口导向发展战略

出口导向发展战略,又称外向型的经济发展战略。其主要特点是以大量商品出口为导向,把经济活动的重心从以本国或本地区市场为主转向以国际市场为主,进而推动整个国民经济或地区经济的发展。第二次世界大战后初期的丹麦、挪威,20 世纪 50 年代中期的日本曾实行过这种战略。20 世纪七八十年代后,部分拉丁美洲和非洲国家也从进口替代战略转向了出口导向战略,但是在推动出口导向战略方面最有成效的当数亚洲新兴工业化国家和地区了。众所周知,亚洲"四小龙"也主要是通过推行以出口为导向的经济发展战略来实现对外开放的。可以说,没有出口导向的经济发展战略,也就没有亚洲"四小龙"的今天。

对外贸易是亚洲新兴工业化国家和地区经济发展的"生命线"。因此,在转向出口为导向的经济发展战略以后,各国或地区所采取的经济政策和措施基本上都是围绕这个中心来制定并加以实施的。其中最为重要的相应政策和措施有下面几种:(1) 政府对商品出口事业高度重视。如各国或地区都成立了相关的专门负责机构,以加强对出口商品的规划、督促和引导工作。中国香港也成立了"贸易发展局",用于加强本地产品的出口工作。(2) 放宽进口限制,降低保护关税。如新加坡规定,凡是生产出口产品所需要的原材料和机械设备,一律免税进口。(3) 对出口企业实行税收减免甚至退还政策。(4) 在金融政策上给予特殊待遇。(5) 促使货币进一步贬值。

(四) 综合的对外贸易战略

世界经济发展到了今天,任何单一的贸易发展战略都将遇到难以克服的困难。发展初级产品出口,面临着市场需求增长缓慢、市场价格相对下跌、收入波动等一系列问题。实施进口替代,则由于世界经济一体化程度的提高,贸易保护主义已经没有市场,而且关税和限量都将给经济带来无谓的损失,长期的关税和限量保护的是本国的低效率和高成本,并不利于国内生产力的提高。实行出口导向,已遭遇到日益严峻的挑战和竞争。信息时代的到来,使低成本或廉价劳动已不再是竞争的主要筹码,智能、知识成了决定经济竞争的关键因素。因此,从本国实际出发,审时度势,灵活实施某种综合的对外贸易战略可能更易奏效。特别是对于大国来说,净出口不过占其国内生产总值中的一小部分,因此经济发展不宜过分倚重对外贸易,实施某种全面、均衡的经济发展战略显得更为重要。对于小国来说,虽然无法摆脱对外贸易对自己的经济发展产生的重大影响,但重要的是,小国不能把外部世界当作自己发展的约束,而要设法从中寻找发展的机会。

第三节 外汇与汇率

一、外汇的基本内涵

（一）外汇的定义

外汇是"国际汇兑"的简称。由于各国都有自己独立的货币制度和货币，一国货币不能在另一国流通，从而国与国之间的债权和债务在清偿时，需要进行本外币的兑换。通常，外汇包括动态和静态两种含义。动态的外汇是指一种活动，即人们为了清偿国际间的债权债务关系，将一种货币兑换成另一种货币的行为和过程。在这一意义上，外汇的概念等同于国际结算。静态的外汇是指一种以外国货币表示的，用于国际间结算的支付手段。作为支付手段，它可以是外币现钞或银行存款，以及各种票据和有价证券。在日常生活中使用的"外汇"，多指国际汇兑概念的静态含义。

> **信息　　　　　　我国外汇的具体形态**
>
> 按照我国 2008 年 8 月 1 日修订的《中华人民共和国外汇管理条例》，外汇是指以外币表示的可以用作国际清偿的支付手段和资产，包括：
> - 外国现钞，包括纸币、铸币；
> - 外币支付凭证或者支付工具，包括票据、银行存款凭证、银行卡等；
> - 外币有价证券，包括债券、股票等；
> - 特别提款权；
> - 其他外汇资产。

（二）外汇的特点

通常，外汇具有以下特点：

(1) 外币性。即外汇首先必须是以外国货币表示的金融资产。例如，在美国，以美元标示的支付凭证不能称为外汇。

(2) 自由兑换性。一种货币要成为外汇，还必须能够自由兑换成其他货币表示的资产或支付手段。如果一种货币不能自由兑换，就不能将一国的购买力转换为另一国的购买力，就无法偿付对外债务，不具备作为国际支付手段的条件。例如，改革开放前的人民币就是不可自由兑换的。

(3) 普遍接受性和可偿付性。即外汇必须能在国外得到偿付。一种货币要成为外汇，还必须被各国所普遍接受和运用，这种外币资产能够保证得到偿付。随着我国经济实力和地位的提升，人民币在国外的可偿付性也大大提升。

（三）外汇的作用

随着国际贸易的不断发展，外汇的作用也日益显著，主要表现在以下几个方面：

(1) 促进了国际贸易的发展。以外汇清算国际间的债权、债务关系，大大节省了运送现金的费用，减少风险，加速资金周转，并通过各种信用工具的运用使国际贸易中的进出口商之间的信用接受成为可能。

(2) 促进了国际经济的合作。随着外汇的产生以及银行经营的外汇业务的发展，在国际间大量利用代表外汇的各种信用工具，这大大促进了国际间货币流通的发展，扩大了商品流通的范围，有利于国际交往的发展。

(3) 促进国际间资金的平衡。世界各国经济发展很不平衡，资金余缺不同，客观上存在着调剂资金余缺的必然性。利用外汇作为国际间支付手段，可以办理国际长短期资金信贷，促进投资活动与资本的转移，促使国际间资金、供求关系的平衡。

(4) 国际储备的手段。外汇可以暂时保存货币的购买力，以便日后有国际支付需要如清偿债务时对外进行支付，从而维护本币汇率的稳定，促进经济增长。

(四) 外汇储备与美元国债

外汇储备，又称为外汇存底，指一国政府所持有的国际储备资产中的外汇部分，即一国政府保有的以外币表示的债权，是一个国家货币当局持有并可以随时兑换外国货币的资产。狭义而言，外汇储备是一个国家经济实力的重要组成部分，是一国用于平衡国际收支、稳定汇率、偿还对外债务的外汇积累。广义而言，外汇储备是指以外汇计价的资产，包括现钞、国外银行存款、国外有价证券等。并非所有国家的货币都能充当国际储备资产，只有那些在国际货币体系中占有重要地位，且能自由兑换其他储备资产的货币才能充当国际储备资产。我国和世界其他国家在对外贸易与国际结算中经常使用的外汇储备主要有美元、欧元、日元、英镑等。

那么，外汇储备是怎么来的？比如我们和美国人做生意，美元强势，只能用美元交易。我们以人民币生产的东西，卖给美国，获得美元，但美元在本国不是第一货币，是不能流通的，也就是说，是不能购买东西的，那么，就是我国的企业再以美元向国家换取人民币，而此时美元就存在国家手中，就形成了国家的外汇储备。

当大量外汇储备存在时，为了进行保值升值，一些国家主要采取持有价值稳定、兑换性强的发达国家发行的国债。当然，对于发行国债的国家来说，这也称为"外债"。在资本市场开放的国家，政府发行的国债可以由国外机构或个人购买，形成所谓"外债"。外债发行的主要目的是，弥补国际收支赤字和发展本国经济。当然，这种债务也会导致债务国公民可支配资源的净减少。20世纪80年代，许多举借外债的国家经历了严重的经济困难。它们不得不增加出口，减少进口，通过贸易顺差来偿还其外债。

【实例】　　　　　　　　　一些国家的外债

巴西、墨西哥等国家不得不拿出其出口收入的1/4到1/3来偿付外债本息。美国于20世纪80年代后期跨入债务国行列，巨额的外债使得美国由债权国变成债务国。至2011年6月，美国所欠外债约14.29万亿美元。

中国长期经济的快速发展以及在中美贸易顺差中积累了大量外汇。与诸多国家一样,我国的外汇储备多以美国国债为主的美元资产形式持有。截至 2014 年 3 月,我国外汇储备已达 3.95 万亿美元,居世界第一,占全世界外汇储备总量的三分之一,其中约有三分之二以美元资产形式持有,并且大部分是美国国债。中国持有美国国债约 1.16 万亿美元,约占其总债务的 8%,并成为美国最大的债权人。美元资产持有,有利于保证中国经济的稳定。然而,美元贬值或美国外债评级降低,都会引起我国外汇资产的浮亏。例如,国际评级机构标准普尔公司 2011 年 8 月 5 日宣布,将美国 AAA 级长期主权债务评级下调一级至 AA+,这是美国首次丧失 3A 主权信用评级,这将会造成市场上减持美国国债的行为增多,进而导致美国国债价格下滑,并促使人民币升值。尽管中国将面对外汇资产大缩水的风险,中国经济发展亦受负面影响,但也给我国加大力度培育内需市场,推动经济结构转型,以及推进人民币国际化提供了有利契机。

二、汇率的基本内涵

(一)汇率的含义

在我们进行国内商品交易时,由于避免了汇率问题,交易活动相对简单,如无论我们购买上海的大白兔奶糖还是购买东北的大米,都只需要支付一种货币即人民币。然而,如果我们对进口的法国香水感兴趣,则交易活动相对复杂。对于法国香水生产商,他们需要用欧元而非人民币对其支付。为此,为了进口法国香水,我们首先用人民币去购买欧元,然后用欧元支付给法国香水制造商。其中,用人民币购买欧元然后再购买香水的这个活动,由于是一种对外贸易活动,就涉及外汇汇率的问题。

汇率,又称汇价或外汇行市,是一国的货币折算成另一国货币的比率,也就是一国货币用另一国货币表示的价格。由于世界各国货币的名称不同,币值不一,所以一国货币对其他国家的货币要规定一个兑换率,这就产生了汇率的问题。

(二)汇率的标价方法

折算两种货币的兑换比率,先要确定用哪个国家的货币作为标准,由于确定的标准不同,于是产生了三种不同的标价方法。

1. 直接标价法

又称为应付标价法。它是指以一定单位(1 或 100、10 000 个本币单位等)的外国货币作为标准,折成若干数量的本国货币来表示汇率的方法。也就是说,在直接标价法下,以本国货币表示外国货币的价格。目前,世界上除了美国和英国、欧元区外,一般采用直接标价法。我国也采取这种标价法。比如,在我国市场上,美元汇率为:

$$US\$1 = RMB¥6.5$$

在直接标价法下,当一定单位的外国货币折算的本国货币的数额增大时,说明外国货币币值上升,本国货币币值下降,称为外币升值,或本币贬值。反之,当一定单位的外国货币折算成本国货币的数额减少时,称为外币贬值,或本币升值。

2. 间接标价法

又称为应收标价法,是以一定单位(1 或 100、10 000 个本币单位等)的本国货币为标准,折算成若干单位的外国货币来表示。目前,世界上只有英国和美国、欧元区采用间接标价法。例如,在伦敦市场上美元汇率为:

$$POUND £1 = US\$1.7$$

在间接标价法下,当一定单位的本国货币折算的外国货币的数额增大时,说明本国货币币值上升,外国货币币值下降,称为本币升值,或外币贬值。反之,则称为本币贬值,或外币升值。

3. 美元标价法

这是指国际金融市场上以美元表示的标准化报价方法。目的是为了简化报价并广泛地比较各种货币的汇价。

按照这种标价方法,所有在外汇市场上交易的货币都对美元报价,并且,除了英镑等极少数货币以外,其他各种货币都以美元作为单位货币(常量),而以其他货币作为标价货币(变量)。

【实例】　　　　　　　　　　汇率的标价

从韩国首尔向日本东京询问日元的汇率,日本东京经营外汇银行的报价不是直接报韩元对日元的汇率,而是报美元对日元的汇率。

世界各金融中心的国际银行所公布的外汇牌价,都是美元对其他主要货币的汇率。非美元货币之间的汇率则各自通过对美元的汇率进行套算,以作为报价的基础。我国国家外汇管理局除每天公布用人民币表示的外汇牌价外,也同时用美元标价法公布纽约市场上美元对各种货币的汇价。我们在银行里也经常能够在显示屏上看到这两种汇价。

(三)汇率制度

从汇率稳定和市场机制自由起作用的程度来看,世界上对汇率的管理方法主要有三种:一是固定汇率,二是有管理的浮动汇率,三是自由浮动汇率。

固定汇率,是指货币当局把本国货币对其他货币的汇率加以基本固定,波动幅度限制在一定的范围之内。固定汇率制将汇率波动限于一定的幅度之内,有利于一国的经济稳定,但汇率的变化影响两国间和多国间的共同利益,这种共同利益往往是联合干预的动力基础。

自由浮动汇率,是指货币当局对外汇市场很少干预,汇率由外汇市场的供求状况自发决定。从理论上说,只要实行浮动汇率制度,汇率偏离了均衡水平,供求机制会将汇率调整到均衡水平,国际收支总是可以自动调整到均衡的状态。例如,当外币供过于求时,外币就会贬值,从而汇率就下浮;反之则会上升。

但在现实中,完全自由浮动的汇率制度是不存在的。大多数国家采取的是有管理的浮动汇率,这主要是指货币当局通过各种措施和手段干预市场,使汇率在一定幅度内浮动,或维持在对本国有利的水平上。

对于我国而言,在经济由封闭型向开放型由统收统支的计划经济向社会主义市场经济转变的过程中,人民币汇率先后经历了官方汇率、官方汇率与市场汇率并存、单一的且有管理的浮动汇率等阶段。例如,我国在20世纪90年代以前,主要实施钉住美元的汇率制,即美元无论升值还是贬值,与美元的汇兑比率基本保持不变,这种政策对于我国的经济稳定发挥了积极作用。自2005年7月21日起,我国开始实行以市场供求为基础、参考一篮子货币进行调节、有管理的浮动汇率制度。一篮子货币包括美元、欧元、日元、韩元、新加坡元、英镑、马来西亚林吉特、俄罗斯卢布、澳元、加元和泰铢11种货币。在新制度中,人民币汇率不再钉住单一美元,而是按照我国对外经济发展的实际情况,选择若干种主要货币,赋予相应的权重,组成一个货币篮子。同时,根据国内外经济金融形势,以市场供求为基础,参考一篮子货币计算人民币多边汇率指数的变化,对人民币汇率进行管理和调节,维护人民币汇率在合理均衡水平上的基本稳定,据此形成有管理的浮动汇率。自2005年汇改以来,人民币汇率不断创下新高。然而,近几年人民币升值并没有导致中国出口减少,这反映了全球产业分工的结构和中国产品的竞争优势。

三、影响汇率变动的因素

通常,影响汇率变动的因素根据时间长短可分为长期因素和短期因素两大类。

(一)影响汇率变动的长期因素

1. 货币购买力

在纸币制度下,汇率决定于两种货币所实际代表的价值。因此,经济学家们认为,长期中汇率基本上是由各国商品相对价格来决定,或者是由货币在不同国家购买相同商品的相对能力来决定的。而与之相关的一个重要的理论就是汇率的购买力平价理论。该理论认为,一国的汇率倾向于使在国内购买贸易品的成本等于在国外购买这些商品的成本,因此,汇率应该按照每个国家之间的相对物价为标准,也就是说,两个国家货币的汇率应该等于这两个国家的物价水平(以一固定篮子的货物和服务来计算)的比例。

> 【实例】　　　　　　　　　汇率的计算
>
> 一罐可口可乐,在法国要2.3欧元,而在美国要2.0美元。则根据购买力平价理论,欧元兑美元 = 2.3/2.0 = 1.15。

有一点必须强调的是,购买力平价并不是按照某一件货物来计算,而是按照一篮子的货物和服务来计算的。

2. 国际收支

一国进口别国的商品需要用本币购买外币,会形成本币的供给和外币的需求,反之,一国向别国出口商品,则会形成本币的需求和外币的供给。一般来说,当一国出口大于进口即国际收支顺差时,表现在外汇市场上,就是外币的供给大于需求,本币的供给小于需求,这将导致外币价格下跌,本币价格上升,因此,顺差国的货币总是升值的。与之相反,当一国国际收支逆差时,表现在外汇市场上,就是外汇的供给小于需求,因而外币汇率上升,本币汇率下降,所以,逆差国的货币一般是贬值的。

3. 通货膨胀

在纸币流通制度下,一国货币发行过多,流通中的货币量超过商品流通的实际需要,就会造成通货膨胀。通货膨胀意味着物价升高,货币的购买力降低,进而导致货币对内贬值。在市场经济条件下,货币对内贬值必然导致对外贬值。通常,只有两国通货膨胀率存在差异,通货膨胀因素才会对两国货币的汇率产生重大影响。例如,当一国的通货膨胀率高于另一国的通货膨胀率时,通货膨胀率较高国货币的汇率就趋于下跌,而通货膨胀率较低国货币的汇率则趋于上升。

4. 经济增长率

两国实际的经济增长率之差与未来汇率的变动有着较为复杂的关系。通常,高增长率会引起更多的进口,从而造成本国货币汇率下降的压力。同时,经济增长率的变化也反映一国经济实力变化。经济实力强的国家可以加强外汇市场上对其货币的信心,因而货币汇率也有上升的可能。如果一国经济的高速增长是由于出口竞争能力提高和出口规模扩大而推动的,该国的出口超过进口,经常项目的顺差会使本国货币的汇率趋于上升。

(二)影响汇率变动的短期因素

1. 利率

如果两国间的利率存在差距,将会引起短期资本的跨国流动,高利率国家发生资本内流,低利率国家则发生资本外流,从而导致一国外汇市场供求关系的变化。例如,如果一国利率比外国利率高,在本国存款能够获得比外国更高的收益,外国人意识到这一点后,就纷纷用本币到外汇市场上购买该国货币并存放到该国银行以获较高利息。此举将会导致该国货币需求增加而升值。可见,利率提升将导致该国货币的升值;反之,利率降低则导致货币贬值。当然,这一结论是建立在其他主要经济因素正常前提下的,一国仅靠高利率来维持汇率坚挺,效果是有限的。如果一国国际收支和国际储备状况已经恶化,经济前景不佳,即使再提高利率,也只能在短期内维持本国货币稳定,随之而来的将是严重的本币贬值。1997年亚洲金融危机中的泰铢就是一个明证。

正是因为利率与汇率间紧密的关系,英国经济学家凯恩斯于1923年首先提出利率平价说,用来解释利率水平的差异直接影响短期资本在国际间的流动,从而引起汇率的变化。即投资者为获得较高的收益,会把资金从利率较低的国家转向利率较高的国家,资金的流入将使利率较高国家的货币汇率上升。

2. 政府干预

出于宏观经济调控的需要,各国政府大多对外汇市场进行官方干预,希望汇率的波动局限于政策目标范围内。在开放的市场经济条件下,中央银行和财政部进入外汇市场公开买卖外汇对汇率变化的影响最直接,而且效果也是比较明显的。例如,在本币汇率大幅度上涨、削弱本国出口商品竞争能力的情况下,中央银行可在外汇市场上进行公开市场操作,即卖出本币,买入外币,以阻止本币汇率上涨,或促使本币汇率回落;反之,在本币汇率大幅度下跌,增加本国进口商品成本的情况下,中央银行可在外汇市场上卖出外币,买入本币,以阻止本币汇率下跌,或促使本币汇率回升。

3. 投机活动

市场投机者逐利的投机行为,必然影响短期汇率走势。当国外投机资本涌入一国时,将致使该国外汇供应增加,导致外汇汇率下跌;反之外汇汇率则上升。

在我国,投机性的短期资本或游资,又称热钱。热钱的投资对象主要是外汇、股票及其衍生产品市场,具有投机性、流动性、隐蔽性等特征。

【实例】　　　　　　　　中国的热钱

2008年全球金融危机后,为了防止经济衰退,美国政府不断降低利率,导致美元持续贬值。在此背景下,全球热钱急于寻找出口,新兴市场成为热钱流入目的地,人民币的升值则进一步加剧了游资套汇冲动,加快了热钱进入中国的速度。

过多的热钱进入我国会放大市场的流动性,造成流动性过剩,而货币供给越多,我国面临的通胀压力也就越大。此外,热钱还加大了人民币升值压力,热钱进入股市、楼市后,也容易制造泡沫。

4. 心理预期

心理预期对汇率的变动有重大影响。根据汇兑心理学,外汇汇率是外汇供求双方对货币主观心理评价的集中体现,评价高,信心强,则货币升值,反之则货币贬值。当交易者预测某种货币的汇率在今后可能下跌时,为了避免损失或获取额外的好处,他们便会大量抛出该种货币;而当他们预测某种货币的汇率今后可能上升时,则会大量买进这种货币。

四、汇率变动对经济的影响

汇率的变动受到国内外多种因素的影响,而汇率的变动也会反过来对一国经济领域产生广泛的影响,主要表现在以下几个方面:

(一)对进出口贸易的影响

一般地,外汇汇率下跌使本国的产品和劳务在国外的价格降低,并使外国的产品和劳务在国内的价格上升,从而有增加出口、限制进口,改善本国国际收支的作用;相反,外汇汇率上升则有减少出口、增加进口的作用,会使本国国际收支逆差加剧。

(二)对资本流动的影响

一般而言,一国货币贬值对长期资本流动的影响较小,因为这种资本流动主要取决于利润和风险状况。但对短期资本流动的影响是不利的,因为贬值会使金融资产相对价值下跌,从而引起资金外流。汇率对资本市场的影响,尤其是股市的影响,有时是通过一些非经济因素起作用,比如说投资者的信心。人们为了资产的安全性,会抛弃贬值货币,促使该货币进一步贬值。亚洲金融危机中,东南亚货币一轮又一轮贬值下跌也说明了这一点。

> 【实例】　　　　　　　　　　香港的金融危机
>
> 　　1997年8月国际投机资本冲击香港,虽然港元对美元的汇率波动不大,但恒生指数一度从16 000点跌到9 000点,一些中产阶层一夜之间变得一无所有,这与其说是汇率波动的直接后果,不如说是汇率的波动动摇了投资者的信心,并最终引发了股市下跌。

(三) 对黄金和外汇储备的影响

通常,一国外汇汇率下跌时,由于本币汇率上升,会导致该国出口减少,进口大量增加,从而使本国的国际收支恶化,导致本国的黄金和外汇储备减少。同时,会使外国人持有的本币资产相应升值,增加了本国的外债负担,导致本国黄金和外汇储备减少。另外,会使本国持有的外币资产随之贬值,从而使本国的黄金、外汇储备蒙受损失。反之,外汇汇率上升时,则产生相反作用。

(四) 对国内物价的影响

汇率变动对国内经济的影响主要体现在物价的变动上,并对国内经济其他方面产生影响。一国外汇汇率上升,进口商品通过汇率换算后的价格必然会上涨,从而推动某些国内商品价格的上涨。若进口的多是原材料、中间产品,且这些物品价格弹性小,必然导致进口成本的提高,由此引发成本推进型通货膨胀。反之,汇率下跌,进口商品价格也下跌,进口商品价格的变化又进一步影响到本国出口商品的价格及整个物价水平。

(五) 对国际经济关系的影响

从国际角度来看,汇率的变动是双向的。当一国外汇汇率下调时,就意味着他国货币汇率上升,会导致他国的国际收支恶化,经济增长缓慢,从而招致其他国家的不满、抵制甚至报复,掀起货币竞相贬值的风潮以刺激出口或加强贸易保护主义以限制进口,进行货币战与贸易战,其结果将会导致国际经贸关系的恶化。

关键概念: 对外贸易政策　外汇　外汇储备　汇率

1. 举例说明"绝对优势理论""比较优势理论"和"要素禀赋理论"的内容。
2. 一个国家在一定时期内采取自由贸易为主的政策或推行保护贸易为主的政策时会

考虑哪些因素?

3. 如果当前12元人民币可兑换1英镑,或兑换2美元,请使用不同的汇率标价法对人民币和英镑的汇率进行描述。

4. 举例说明一国采取的与对外贸易相关的经济发展战略。

5. 汇率的变动通常由什么因素决定?

6. 汇率的变动对经济有何影响?

第九章 市场失灵与微观经济政策理论

案例导入

《谢尔曼反托拉斯法》

19世纪80年代末,西方国家在石油、采煤、榨油、烟草、制糖等部门都出现了托拉斯组织。托拉斯的形成,一方面给垄断资本家带来超额利润,另一方面却破坏了自由资本主义的经济结构,导致中小企业主、农场主的破产和广大劳动群众生活的恶化,从而激起群众性的反托拉斯运动的高涨。为了缓和社会矛盾,美国政府采取法律手段,进行国家干预。1890年7月2日,美国联邦国会通过《保护贸易及商业免受非法限制及垄断法案》,简称《谢尔曼反托拉斯法》。该法规定:凡以托拉斯形式订立契约、实行合并或阴谋限制贸易的行为,均属违法;任何垄断者或企图垄断者,或与他人联合或共谋以垄断州际商业和贸易的任何一部分者,均为刑事犯罪。该法奠定了反垄断法的坚实基础,至今仍然是美国反垄断的基本准则。

讨论: 反垄断法在社会经济具有什么作用?请联系中国现实谈谈你的观点。

学习目标:

1. 了解市场失灵的含义与原因
2. 熟悉垄断的产生与危害
3. 掌握外部性的含义、衡量与解决方法
4. 熟悉公共物品的界定与提供

第一节 市场失灵简述

一、市场失灵的定义与表现

西方经济学认为,在完全竞争条件下,市场经济能够在自发运行的过程中,仅仅依靠自身力量的调节,使社会上现有的各种资源得到充分、合理的利用,达到社会资源的有效配置状态。然而,市场经济并不是万能的。自由放任基础之上的市场竞争机制,并非在任何领域、任何状态下都能够充分展开;而在另外一些领域或场合,市场机制即使能够充分发挥,也无法达到符合整个社会要求的资源配置的帕累托最优状态。这些问题就是市场经济自身所无法克服的固有的缺陷或不足,西方经济理论将其称为"市场失灵"(Market Failure),即市场机制不能使资源的配置达到最优化状态,特别是不能按照最优化原则提供公共物品和服务的一种情况。例如,西方资本主义国家经济危机中产品大量积压、企业纷纷倒闭的现象。其中典型的是2008年美国次贷危机。美国一向崇尚自由经济,但由于监管不力,发生危机,大量金融机构破产。同样,我国近几年发生的不法商人用假种子坑农、肯德基等洋快餐用过期原料等事件也是一种市场失灵的体现。

> 【实例】　　　　　　　　　　**1929年的全球经济大危机**
>
> 1929年10月24日,纽约证券交易所股票价格雪崩似地跌落,人们歇斯底里地甩卖股票,整个交易所大厅里回荡着绝望的叫喊声。这一天成为可怕的"黑色星期四"(Black Thursday),并触发了美国经济危机。由美国爆发的危机,很快扩散至其他资本主义国家,英法等主要资本主义国家也相继发生经济危机,形成了前所未有的、持续最久的世界经济大危机。经济大危机爆发后,西方国家出现了严重的经济萧条,物价猛跌,生产大幅度下降,工人大量失业,市场失灵现象明显。

从上述1929年西方国家经历的经济危机可以看出,市场失灵会带来整个经济运行的多种问题,涉及物价、生产、失业等。

二、市场失灵的原因

西方经济学家将市场失灵归结于四个方面的原因,即非完全竞争、公共物品、经济外部性和信息不完全。

(一) 非完全竞争带来的市场失灵

与完全竞争市场相应的是不完全竞争市场。非完全竞争,即不完全竞争市场中核心特征,主要指市场秩序和结构常被破坏或改变,特别是垄断的存在,抑制了市场机制的有效运作的一种情况。其中,垄断是非完全竞争的具体表现。在市场中,垄断一旦形成,市场的竞争性就会减弱,从而使市场机制配置资源的有效性受到一定限制。例如,垄断厂商为获得最大利润,其产品的价格会高于竞争条件下的价格,产品的产量也会低于竞争条件下的产量,这意味着生产不足和资源配置的低效率;垄断利润的存在往往以消费者收益的相对减少为代价,这会导致分配不公;垄断厂商缺乏竞争压力,从而会不思进取,其经济效率必然低于竞争条件下的经济效率。可见,垄断的产生,会在一定程度上限制市场机制的正向作用,并导致社会财富分配不公、资源配置低效、生产低效率等市场失灵现象。

(二)公共物品带来的市场失灵

人们消费的产品可以分为公共物品和私人物品两大类。例如,自己住的商品房是私人物品,而该商品房对面的公园则是公共物品。作为集体消费的物品,公共物品具有消费的非排他性和非竞争性。其中,非排他性是指不能很容易地排除其他人消费某种物品,非竞争性是指一个人消费某种物品不会减少其他人的消费,消费者之间并不存在竞争。然而,企业是追求利润最大化的行为主体,对于企业来说生产公共物品常常是无利可图的,即自己投入资源、花费成本,却由其他享用者来享受,并且这些享用者支付的价格往往较低,甚至根本不需付费,就能"搭便车"。因此,厂商通常不愿意将充分、高效的资源投入到公共物品的生产过程中,从而导致市场对公共物品生产的资源配置的失效。

(三)经济外部性导致的市场失灵

在现实社会与经济活动中,任何一个经济主体的活动无非分为正、负两个方面,即要么会给其他主体带来好处,比如春节时买了非常漂亮的冲天礼花,你在放烟花的时候你的邻居也可以免费欣赏灿烂夺目的烟花;要么给别人带来损害,比如你上课时大声讲话会影响老师上课和其他学生听课的效果。这些由某个经济主体的行为或活动对其他主体产生或好或坏的影响的现象被称为外部性。可见,人们的经济活动在带来积极外在性的同时,也会产生消极的外在性。然而,市场本身不具有自发机制迫使经济活动者考虑经济外在性。具体表现为,企业为生产某种产品直接投入的是私人成本,但却使别人受害、付出代价,构成了社会成本,而这个社会成本该企业却没有支付。这种情况下,企业由于支付成本较低而扩大生产,并导致生产过多,效率低下。同样,如果企业生产某种产品能够使社会获得更多利益,而自己获得的利益却低于社会利益,那么追求私利的企业也会因此缺乏扩大生产的动机,甚至减少生产,这也会降低生产效率。

(四)信息不完全导致的市场失灵

市场能够实现社会资源的有效配置,是以人们能够完全掌握市场信息为前提的。当消费者了解各种商品的特性以及自己对各种商品的偏好时,他就可以在各个可能的价格下对商品的需求量作出合理的选择。同样,当生产者了解各种生产要素的效率和价格,以及各种生产技术的作用和成本时,他也可以在各个可能的价格下对商品的供给量作出合理的决策。因此,在具备充分的市场信息的条件下,市场能够形成合理的价格,市场价格的变化能够导致社会资源的合理配置。然而,在现实经济社会中消费者、生产者及其他主体都无法掌握充分、完全的信息,从而导致资源配置失效、市场失灵。以食品生产为例,在信息不完全情况下，对于某食品生产者来说，由于其对市场需求有关信息的预估失效，从而可能带来食品投资和生产的盲目性；消费者无法准确了解食品的营养价值、成分等信息而导致购买了错误的食品；同样，政府和社会可能由于缺乏食品生产商在食品生产流程中相关的信息从而导致质量监控失效，食品企业可能为追求私利而生产劣质食品，给社会和消费者带来巨大危害。

第二节 垄 断

一、垄断的产生与危害

（一）垄断的产生

1. 自然垄断

所谓自然垄断，是指由于所在市场的自然条件而产生的垄断。在自然垄断的市场中，经营企业如果进行竞争，则可能导致社会资源的浪费或者市场秩序的混乱。通常，自然垄断的产生有两个原因。一是规模经济。规模经济，是指某个产品只有产量达到较大的规模才会经济和有效。如在公用事业部门（如供水供电系统），当厂商的产量增加时，产品的平均成本随着生产规模的扩大而不断下降，于是由一家厂商来生产和提供产品便是最为有效率的。在现实中，铁路、航空、邮电、煤气、供电等部门的经营基本上是由一个公司从事的垄断性经营，在这些行业中，由一家公司来经营最为经济、合理。二是范围经济。范围经济，是指一家厂商同时生产多种相似的产品所产生的成本节约的情形。例如，某一生产轿车的厂商具有生产汽车的技术和设备，因此，它在生产卡车和客车上将具有某种优势。若这家厂商增加卡车和客车品种的生产，将比另外建立一个新的工厂生产卡车和客车节约成本。于是，当某家厂商为获得规模经济而扩大生产范围时，便也产生了自然垄断。

> 【实例】　　　　　　　　　　自然垄断的负作用
>
> 在同一城市或同一地区有两家电厂或水厂供电供水，相邻两户居民分别由不同电厂和水厂来供电供水。于是，尽管这个城市水电供应在一定程度上打破了垄断，不同消费者选择的水电供应商有所不同，从而有利于竞争的促进，然而，这必然需要两套线路和管道的安装，从而造成极大的浪费。

由于自然垄断所具有的规模经济和范围经济，其存在具有一定的合理性，因此它通常不是政府反垄断的范围。但是自然垄断也需要政府管理，并且管理中最重要的问题之一是收费标准问题，这是因为垄断厂商因可以自己确定价格、获取高额的经济利润，对百姓的生计带来影响。

2. 市场垄断

市场垄断，是企业由于拥有特殊的权势而在市场中获取竞争优势形成的垄断。与自然垄断不同，市场垄断并非由市场的自然条件所决定。通常，市场垄断包括多种形式，可以分为资源垄断、技术垄断、行政性垄断等。

（1）资源垄断。这是指由一家厂商独占了生产某种产品的全部资源或基本资源的供给而形成的垄断。资源独占，排除了经济中其他厂商生产同种产品的可能性，从而独家厂商可以在一定时期内垄断某种产品的生产和供给。例如，我国"石化双雄"的垄断地位就是通过对石油这种资源的独占而获得的。

（2）技术垄断。这是指由一家厂商拥有生产某种产品的新技术和专利权而带来的垄断。企业开发的新技术和产品申报专利，就会使独家厂商可以在一定时期内垄断某种产品的生产。

【实例】　　　　　　　　微软公司的操作系统垄断

在过去15年，微软公司由于拥有个人电脑的核心技术即Windows操作系统而成为电脑操作系统的垄断企业，风头一时无两；然而，自2012年以后，个人电脑在智能手机和平板电脑面前已经毫无优势，而微软由于其Windows操作系统而获得的一家独大的局面也不复存在。

（3）行政性垄断。这是指由行政机关或其授权的组织滥用行政权力、限制竞争的行为而形成的垄断。例如，一些地方政府及其所属部门从狭隘的地方保护主义出发，阻止外地企业进入本辖区、限制辖区内外地商品的销售等，从而人为地制造了本地区企业与外地企业间竞争机会的不平等和竞争条件的不相同，使本地企业明显处于优势地位，破坏了公平竞争的规则。

【实例】　　　　　　　　我国的行政性垄断

在我国不少城市，出租车行业基本上都存在行政性垄断现象。我国地方政府多对本地出租车行业实行严格的数量管制和准入制度，并给少数几家出租车公司以经营权，而这些公司通过政府给予经营权的垄断创造源源不断财富，而出租车司机往往交完"份子钱"后所剩无几。

信息　　　　　　　　　　托　拉　斯

托拉斯是一种资本主义垄断组织的高级形式，是由许多生产同类商品的企业或在生产上有密切联系的企业，为了垄断某些商品的产销，以获取高额垄断利润而组成的大垄断企业。托拉斯有两种主要类型：① 以金融控制为基础而组成的。其参加者在形式上是独立的，实际上却完全从属于总公司。这种总公司实质上是一种持股公司，它通过持有其他公司的股票控制额，对它们进行金融上的控制。1899年，美国洛克菲勒建立的新泽西美孚石油公司，通过这一持股公司控制了所属的各个石油公司，从而形成了一个石油大托拉斯。1972年该公司改名为埃克森公司。② 以企业完全合并为基础而组成的。这种合并或是由规模相近的同类企业合并，或是由强大企业吞并实力较小的其他同类企业。这种托拉斯的总公司是直接掌握产销的业务公司。如1916年建立的美国通用汽车公司。它除了把新泽西通用汽车公司(成立于1908年,先后合并了数家汽车公司)的股票接收过来外,又于1918年和1919年相继合并了"雪佛莱汽车公司"和"费休车身公司",从而成为一个汽车大托拉斯。

(二) 垄断的危害

1. 低效率

一方面,垄断会造成不思进取。由于缺乏竞争的压力和威胁,垄断企业一般缺乏组织变革和技术创新的动力,不仅会造成组织及其员工不思进取、安于现状和工作低效,同时也会妨碍一个国家的经济发展和技术进步。另一方面,垄断企业一般具有较大的组织规模,这会使得企业内部组织管理工作日益复杂,导致"内耗"的增加,降低企业的管理协调方面的效率。现实中,人们越来越明显地感受到大型垄断企业的结构僵化、机构臃肿和缺乏灵活性所造成的效率低下。

2. 收入分配的不公平

垄断厂商可以利用其支配性地位获取暴利,造成垄断企业高收入,导致社会分配严重不公。而垄断行业存在垄断性收入,其高收入并不是来源于经营管理水平高、生产效率高,而只是靠垄断地位取得的。这种收入分配上的不公平,主要来自机会的不公平,即竞争对手缺乏在市场中与垄断厂商公平、自由竞争的机会。在我国,金融、电力、电信、外贸、交通、烟草、石油石化等垄断国有企业员工的收入普遍较高。

3. 企业寻租行为

企业寻租,指企业通过对超经济权力的追求而获取经济利益,即寻求非生产性利润的行为,主要方式是游说和对政府租金支出。其目的是获得政府力量庇护或政策倾斜,或特许垄断性地使用紧缺物资或垄断市场。寻租对社会危害极大,这是因为寻租活动自身不会创造价值,反而会伴随着大量人、财、物投入等寻租成本,挤压社会生产资本,减少社会整体福利。并且,寻租导致政权腐败,损坏政府公众形象。企业以财物、不合法福利去行贿官员,作为给租者的行政人员,利用手中的权力给予寻租者以特权和资源使用权,寻租活动就滋生了腐败。

4. 社会福利的损失

一方面,由于垄断厂商可以决定市场价格,所以厂商生产的产量必然要小于社会最优产量水平,从而造成消费者出高价却只能消费低于社会最优产量的商品。同时,寡头厂商可能联合在一起,组成卡特尔,最大限度地榨取消费者剩余。另一方面,有些寡头或垄断厂商,为遏制潜在竞争对手进入市场,往往会装备超额的生产能力,威胁进入者,如果它们进入,就开足马力生产,让进入者无利可图,从而达到遏制竞争者进入的目的。然而这可能会导致产品供过于求,当商品卖不出去时,只能积压或者销毁,造成社会资源的浪费。

5. 政治危险性

垄断企业能够依靠其强大的经济实力向政府施加影响,左右政府的决策行为。例如,我国一些出口企业在欧美等西方国家遭受到当地政府的反倾销调查、关税提升等出口限制,事实上就是一些垄断企业为保护自己的垄断地位而通过游说和影响政府而对我国企业所实施的排他性行为。

二、垄断的限制

如果一个行业中,垄断厂商具有过大的市场份额,就会导致效率和社会福利的损失。许多情况下,垄断是市场竞争的结果,因为有些行业中的竞争,会提高行业集中度。有时,垄断来自行业的成本特性的要求。无论何种情况,市场自身难以解决垄断及其福利损失问题,从而导致市场失灵。此时,政府应该承担起限制垄断、促进竞争的经济职能。政府对垄断的限制有两种类型:一种是对自然垄断的限制;另一种是对市场垄断的限制。

(一) 市场垄断的限制

针对市场垄断,政府主要通过反垄断法来加以限制。反垄断法并非使垄断非法化,而是限制厂商获取和维持市场势力的限度,保证市场的竞争,所以,反垄断法也称竞争政策。

> **信息** **中国的《反垄断法》**
>
> 在中国,第一部《反垄断法》于 2008 年 8 月 1 日起施行。该法共分为 8 章 57 条,包括:总则、垄断协议、滥用市场支配地位、经营者集中、滥用行政权力排除、限制竞争、对涉嫌垄断行为的调查、法律责任和附则。同时,为进一步加强反价格垄断监管,维护市场竞争秩序,《反价格垄断规定》和《反价格垄断行政执法程序规定》也于 2010 年 12 月 29 日以国家发展和改革委员会令第 7 号和第 8 号公布并自 2011 年 2 月 1 日起实施。

反垄断法强调垄断厂商市场势力限制的多个方面,但基本主要涉及以下三方面内容:

1. 价格操纵与产量协议的限制

根据西方国家的反垄断法,只要企业间协议的目的是排除竞争者,并提高价格使其高于竞争水平,它就是非法的,所以,在市场经济国家,正式的卡特尔组织[①]都是被禁止的,除非是由政府本身所创立的。

> **【实例】** **金饰行业的价格操纵**
>
> 2013 年 8 月 12 日,国家发改委价格监督检查与反垄断局作出对上海老凤祥银楼、豫园商城旗下老庙黄金和亚一金店、城隍珠宝、天宝龙凤等五家金店的价格垄断行为的

---

① 卡特尔是垄断组织形式之一,指生产或销售某一同类商品的企业,为垄断市场,获取高额利润,通过在商品价格、产量和销售等方面订立协定而形成的同盟。参加这一同盟者在生产、商业和法律上仍然保持独立性。

处罚决定。五家金店被处上一年度相关销售额1%的罚款,共计人民币1 009.37万元。这五家金店在调价时间、调价幅度以及牌价上高度一致,操纵了黄金、铂金饰品价格,损害了其他经营者和消费者的合法权益。

2. 限制合并或调制拆分

通常,一次企业间的合并行为可以增加领先厂商的市场份额,这无疑将使得厂商的市场支配能力提高,对于同质产品的市场尤为如此。当然,由于合并会提高效率,对合并行为的限制过于严格,也会给社会带来巨大代价。同时,如果某家企业在某个行业中市场势力或集中度过大,政府也会根据法律把其强制拆分为若干法人独立的企业,以促进该行业的竞争。在美国,政府强制将企业拆分有两种措施:一是剥离子公司;二是分离适量的资产和人员创设新的公司与被拆分者进行有效竞争。

【实例】 微软公司与《反垄断法》

20世纪末至21世纪初,在美国发生了历经三年的"微软垄断案"。1998年5月,美国司法部和20个州政府联合提出诉讼,控告微软公司违反美国的反垄断法,从事垄断性商业行为。2000年4月28日,美国联邦政府和17个州政府向地方法院提出了分解微软公司的方案,建议将微软公司分解为两家新公司,一家以销售操作系统Windows为主,另一家以销售办公软件Office和IE浏览器为主。同年6月7日,美国地方法院作出了将微软公司一分为二的判决。到2001年6月,联邦上诉法庭维持了关于微软公司在PC操作系统市场进行垄断并使用非法手段维护垄断地位的裁决,但是却推翻了地方法院将微软一分为二的裁决。同年9月,美国司法部撤销了对微软的指控。

3. 禁止排他性行为

在一些市场中,某家厂商会滥用自己在这个市场中的支配地位,采取一些排他性行为以把竞争对手排挤出市场,使自己形成和维持垄断。根据反垄断法,通常政府可以采取一些措施,针对某个厂商实施。排他性行为,包括掠夺性定价、拒绝给予竞争对手关键产品、厂商间的垂直联系、搭配销售等。当然,一个企业在通过提高价格和降低产量而享受独占力量的成果的同时,也会因为其他有效率的企业降低价格,以及其高额利润吸引更多的企业进入该市场,从而使其丧失独占地位。

【思考】 市场是如何被垄断的?

在欧洲一些便利店里,可乐散装售卖机上四个饮料出口,流出的为什么只能是可口可乐的产品?商场里,冠以百事可乐商标的冰柜,陈列的瓶瓶罐罐为什么全是百事可乐家族的面孔?

上述这种现象就是饮料行业巨头在20世纪借用自己在市场中的支配地位制定的"潜规则",实施"排他性营销"。1999年,欧盟开始对可口可乐展开系列反垄断调查。经过五年的漫长谈判,可口可乐2004年9月向欧盟作出让步,同意在电影院饮料亭和快餐店等销售网点的可口可乐品牌设备上出售其他品牌饮料。

(二)自然垄断的限制

政府对自然垄断的限制采取对企业实行管制的方式。政府对企业的管制有两种方式:一种是价格管制;另一种是进入管制。

价格管制是指政府对处于自然垄断地位的企业的价格实行管制,以防止它们为牟取暴利而危害公众利益。根据具体情况分别采用成本加成定价、收益比率定价和最高限价三种定价方法。

进入管制则是指政府对新加入的企业加以限制,以避免多家企业的竞争造成对规模经济的损害。常用的方法是实行经营许可证制度。

第三节 外 部 性

在坐夜飞机时,我们经常遭遇这样的情景:婴儿一直哭啼,而且持续很长时间,几乎影响了飞机上所有其他人的休息,但我们既无法离开飞机,也无法制止该乘客,而与此同时,我们也并不会因为这样的损失而获得补偿;在没有明文禁烟的广场,有吸烟者点起一根烟开始吞云吐雾,给身边的人带来负效用,却也不会为此对他人进行补偿;超市把门前的烂泥路整修一新,在方便自己营业的同时也方便了街道上过往的行人,但这些行人并不会为此向超市支付任何费用。

为了更好地从经济学的角度理解上述现象,本节引入"外部性"的概念。前面的章节所介绍的消费者行为、生产者行为等理论,都是只与买者和卖者相关。但是在现实世界中,买者和卖者的决策有时会影响那些与市场交易活动无关的"局外人"。顾名思义,"外部性"的提出就是为了研究当这样的"局外人"存在时,市场活动是如何影响各市场参与者的福利以及社会总福利的。

一、外部性的含义与衡量

(一)外部性的含义

外部性,又称为外部效应或溢出效应,是指在社会经济活动中,一个经济主体(包括国家、企业或个人)的行为直接影响到另一个相应的经济主体的收益和损失,而该经济主体并没有得到相应补偿或给予相应支付的情况。根据经济主体的外部性给另一个相应的主体带来的是收益还是损失,我们可以把外部性分为外部经济性与外部非经济性。

1. 外部经济性

外部经济性,又称正外部性,是指某个经济主体的行为使他人受益,但这个受益者并没有为此支付费用。

> **【实例】 蜜蜂生产和苹果生产的外部经济**
>
> 英国牛津大学詹姆斯·米德教授给出的蜜蜂生产者和苹果生产者的例子表明,蜜蜂为苹果树传播花粉,提高了苹果的产量。同时苹果花又给蜜蜂提供了蜜源,增加了蜂蜜产量,这两个生产者的生产行为相互影响,这种情况属于正的外部效应。

> **【实例】 身边的外部经济**
>
> 某人非常爱整洁,他除了自己家里收拾得井井有条外,还把家门口旁边的走道打扫得干干净净。企业的废渣综合利用就是一种外部经济性,因为它在取得一定的经济效益的同时,给社会带来了环境效益。

根据产生外部经济性的主体是生产者还是消费者,外部经济性可进一步分为两种具体形式:一是生产上的外部经济性,如你种树别人乘凉;二是消费上的外部经济性,如你养花别人观赏。

2. 外部非经济性

外部非经济性,又称负外部性,是指某个经济主体的行为使他人受损,但自己并没有为此受害者承担成本的情况。

> **【实例】 环境污染的外部非经济**
>
> 如果一家工厂在生产过程中向其周边的河流排放大量的废水,那么下游居民生活用水的水质、河流的景观、河流生态系统的自然平衡等都会受到严重的影响,工厂若不对这些损失进行补偿,就形成负外部性。

同样,根据产生外部非经济性的主体是生产者还是消费者,外部非经济也可进一步分为两种具体形式:一是生产上的外部非经济,如工业生产过程中的废水废气污染农田使农场主受损;二是消费上的外部非经济,如吸烟造成室内空气污染等。

(二)外部性的衡量

衡量一个经济主体的活动是产生外部经济性还是外部非经济性,我们可以使用成本或收益的比较。为此,我们首先对成本和收益的含义再强调一下。

成本包括私人成本和社会成本。私人成本,是指某个经济主体实施行为时自己所承担的成本;社会成本,则是指某个经济主体实施行为时所带来的由全社会(包括该经济主体)承担的总成本。同样,收益也分为私人收益和社会收益。私人收益,是指经济主体实施某行为时自己所获得的收益;社会收益,是指某经济主体实施某行为时整个社会(包括该经济主体)所获得的总收益。

值得注意的是,由于社会包括该经济主体,因此社会收益总是大于或等于私人收益,而社会成本也总是大于或等于私人成本。

通常,一个经济主体是否有外部经济性行为,主要取决于该经济主体所实施行为或活动的利益比较,即私人收益与社会收益的比较。如果社会收益大于私人收益,则该行为或活动有外部经济性。否则,就没有外部经济性。其中,社会收益和私人收益的差额称为外部收益,即某个经济主体的一个行为或活动中由其他社会成员享受而自己却未得到补偿的那部分收益。

【实例】 抗艾滋病毒药外部性的衡量

某科学家发明了一种能够有效抗艾滋病毒的药并申请专利,能够减少艾滋病患者每天服用药品的种类和数量,大大降低了他们的医疗成本,从而给自己带来了约500万美元的收益,但这种抗艾滋病毒的药给整个世界带来很大的收益,这部分收益约2亿美元。这种情况下,该科学家自己获得的收益只占全部收益的很小部分,其发明的外部收益则为1.95亿美元。

同样,一个经济主体是否有外部非经济性行为,主要取决于该经济主体所实施行为或活动的成本比较,即私人成本与社会成本的比较。如果社会成本大于私人成本,则该行为或活动有外部非经济性。否则,就没有外部经济性。其中,社会成本和私人成本的差额称为外部成本,即某个经济主体的一个行为或活动中自己未承担而由社会承担的那部分成本。

【实例】 水泥厂的外部非经济性的衡量

某水泥厂向空气中排放污气,在排放污气过程中该水泥厂自己承担的私人成本是2万元,社会成本为10万元。为此,两者之差为8万元,即是该企业给社会带来的外部非经济性。

二、解决外部性的方法

政府纠正外部性的方法大致有以下几种:

(一) 征税和补贴

1. 征税

对具有负外部性的企业,政府可以征收一定的费用或增加税收,增加私人成本,这样企业必然减少该产品的生产,实现资源的合理配置。如对烟草企业课以重税,对汽车征收燃油税。

【信息】 庇 古 税

20世纪20年代由英国经济学家庇古(Arthur Pigou)首先明确提出的一种解决外部性引起的市场失灵的方法,即征税(该税也称"庇古税")。

2. 补贴

对具有正外部性的企业,政府可以给予一定的补贴或减免税收,增加私人收益,这样私人企业必然增加该产品的生产,实现资源的合理配置。如对研制排污系统的企业给予补贴,提供无息贷款或给予税收优惠。

【实例】 为何征收烟草税?

在许多国家,烟草往往是收税最重的物品。世界各国普遍对烟草及其制品征收体现政府"寓禁于征"调控意图的"烟草消费税"或类似性质的烟草特别税。在我国,一包10元钱价格的香烟约有80%为税收。为何这种税收普遍而重?一个答案是:烟草税是一种旨在纠正与吸烟相关的负外部性的庇古税。一方面,吸烟危害吸烟者及他人的健康。世界卫生组织的报告表明,吸烟对人类的危害是多方面的,主要导致哮喘、肺炎、肺癌、高血压、心脏病和生殖发育不良等。并且,二手烟对被动吸烟者的危害一点也不比主动吸烟者轻。在中国,被动吸烟的主要受害者是妇女和儿童,尽管她们自己并不吸烟,但经常在家庭、公共场所遭受他人的二手烟。另一方面,由于吸烟会导致吸烟者大量的健康问题,而这又会侵占社会大量的资源与成本,例如控烟宣传、对烟民的疾病治疗等,并且由于吸烟带来的疾病使吸烟者丧失劳动力,或是因为吸烟过早死亡丧失劳动力,造成社会劳动力资源损失。因此,烟草税的征收意味着较少的吸烟者、干净的公共环境以及较少的社会资源损失。

(二)合并

如果一个企业的行为造成了外部非经济,损害了第三方的利益,可以将受损的第三方和该企业进行合并,从而该企业造成的损失就成为它自己的损失,那么它进行决策的时候会将这种成本纳入决策。此时,外部成本不存在,私人成本就等于社会成本。可以说,通过把两个企业合并为一个企业,能够使外部影响"消失",即外部非经济被"内部化"了。

【实例】 化工厂与养鱼场的合并

一家化工厂对附近的一个养鱼场造成了污染,纠纷不断。这时候,可以由政府出面协调,促使两家企业合并。在这种情况下,原先的化工厂在排污过程中将会考虑是否对自己的养鱼场产生影响,否则继续排污将就是一种自我伤害的行为,将有可能造成自己的损失。

(三)产权明确

在许多情况下,外部影响的存在之所以导致资源配置失当,是因为财产权不明确。所谓财产权,简称产权,是通过法律界定和维护的人们对财产的权利,或者说是对他人使用某种资源的否决权,也就是拥有排他性地使用某种资源的权利。它是由一组权利组成的,包括使用权、收益权及转让权等。通常，如果财产权是完全确定的并得到充分的保障，外部影响就可能不会发生。

> **【实例】　　　　　产权明确下的水泥厂与养鱼场**
>
> 某河流上游新建的水泥厂在生产过程中向河流中排放污水，使下游的养鱼场的产量降低，导致养鱼场一年经济损失500万元。如果产权不清晰，即污水排放权利是属于水泥厂还是养鱼场没有得到法律的确定，则水泥厂可以不顾养鱼场的反对自由地向河流排放污水，而养鱼场不能对此加以反对或获得补偿。然而，如给予下游的养鱼场以使用一定质量水源的财产权，而水泥厂则没有，这就相当于一条养鱼场私有的河流，水泥厂要向河里排放污水的话必须征得养鱼场的同意，或者水泥厂必须把下游水质污染降到特定限度之下，否则将受到政府的处罚。在这种情况下，水泥厂就会与养鱼场协商，将这种权利从养鱼场那里买过来，然后再让河流受到一定程度的污染。而遭到损害的养鱼场也会使用出售财产权而得到的收入来弥补自己的经济损失。

可见，政府只要将产权界定清楚了，那么其他的事情就可以交给私人通过市场来进行，政府无需作更多的干预。当然，从成本收益分析角度看，养鱼场可能会将该排水权利定价为500万元左右，这样即可弥补自己的经济损失，如要价太高，水泥厂宁愿向政府交罚金，而此时养鱼场却未必能保证从政府那里获得弥补自己损失的金额。此时，水泥厂也为其不好的外部影响支付了代价，而这时水泥厂的私人成本与社会成本之间不存在差别。

然而，以上讨论过程中，我们忽略了交易成本问题。交易成本，是指围绕自由交易而发生的任何谈判或是契约强制执行的成本。不同于生产中所耗费的资源成本，如劳动力成本、资本或土地成本等，交易成本主要包括信息成本、谈判成本、订立或执行契约的成本、防止交易的参与者在议价时进行欺骗的成本、维持所有权的成本、监督和执行成本等。如果交易成本太大，通过市场也许无法有效地解决外部性问题，使资源达到有效的配置。例如，水泥厂如果在与养鱼场进行排水权协商过程中耗费时间过多，谈判成本过大，也就不愿意与养鱼场达成排水权购买协议。在这种情况下也许需要某种形式的政府调节。

上述通过明确产权来消除外部性的主要思想，就是经济学中著名的"科斯定理"的具体体现。科斯定理就是：如果交易费用为零，只要产权界定清晰，市场机制都可以实现资源的有效配置。

第四节　公　共　物　品

经济社会生产的产品大致可以分为两类：一类是私人物品，另一类是公共物品。简单地讲，私人物品是只能供个人享用的物品，例如食品、住宅、服装等。而公共物品是可供社会成员共同享用的物品。自20世纪60年代起,越来越多的经济学家发现,市场之所以会失灵,还在于它不能有效地提供社会正常活动所必不可少的公共物品。公共物品的类型很多,典型的有国防、司法、公安、教育、公共卫生、灯塔以及道路桥梁等。本节主要对公共物品及其提供作一介绍。

一、公共物品的界定

公共物品,是相对私人物品而言的,是一种由社会成员共同享受的物品。严格意义上的公共物品具有两大特性,即非竞争性和非排他性。为此,公共物品主要是指,具有非竞争性和非排他性,供所有人共同消费的产品和服务。

(一)公共物品的特性

1. 非排他性

公共物品的第一个特征是非排他性,即物品一旦生产出来,不管人们是否付费都能享用。例如,国防、公安、教育、修建水坝、建造灯塔等,不论居民是否付费,都可以得到保护、免受洪水冲击和得到灯塔指引的服务。但私人物品则具有排他性。例如,人们只有付费购买了面包之后,才能享用,谁不付费购买,谁就享用不到。

2. 非竞争性

非竞争性,是指公共物品生产出来后,增加一个消费者,并不影响其他消费者对这种物品的消费。最典型的例子是国防。国防建设,使每个社会成员的生命财产都得到保护,不会因为某个社会成员得到了保护而使其他人的保护受到任何影响。

相比较而言,私人物品则是一种既有排他性又有竞争性的物品。环顾你房间内的物品:你的电脑、你的鞋子、你的毛巾甚至你的房间本身,都可以成为私人物品的极好例证。我国台湾地区女作家三毛在自己的书架上贴着这样的字条:"如果让我选择借给别人书或者牙刷,万不得已,我宁愿借他牙刷。"对一般人来说,与别人共享同一支牙刷,存在极大的心理障碍,同时也有损健康。

(二)公共物品的类型

根据公共物品所具有的非排他性和非竞争性的程度不同,公共物品一般可以分为两类:

1. 纯公共物品

纯公共物品是指具有完全的非排他性和非竞争性的物品。如国防、外交、法律、交通安全、基础科学研究等。但是,这样的公共物品在现实生活中是少量的。

2. 非纯公共物品

非纯公共物品,又称"俱乐部物品"或"半公共物品",是指具有不完全的非排他性和非竞争性的公共物品。非纯公共物品可以分为两类:一类是与规模经济相联系的自然垄断型的公共物品,如城市自来水和煤气供应、公共交通、电力供应以及铁路运输系统等;另一类是绩优产品,即无论人们的收入水平如何都必须消费的公共物品,如基础教育、公共卫生保健以及环境保护等。

非纯公共物品具有以下两个基本特征:第一,在一定范围内无竞争性,即增加消费者无须增加提供成本,但消费量达到一定程度后,消费则具有竞争性;第二,可以有效地做到排他。

二、公共物品与"搭便车"

公共物品的特性,将使得产品的提供遭遇市场失灵的现象。一方面,公共物品的非排他性,使得公共物品的提供者不能把不付费的人排除在消费者之外;另一方面,公共物品的非竞争性,使得公共物品生产者在向特定人群提供这种产品时其他消费者也可以共同享受。在这种情况下,供给者就遇到一个问题:既不可能把这种产品封锁起来,让未付费者消费不了,也不可能向未付费的消费者收取相关费用。并且,消费者既然能很自由地、免费地享用这种产品,他就会不愿付费。于是,经济学家把这些不付费的消费者称为"搭便车者",而不付费消费者的这种行为被称为"搭便车",即任何人都不想付出成本或只愿意付出很小的成本而获得公共物品所带来的服务。就像城市警察的例子中,提供公共安全的成本来源于居民的纳税,由于公共安全所具有的特性,使人们都不想缴纳税收,而还要享受安全保障。没有缴纳税收而享受政府提供的公共安全服务的人,就属于"搭便车者"。

> **信息**　　　　　　　　　　　"搭　便　车"
>
> "搭便车"这一说法据说是起源于欧洲中世纪的一个故事。一批骑士行军路上碰到路障,要想通过,必须先清除路障。但是,这批高傲的骑士谁也不愿意担当清除路障的角色。争执许久,无法解决。最后,一个骑士找到附近的村民帮助清除路障。借着村民的帮助,这个骑士过去了,其他的骑士们也便一起得以通过。后来,这批不愿自己劳动而只想着借别人光的骑士被人们称作 Free Riders。经济学家借用这个概念所要表达的意思是清楚的:大家都想借别人出力的光,都想不花代价获得好处。于是,后来人们把这种行为形象地称为"搭便车",把这种人称为"搭便车者"或者"免费乘客"。

然而,对于生产者来说,"搭便车"现象的存在,虽然使得公共物品生产和提供的利益(即社会利益)大于私人成本,然而生产者考虑到自己花钱、出力,而收益则不仅是自己的,那些没有支付任何费用的人也同时可以免费享用,这种情况下,私有企业通常不愿意提供这种公共物品。并且,私有企业在提供这种物品时,意味着帮"搭便车者"承担了相应的费用却不能索取偿付,导致私人企业提供公共物品往往很难收回成本,导致以利润最大化为目的的企业也不会生产和提供公共物品。

一般来说,公共物品覆盖的范围越大,"搭便车"现象就越严重,由私人提供的可能性就越小。任何一个追求利润最大化的厂商不可能来向社会提供灯塔和路灯这样的服务,因为它们不可能对享受产品服务的消费者收取服务费用。所以,公共物品的产量往往会低于资源配置最优状态相应的产量水平,从而造成市场失灵。为此,公共物品通常就只好由政府来供给。

> **【思考】　为何汽车污染物排放控制装置销售不佳？**
>
> 1970年美国通用汽车公司向市场推出一种汽车污染物排放控制装置，将这个市价20美元的小玩意装在车尾可使汽车排放的污染下降30%～50%，然而，大多数人却不愿意购买此装置，美国通用汽车的这种装置销售十分惨淡。这是什么原因呢？

这是因为，污染的降低是一种公共物品，每个人呼吸的空气质量是否改善并不取决于自己的车上是否装了这些新发明，而是取决于该地区大多数车主人的选择，于是大多数人都不想多花20美元而试图"搭便车"。结果可想而知，这种装置的市场销售十分糟糕。可见，在私人市场中，公共产品的产量总达不到最佳水平。

三、公共物品的提供

（一）公共物品提供与政府部门

公共物品具有与私人物品不同的性质和特征。一般情况下，私人是不愿提供公共物品的，似乎应由政府部门来提供。在现实社会中，公共物品并不一定都要由政府来提供，并且政府提供的物品也不一定都是公共物品。实际上，政府提供的物品要远比公共物品多，政府提供的许多物品在消费中不是竞争的，就是排他的。或者说，100%的纯公共物品是很少的，比如国防、警察等。

> **【实例】　国家公园与公共物品的竞争性**
>
> 政府提供的国家公园，也可以通过收取入园费或其他费用，将一部分公众排除在外。公园的使用也具有一定的竞争性。在公园内人员过多，已经很拥挤的条件下，继续有人员进入将会减少他人的效用。

由于大多数公共物品是非纯公共物品，介于公共物品和私人物品之间，因此，政府部门在公共物品供给方面有多种方式，其中也有私人部门的参与，常见的方式如下：

第一，政府部门的直接提供。即由政府组织直接提供公共物品，并多为无偿地向社会提供。此类公共物品常为100%的纯公共物品，如国防安全。

第二，相关公共部门的提供。这里的相关公共部门主要指政府之外的一些公共组织如国有事业单位、社会组织等。例如，我国一些公办医院、学校等提供的医疗、教育等服务。此外，我国一些社会组织通过政府采购方式从政府获得产品的所有权，并无偿向社会提供公共事业产品。

第三，营利部门的提供。这主要指授权市场中的企业，按盈利原则定价，并向使用人收费的提供方式。这里市场主体既包括国有企业，如煤气、水、电、电信、公共交通等常常采用这种方式生产和提供，也包括一些私人企业，即在政府相关的法规、行业政策和规划的指导和监督下，由私人部门投资和组织生产，并由其自行向社会提供，如私立医院、私立学校等。

（二）公共物品提供与私人部门

尽管公共物品的特性使得私人部门的企业往往不愿意提供这类物品，然而，市场中也存在着一些方式来解决私人部门公共物品供给的问题，常见的方式如下：

1. 增强公共物品的私有特性

这主要指增强公共物品的排他性和竞争性消费。一些企业通过开发和利用一些技术手段，使不付费的消费者无法享受到某种公共物品的好处，解决"搭便车"的问题。

> **【实例】 公共物品的排他性**
>
> 有线电视公司对其转播加密，没有订购的家庭就不能收看电视。

2. 变更公共物品的支付方式

这主要指通过与所提供公共物品相关的物品来收取费用，又称"捆绑"提供。

> **【实例】 酒店的"捆绑"供给**
>
> 五星级大酒店的休息室、游泳室、娱乐室等产品或服务，直接向每个人收费不太现实。然而，酒店可以在宾客自己住宿的房间费中增加一定费用，将公共物品与私人物品"捆绑"到一起来提供这些服务。

> **【实例】 灯塔的收费**
>
> 19世纪英国海岸线的灯塔由私人拥有，然而灯塔主知道，他们不便于直接向船主收费，于是他们将灯塔的服务转让给附近港口的所有者，这就更有利于拥有灯塔的港口所有者吸引船只进入他们的港口。

灯光是一种公共物品，灯塔主很难避免经过且未付费船只的"搭便车"现象。由于只有进入港口的船才会享受到灯塔的灯光，因此，港口主在吸引船只驻港时，可收取一定的船只停泊费来实现"灯光"的捆绑提供。

3. 明确产权

政府可以通过明晰私人部门所提供公共物品的产权来避免"搭便车"行为。

> **【实例】 湖泊的私有化**
>
> 一个国有的湖泊被公众污染，政府无法向公众收费，只有用税收来清洁湖水。此时，政府可批准授权某私人拥有或经营这个湖泊，于是这个所有者或经营者就可以向钓鱼者、船夫、游客等从中获益的人收费。在英国，私人拥有的水体相当普遍，而且那里的湖泊经常保持优良的水质。

关键概念： 市场失灵 自然垄断 市场垄断 外部经济性 外部非经济性 公共物品

1. 何为市场失灵？市场失灵的原因有哪些？
2. 垄断是如何产生的？垄断具有什么危害？
3. 如何进行垄断的限制？结合我国现实来说明。
4. 何为外部经济性与外部非经济性？请举例说明。
5. 政府纠正外部性的方法大致有哪些？请举例说明。
6. 何为公共物品？公共物品具有什么特性？
7. 如何理解公共物品消费中的"搭便车"现象？请举例说明。

第十章　政府宏观调控理论

案例导入

美国应对经济大危机

1929年至1933年，西方国家爆发了一场灾害性的经济大危机。在这场危机中，银行倒闭，工厂关门，工人失业；农业资本家和大农场主大量销毁"过剩"的产品，小麦和玉米替代煤炭做燃料，牛奶倒进密西西比河，使这条河变成"银河"；千百万人被抛上街头，街头的苹果小贩则成了大萧条时期最为人熟知的象征之一，在那些被迫以经营流动水果摊讨生活的人中有许多从前是成功的商人和银行家。

这次大危机给资本主义制度以极为沉重的打击。面对这种困境，几乎所有西方经济学家都目瞪口呆，找不出对付经济危机、挽救资本主义命运的办法。事实上，他们难以抛弃的是一直统治人们头脑的自由放任主义，认为自由市场竞争机制总是能调节供求平衡，保持市场经济的稳定发展。

一般来说，对于危机的反应首先是政策性的、实践性的。时任美国总统的胡佛进行了一系列的宏观经济干预，例如扩大公共投资、限制工资下调、颁布贸易保护的法令等。1933年罗斯福就任美国总统，进一步实施了一系列旨在对经济进行宏观调控、刺激经济的新政，如一反自由放任、强调国家计划和需求管理；提倡财政赤字或扩张性财政政策；扩大信贷，扩大流动中的货币量，刺激投资等。1933年以后，美国经济确实开始复苏了，尽管速度缓慢。

讨论：结合上述案例谈谈你对政府在市场中作用的理解。

> **学习目标：**
> 1. 了解宏观调控目标的内容
> 2. 熟悉货币的定义与现代银行体系
> 3. 熟悉货币的创造
> 4. 掌握货币政策的基本内涵与运用
> 5. 掌握财政政策的构成与运用
> 6. 熟悉货币政策与财政政策的配合方式

第一节 宏观调控目标与政策工具

一、宏观调控目标

（一）充分就业

充分就业，通常指凡是需要就业者均可有一个适当的工作，或者说，在充分就业的情况下，凡是有能力并自愿参加工作者都能在较合理的条件下，随时找到适当的工作。

充分就业水平高低直接决定着一国的经济发展。美国著名经济学家阿瑟·奥肯曾于1962年提出了一个引人注目的新发现，这一发现被称作"奥肯法则"。该法则说明的正是失业率与实际国民生产总值增长率缺口之间的比率是1∶2.5，即失业率每增加1%，则实际国民生产总值会减少2.5%左右。反过来讲，如果要使失业率降低1%，则国民生产总值就必须增长约2.5%。

尽管高充分就业率在一定程度上代表着一国经济发展是比较健康的，然而，充分就业并不是社会劳动力100%的就业。这是什么原因呢？充分就业把存在着的摩擦失业和自愿失业排斥在外，这是因为摩擦失业是暂时性的，而自愿失业是自身主动失业的行为。在现实中，这两种失业在社会中所占比重较小，所以它们的存在与充分就业并不矛盾。此外，一个社会有一些失业是有好处的，如同公寓出租市场上的房屋闲置率不等于零一样。曾经寻找过公寓的许多人发现，当租房市场上的闲置率过低时，找到合适的公寓就有些困难。

（二）物价稳定

这里所说的物价，是指一国总体的物价水平，而不是指某种商品的价格。通常，物价稳定与否一般由通货膨胀水平体现出来。历史上，每一次大的通货膨胀留给人们的都是惊心动魄的回忆。在1922年的德国，如果某个人持有价值3亿元的债券，那么两年之后，他用这么多钱却买不到一块糖果。虽然这是个较为极端的例子，但通货膨胀的确就像一个惯偷，时时刻刻觊觎着人们的腰包，并神不知鬼不觉地掠走人们好不容易才积攒起来的财富。遭到人们谴责的还不止于此，通货膨胀不仅使价格和收入分配发生扭曲，而且会导致错误的投资和混乱的财产再分配，当社会决定治理通货膨胀时，还会付出令人痛苦的经济萧条和失业增加的巨大代价。为了控制通货膨胀对经济的冲击,西方国家把物价稳定作为货币政策的另一目标。

物价稳定是不是商品的价格就固定不变呢?不是。价格稳定是指价格总水平的稳定,它是个宏观经济概念。比如说,运动鞋的价格上涨了10%,水果的价格上涨了5%,汽车的价格下降了2%,那么总的价格水平怎样计算出来的呢?由于各种商品价格变化的繁杂和统计的困难,西方学者一般用价格指数来表达一般价格水平的变化。价格指数是表示若干种商品价格水平的指数。其中,最为流行的价格指数主要包括消费价格指数和生活费用价格指数。

消费价格指数(CPI)也叫居民消费价格指数,主要用来测量各个时期城市家庭和个人消费的商品与劳务价格平均变化程度。除此以外,还有一个与消费价格指数很相近的价格指数叫生活费用价格指数(COLI),它主要反映不同时期生活费用的变动情况。目前我国编制的生活费用价格指数是从消费价格指数中抽出85个基本类、200多个规格的消费品,对其价格变动进行汇总统计得到的。这些消费品全部是居民生活必需品,包括蔬菜、肉禽蛋、油米面、水电气,以及教育、医疗服务等,但不包括汽车、建筑材料、住房等一般性消费品,也不包括大宗消费品、奢侈品。由于消费价格是商品经过流通各环节后形成的最终价格,最能全面反映商品流通对货币的需要量,所以全球各国基本上都用消费价格指数来反映通货膨胀的严重程度或物价稳定的水平。

(三) 经济增长

有一个关于国际象棋发明者的传说,说国王很喜欢他的这项发明,就问他想要什么奖励。他回答说:只要在棋盘的第一个格子里放1粒米,第二个格子里放2粒米,第三个格子里放4粒米,第四个格子里放8粒米,依此类推,装满64个格子就行了。国王一听,觉得很容易,就一口答应了。结果他发现无论如何也拿不出这么多米。这就是增长的魅力。

经济增长,是指在一个特定时期内经济社会所生产的人均产量和人均收入的持续增长。通常用一定时期内实际国内生产总值即GDP来衡量。有时为了更准确地衡量经济增长给每个人生活带来的实际改善情况,我们从国内生产总值中剔除价格水平因素和人口变动因素,采用人均实际产出或人均实际收入来衡量经济增长。

对于经济增长的重要性,诺贝尔经济学奖获得者阿瑟·刘易斯在《经济增长理论》中认为:经济增长增加了人们选择的范围;使人类具有控制自己环境的更大能力,增加了人类的自由;使人类有了选择更多空闲时间的自由;使人类得到的货物和空间时间增加以外,得到的服务也增加了;使人类能够享受更多的人道主义;不断提高人们的生活水平;提高一国的国际地位。总之,经济的增长意味着财富的增加,民族的强盛。并且,经济增长和失业率是相互关联的,奥肯定律已经告诉我们,维持经济持续均衡增长是世界各国货币政策的目标之一。

目前,我国经济增长速度达到每年7%—8%水平,但人均国民收入与发达国家仍存在着很大差距。美国著名经济学家曼昆提出了一个"70规则",即如果某个变量每年增长$X\%$,则在$70/X$年后,这个变量值将翻一番。据此,如果我们保持人均国民收入每年7%的增长,10年就能翻一番,大约40年后,我国人均收入就可达到发达国家水平。当然,这只是理论上的估计。

(四) 国际收支平衡

国际收支平衡,是指一国对其他国家的全部货币收入和货币支出相抵略有顺差或略有逆差。国际收支平衡有狭义和广义之分,狭义的国际收支平衡仅指外汇收支平衡,广义的国际收支平衡则反映一定时期内的全部经济交易。

一个国家国际收支失衡,无论是逆差还是顺差都会给该国经济带来不利影响。如果逆差体现在商品和劳务方面的逆差即进口超过出口,很可能造成国内有效需求和国内资源利用不足(包括劳动力资源),导致国内市场商品增多,货币不足,失业增加,不利于经济发展;如果逆差体现在资本方面,可能是资金外逃,造成国内投资不足,并可能会造成国内货币贬值和国内经济发展停滞。反之,商品和劳务方面的顺差,一般来说会促进国内经济增长和充分就业,但也往往容易招致贸易摩擦;资本方面的顺差,则要看资本是属于长期资本还是短期资本。如果是短期、间接资本,则很可能是投机资金,特别是对发展中国家来说,尤其需要迅速采取对策。可以看出,随着国际经济交往的密切,平衡国际收支也成为一国货币政策的重要目标之一。

二、宏观经济政策工具

宏观经济政策工具是用来达到政策目标的手段。在宏观经济政策工具中,常用的有需求管理和供给管理。

(一) 需求管理

需求管理是指通过调节总需求来达到一定政策目标的宏观经济政策工具。它包括财政政策和货币政策。需求管理政策最先是由凯恩斯提出的,其产生背景是20世纪30年代的大危机。由于大危机时代经济中资源严重闲置,以凯恩斯为首的经济学家普遍认为,总需求而非总供给是决定国民收入增长与否的关键因素。

需求管理主要目的是通过对总需求的调节来实现总需求与总供给平衡。它的基本政策有实现充分就业政策和保证物价稳定政策两个方面。在总需求小于总供给时,政府应采取扩张性的政策措施,刺激总需求增长,克服经济萧条,实现充分就业;在总需求大于总供给时,应运用紧缩性政策来压抑总需求,防止需求过度而引起的通货膨胀。

(二) 供给管理

与需求管理相反,供给管理则主要是通过对总供给的调节来达到一定的政策目标的宏观经济政策工具,其供给调节的内容包括劳动力、工资、价格、产量增长等。供给管理产生背景是20世纪70年代初,当时石油价格大幅度上升并对经济产生了严重影响,在这种情况下,经济学家们认识到了总供给的重要性。

供给即生产,在短期内影响供给的主要因素是生产成本,特别是生产成本中的工资成本;在长期内,影响供给的主要因素是生产能力,即经济潜力的增长。因此,供给管理包括:

控制工资与物价的收入政策,改善劳动力市场状况的人力政策以及促进经济增长的增长政策等。

第二节 货币政策

一、货币与银行

(一) 货币的定义

很多人认为,货币就是我们平时所说的钱,其实这是一种片面的认识。货币泛指被普遍接受的各种交易媒介和支付手段,包括广泛的内容如现金、银行存款等,钱只是货币的一小部分。通常,货币的不同种类具有不同的流动性。如随身携带的现金流动性最高,可以马上用来购买东西;与现金相比,银行活期存款的流动性就较低,需要先取出现金方能用来支付;如果是定期存款,由于支取时间受到限制,其流动性更低。

根据货币流动性的不同,国际货币基金组织把货币划分为三类,分别是 M_0、M_1、M_2。这里的 M 是英文 Money(钱,货币)的意思。

1. M_0

M_0 指流通中的现金。由于它不需要经过转换(0次转换)就能变成现金,这说明它本身就是现金了,因此,这里的 M_0 表示流动性层次最高的货币。

需要注意的是,这里的现金并不包括银行的库存现金,而是单指银行体系以外流动的现金。更明确地说,是指居民个人手中的现金以及企事业单位的备用现金。

2. M_1

M_1 又称狭义货币,是指上述现金(M_0)加上商业银行的活期存款这两部分。银行里的活期存款虽然并不等于居民个人手中的现金和企事业单位的现金备用金,但它可以随时随地通过签发现金支票转变成现金。通常,M_1 表示要经过一次转换才能变成现金,它的流动性角度下的货币层次次于 M_0。

狭义货币 M_1 对社会经济生活有着广泛而直接的影响,所以各种统计资料中所称的货币主要是指狭义货币 M_1。而对各国政府来说,控制货币供应量中所指的货币,也主要是指狭义货币,这是政府调控货币市场的主要对象。

3. M_2

M_2 又称广义货币,是指狭义货币 M_1 加上准货币这两部分。所谓准货币,又叫"亚货币"或"近似货币",指银行存款中的定期存款、储蓄存款、外汇存款,以及各种短期信用工具,如银行承兑汇票、短期国库券等。由于广义货币 M_2 有一部分并不是真正意义上的货币,所以它的流动性最低,货币层次也最低。通常,M_2 表示要经过两次转换才能变成现金 M_0,它的流动性货币层次又要次于 M_1,即通常先转换成 M_1 之后才能转换成现金 M_0。

以上是国际货币基金组织对货币层次的划分。根据中国人民银行依照国际货币基金组织颁布的《货币与金融统计手册》对货币金融统计制度的修订,从 2002 年起,中国境内金融机构的外汇业务数据虽仍然纳入相关货币统计报表,但要把外币存款单列开来,并没有把它纳入准货币的统计范畴。同时,2011年10月起,中国人民银行又对货币统计进行相关调整,将非存款类金融机构的存款和住房公积金存款纳入 M_2 统计范围。目前,中国人民银行划分的货币层次具体如下:

$$M_0 = 流通中的现金$$
$$M_1 = M_0 + 活期存款$$
$$M_2 = M_1 + 准货币(定期存款、储蓄存款、其他存款如住房公积金)$$
$$M_3 = M_2 + 其他货币性短期流动资产(国库券、金融债券、$$
$$商业票据、大额可转让定期存单等)$$

其中,M_3 的概念最早出现在1994年12月28日颁布的《中国人民银行货币供应量统计和公布暂行办法》中,是根据当时中国金融工具不断创新的背景设置的。M_3 是在 M_2 的基础上增加一些流动性不强的资产,如大额可转让定期存单(10万美元以上)、货币市场共同基金(机构)、中长期回购协议及中长期存在欧洲非美国银行的美元等。

(二) 现代金融机构体系

我们在日常工作和生活中,总在与各种各样的银行打交道,这些数量众多的银行基本上可以划分为三类,即中央银行、商业银行和专业银行,加上非银行金融机构,共同构成现代金融体系。

1. 中央银行

中央银行是为适应统一银行券发行、给政府提供资金、为普通银行提供信贷支持、统一清算、制定货币政策、进行宏观调控等,而从商业银行中独立出来的一种银行。世界上第一家中央银行是英格兰银行。我国的中央银行是中国人民银行。

中央银行是一个国家金融机构体系的核心,它对商业银行发挥宏观调控和监督的作用。通常,中央银行具有如下性质:(1) 发行银行。中央银行垄断了货币的发行权,是全国唯一的货币发行机构。中央银行因独占了货币的发行权,进而影响经济,实现对国民经济的控制和调节。(2) 银行的银行。中央银行不直接与工商企业和个人发生业务往来,只同商业银行及其他金融机构有业务关系。中央银行集中吸收商业银行的准备金,当商业银行资金缺少时,它会用吸收来的准备金拯救这个银行。同时办理银行间的清算。(3) 政府的银行。中央银行通过金融业务为政府服务,如代理国库、向政府提供信用、为政府发行债券、为政府管理宏观金融及调节宏观经济等。

2. 商业银行

商业银行是以获取利润为目标,以经营金融资产和负债为主要内容的综合性、多功能的金融企业,有"金融百货公司"之称。商业银行性质有二:(1) 商业银行是企业。其经营原则与企业相同,追求利润最大化,自主经营、自负盈亏、自担风险、自求发展。(2) 商业银行是经营货币商品的特殊企业。一般企业经营的是普通商品,而商业银行经营的是货币这种特殊的商品。

商业银行通常分为国有商业银行和股份制商业银行。在我国,国有商业银行是金融机构体系的主体,包括中国工商银行、中国建设银行、中国农业银行、中国银行这四大银行。股份制商业银行分为全国性和地方性两种。全国性的商业银行在全国设立分支结构并开展经营业务,如交通银行、中信银行、光大银行、华夏银行等。地方性的商业银行是指在一定区域内经营金融业务的商业银行,如上海浦东发展银行、各城市商业银行等。

3. 专业银行

专业银行是指专门经营指定范围内的某项业务和提供专门性金融服务的银行。各国种类有所不同,但通常包括政策性银行、投资银行、储蓄银行、进出口银行和抵押银行等。其中,政策性银行是政府创办的以扶持特定的经济部门或促进特定地区经济发展为主要任务、在特定的行业领域从事金融活动的专业银行。1994年,本着政策性金融和商业性金融相分离的原则,我国设立了三家政策性银行,分别是国家开发银行、中国农业发展银行和中国进出口银行。

4. 非银行金融机构

中央银行、商业银行及其他专业银行以外的金融机构,统称为非银行金融机构。非银行金融机构筹集资金发行的金融工具并不是对货币的要求权,而是其他的某种权利,如保险公司发行的保险单只代表索赔的权利。从本质上来看,非银行金融机构仍是以信用方式聚集资金,并投放出去,以达到营利的目的,因而与商业银行及专业银行并无本质区别。在我国,常见的非银行金融机构有保险公司、投资公司、信用合作社、养老或退休基金、财务公司(金融公司)、资产管理公司、邮政储蓄机构等。

二、货币的创造

(一)货币创造的基础:现代银行制度的形成

现代银行业务起源于金匠的金币寄存业务。贵金属货币的出现,大大方便了商品交易的进行,但携带金银依然不方便、不安全,于是商人便把金币先寄存于金匠的保险库中,当需要实际支付时再把金币从金匠的金库中取出,金匠则收取保管费。商人们把金币托付给金匠后便得到金匠开出的收据。这种收据便是最早的银行券或纸币。在一定范围内,他们完全可以用金匠开出的收据作为支付手段。金匠收据在开始时是写明寄存者姓名的,但在以后收据变成了不具名的持有者票据。在这个阶段,金匠所开出的收据的票面价值等于商人所寄存的货币价值。这种银行制度的雏形可称为百分之百的银行准备制度。

后来,金匠们发现,在他们的金库中,商人们所寄存的金币中的大部分是不会被取走的。于是他们开始动用商人们所寄存的金币,把部分金币供给需要用钱的商人或地主,从中收取利息。这就是最初的银行放贷业务。当金匠放贷时,他们也不一定把金币实际借出,他们只需开出新的收据即可。商人们可凭借通过借贷得到的收据进行支付。在这个阶段,实际流通的收据的票面价值已大于商人所寄存的金币价值。这意味着在此阶段已出现货币创造。

金匠们在实践中进一步发现,把主顾的金币贷出是有风险的。如果贷出的金币过多,就可能无法应付同时来提取金币的主顾们。为了慎重起见,必须把一定比例的金币留在金库。通过实践,金匠们逐渐找到了一个准备金与所寄存金币量的适当比例。这样,一个以比例准备制度为特征的现代银行制度就应运而生了。在现代银行制度的发展过程中,银行券的发行权转到少数银行中,银行券终于成为现代意义上的现款。准备金也成为法定准备率。当然,银行券与金币的关系也发生一系列复杂变化。在现代社会中,银行券取代了贵金属的地位和职能。

(二) 货币创造的过程

在很多人的概念中,我们手中的货币,是由造币厂造出来的。但是现代社会的货币供给是由银行创造的。由于银行券的发行权已集中于中央银行,所以,现代商业银行创造货币的功能集中体现为创造存款货币。银行一方面吸收存款,另一方面又以存款存入的现金用于发放贷款,银行通过贷款投放出去的现金经过市场活动又会以他人存款的形式再存进来,然后再贷出去,这样循环往复,如果银行不为客户的存款提取现金准备的话,那么,一定数量的现金将在往复存贷过程中产生无限数量的存款。

然而,银行创造存款货币的数量不可能是无限的。当储户把钱放进银行的时候,银行不可以把这些钱全部贷出去,否则当储户取钱的时候银行就没钱支付了,此时如果恐慌的储户都跑到银行取钱,就会发生挤兑现象,甚至导致银行的破产。为此,各国政府都规定了一个准备金率,规定银行不能把储户的存款都贷出去,银行必须留下一部分准备金交给中央银行统一进行保管,以防万一来提款的储户人。例如中央银行规定法定准备金率是10%,如果储户存了100元钱,商业银行必须把10元钱交到中央银行,剩下的钱才能贷出去,这叫法定准备金。

为了方便理解,首先让我们来看一个例子:假设我国的法定准备金率是20%,一个储户有10 000元钱存入中国工商银行,工商银行必须把2 000元钱留下交给中央银行,它只能贷出8 000元钱。有一个人正好去工商银行借8 000元钱,他要买一台电脑,他把这8 000元钱交给商场柜台,这家商场又把这8 000元存入了建设银行。当建设银行收到这笔钱的时候,这8 000元钱不能都贷出去,必须把1 600元钱上交中央银行,它只能贷出6 400元钱。有一个人正好去建设银行借6 400元,他要买一台彩电,同样他把这6 400元钱交给商场柜台,这家商场又把这6 400元存入了农业银行。如此往复下去,一个储户的10 000元存款,通过银行系统不断的存贷过程,最后变成了多少钱呢?

$$银行新增存款 = 10\ 000元(工商银行) + 8\ 000元(建设银行) \\ + 6\ 400元(农业银行) + 6\ 400元 \times 80\%(\times\times 银行) + \cdots\cdots$$

结果是,银行派生(新增)存款是50 000元,新增贷款是40 000元,货币总量增加了50 000元,法定准备金是10 000元。容易得出,货币总量增加倍数为5,恰为准备金率20%的倒数。理论上,这个倒数就是货币乘数,即银行存款货币创造机制所决定的存款总额的最大扩张倍数。它是法定准备率r的倒数。若以K代表,则$K=1/$法定存款准备金率r。

当然,商业银行能创造多少存款货币,要取决于它保留了多少现金准备。通常,这种现金准备除了用于满足向中央银行上缴法定存款准备金的要求外,还有另外两个用途:第一,满足存款者提现金的要求。现实中,银行存款客户总会从银行提取或多或少的现金,从而使一部分现金流出银行系统,出现所谓的"现金漏损"。现金漏损额与活期存款总额之比称为现金漏损率,也称提现率,通常我们用c代表现金漏损率。第二,满足安全或应付意外之需。

为此，银行实际持有的存款准备金常常高于法定准备金。超过法定要求的准备金，称超额准备金。超额准备金与活期存款总额的比，称为超额准备金率，以 e 代表。因此，在考虑到法定存款准备金率的同时，如果我们也考虑到现金漏损和超额准备，则银行存款货币创造的乘数 $K=1/$（法定存款准备金率 r＋现金漏损率 c＋超额准备金率 e）。

我们日常用的钞票虽然是由造币厂造出来的，但整个社会的货币供给却是由银行通过信用创造出来的。你把钱放进银行，银行把它贷给别人，别人再把钱存进银行，银行接着再贷出去，一笔钱就这样一直存贷下去，货币供给量就会成倍增加，经济规模和增长速度可能成倍地放大。然而，如果我们有一天都准备把钱从银行取出来放到自己家保险柜时，这个货币创造的链条就会断掉并最终导致一场经济灾难。结果是保险柜里的钱也不值钱了，并且那时经济可能已经瘫痪，物价已经飞涨。现代社会的经济与银行之间是一环扣一环彼此相连、密不可分的，我们经济生活中的货币供应，也是在银行循环往复的存贷过程中制造出来的。

三、货币政策的基本内涵与运用

（一）货币政策的基本内涵

所谓货币政策，是指国家为实现一定的宏观经济目标所制定和实施的有关货币供应和流通方面的方针、措施的总和。货币政策是指政府通过控制货币供给量来影响宏观经济的行为。货币政策的核心是通过变动货币供应量，使货币供应与货币需求之间保持一定的对应关系，进而调节社会总需求和总供给。通常，货币供给量的增加会刺激投资需求与消费需求，在经济萧条期起到刺激和促进经济的作用；反之，货币供给量的减少会抑制投资和消费需求，在经济高速增长期可起到防止经济泡沫产生的作用。

一般来说，决定一个国家的货币政策的主体为该国的中央银行。例如，在我国货币政策由中国人民银行决定，在美国货币政策则由美国的中央银行即联邦储备系统来决定。

（二）货币政策的运用

目前，成熟的市场经济国家主要运用三大货币政策工具，即法定存款准备金制度、公开市场业务和再贴现政策。

1. 法定存款准备金制度

法定存款准备金制度，就是商业银行吸收存款后必须按法定比例保留准备金并存入中央银行的规定。为避免商业银行因放贷过多而造成支付危机，中央银行利用存款准备金有效控制货币创造的倍数及派生存款的数量，从而控制货币供应总量。新增或派生存款总量与存款准备金率成反比，即在法定准备金率较高时，货币创造倍数较小，银行新增存款较少，货币供给量较少；反之，银行新增存款较多，货币供给量较大。由于货币创造的倍数是法定准备金率的倒数，因而准备金率微小变动，都会带来新增存款数量和货币供应量的较大变动。

中央银行手中握有规定法定准备率的权力，就有了一个调整整个社会货币供给量的法宝。

> **【实例】 法定存款准备金率降低下的货币创造**
>
> 一家有100亿元人民币存款的商业银行,法定存款准备金率为10%。如果中央银行认为社会上的货币供给量较少,各行各业急需更多的钱来谋求发展,就可以把法定准备率降低,比如从10%降到8%。在货币创造的逻辑下,整个银行体系派生或新增存款也由1 000亿(＝100亿/10%)元上升为1 250亿(＝100亿/8%)元,货币供给量增加了250亿元。最终的结果是社会上的货币增多了,工厂也能得到更多的贷款。

因此,降低法定存款准备金率是信贷放松政策的标志。反之,如果中央银行提高法定存款准备金率,就会减少货币供给,成为信贷从紧的标志。

从理论上讲,变动法定存款准备金率是中央银行调整货币供给最简单的办法。但是,由于变动法定存款准备金率通常会使整个经济社会货币供给量成倍地变化,因此不利于货币供给和经济的稳定。此外,央行如果频繁地变动法定存款准备金率,也不利于它对商业银行的管理,并会使商业银行感到无所适从。因此,法定存款准备金率是一个强有力但却不常用的政策工具。

2. 公开市场业务

公开市场业务是发达国家经常使用的货币政策工具。公开市场业务自然是公开的。市场业务是指什么呢?就是指中央银行直接到金融市场上去做买卖。做什么买卖呢?买卖有价证券。因此,公开市场业务就是指中央银行通过在金融市场上买卖有价证券(主要是政府公债、国库券和银行承兑票据等)来调节货币供应量的一种政策行为。

我们大多数人或多或少都有过购买国库券的经验。我们购买国库券,付出了钱,买进了债券。但是,我们是否想过这种购买行为的实质是什么呢?实质是人们手中的钱减少了。中央银行卖出国库券,收回百姓的钱,发出了债券,实质是中央银行从我们手中把货币收回去了,社会上的货币减少了。如果中央银行感觉社会上的货币太少了,它就买进国库券,我们就可以把国库券拿到它那里去兑现,这样中央银行就把钱还给了我们,社会上的货币供给也就增多了。所以中央银行公开市场业务的目的,不是为了营利,而是为了调节货币供给。我们可以总结得知,如果央行采取买进业务,从金融市场上购进国债和有价证券,就会增加金融市上的货币供给量,反之,则结果相反。

公开市场业务作为中央银行最重要的货币政策工具之一,具有许多优点:(1)比较灵活。公开市场业务可以对货币供应量进行微调,也可以进行连续性、经常性、试探性甚至逆向性操作。(2)可以迅速执行。央行通过公开市场业务可以直接调控银行系统的准备金总量,不会有行政性延误或时滞。(3)主动性强。中央银行通过公开市场业务可以"主动出击",避免"被动等待"。当然,公开市场业务也有一定的局限性,如受到诸如商业周期、货币流通速度变化、商业银行的信贷意愿等因素的影响,同时必须具备一个高度发达的证券市场。

3. 再贴现政策

再贴现率,是指商业银行向中央银行借款时支付的利率。中央银行通过变动再贴现率以调节货币供应量与利息率。对一家商业银行而言,它也有缺钱花的时候。比如当它贷出了所有除法定准备金外的存款之后,又有一家信誉极好的公司要求贷款,银行不愿失去这一笔好生意,就会考虑借款。从哪里借呢？对了,它可以从中央银行借款。所以中央银行有时又被称作"银行的银行"。中央银行借款给其他银行,也是有利息的,这个利息率就是再贴现率。

再贴现政策主要内容是改变再贴现率。当中央银行提高再贴现率时,资金成本加大,商业银行就不愿意向中央银行借款,因而抑制了商业银行的贷款规模,从而影响货币供应量。反之,也可以通过降低再贴现率来促使商业银行放松贷款,从而增加货币供应量。更重要的是中央银行再贴现率的变动是一个信号,产生"告示作用",商业银行和公众会改变自己的预期,作出相应的行动。若再贴现率提高,商业银行也会提高贷款利息率,公众会减少投资,反之则反是。

4. 其他辅助措施

除了以上"三大法宝"之外,货币政策还有几项辅助工具：(1) 道义上的劝告。即中央银行对商业银行的贷款、投资业务进行指导,要求商业银行采取与其一致的做法。(2) 借款垫头规定。即规定购买有价证券必须付出的现金比例。也就是说人们在购买证券时,必须自行垫付一部分比例现金,不能百分之百用借款购买。(3) 宽严信贷条件。即中央银行通过对商业银行的监管来实现货币政策目标。(4) 信贷配额。即中央银行通过规定商业银行贴现或贷款的最高上限来控制商业银行的信贷规模。

第三节 财 政 政 策

一、财政的构成

大家知道,任何一个家庭的财务活动总有收支两个方面,或者讲,总有现金的流入和流出。和家庭一样,国家财政由政府收入和支出两个方面构成。其中政府支出包括政府购买和转移支付,而政府收入则包含税收和公债两个部分。

(一) 财政支出的构成

1. 政府购买

政府购买是政府对商品和劳务的购买,包括购买军需品、警察装备用品、政府机关办公用品、付给政府雇员的酬金、各种公共工程项目的支出等。由于政府购买发生了商品和劳务的实际交换,直接形成了社会总需求和实际购买力,因此是一种实质性的支出,它的大小是决定国民收入水平的主要因素之一,直接关系到社会总需求的规模。政府购买支出的变动对整个社会总支出水平起着举足轻重的调节作用。

2. 政府转移支付

政府转移支付是指政府的社会福利等支出,如卫生保健支出、收入保障支出、退伍军人福利、失业救济和各种补贴等方面的支出。既然转移支付也是政府支出的重要组成部分,政府转移支付的增减对整个社会总支出同样具有重要的调节作用。当然,由于政府在支付这些货币时并无相应的商品和劳务的交换发生,因此,政府转移支付不能算作国民收入的组成部分。它所做的仅仅是通过政府将收入在不同社会成员之间进行转移和重新分配，全社会的总收入并没有变动，就像我们将部分钱从左边口袋移到右边口袋一样，总收入没有增加。

（二）财政收入的构成

1. 税收

税收是财政收入中的最主要部分，财政收入的多少，在很大程度上取决于税收收入的多少。税收，是国家为了实现其职能，按照法律预先规定的标准，强制地、无偿地取得财政收入的一种手段。在西方国家，税收制度较为复杂，税种繁多。依照税收对象的不同，税收可分为所得税、财产税和流转税。所得税在税收中占有较大的比重。依照纳税方式区分，税收包括直接税和间接税。根据税率的变动来划分，税收又分为累进税和比例税。例如，个人所得税往往采取累进的税率征收。

2. 公债

公债是政府向公众举借的债务，或者说是公众对政府的债权。公债是相对于私债而言的，其最大的区别就在于公债的债务人是拥有政治权力的政府。从公债发行的主体看，有中央政府公债和地方各级政府公债，通常将中央政府发行的内债称为国债，它是指本国公民持有的政府债券。我国地方政府无权以自身名义发行债务，故人们常将公债与国债等同起来。公债与税收不同，公债是以国家（或政府）信用为基础的，是政府以其信用向公众筹集财政资金的特殊形式。公债是要偿还的，这不同于税收，税收具有无偿性。

二、财政政策的基本内涵与运用

（一）财政政策的基本内涵

财政政策是指通过政府支出和收入来影响宏观经济的政府行为。在短期中，财政政策主要影响物品和劳务的总需求，是刺激或减缓经济发展的最直接的方式。通常，财政政策由一个国家或地区的财政部门制定。在我国，除了财政部，国家发展和改革委员会也会负责或参与相关财政政策的制定（如财政预算）。

与货币政策一样，财政政策也是政府需求管理的重要政策。然而，就需求管理机制来看，财政政策与货币政策的区别在于：货币政策是通过银行系统，运用金融工具由金融传导机制使之生效，而财政政策则是通过财政系统，运用财税工具由财政传导机制使之生效。

（二）财政政策的运用

财政政策的运用本质上是指通过改变财政构成来调节宏观经济。由于财政构成主要由财政支出和财政收入组成，因此，财政政策工具主要有：变动政府支出、改变政府转移支付、变动税收和公债。具体来说，在经济萧条时期，总需求小于总供给，政府就要通过扩张性的财政政策来刺激总需求；在经济繁荣时期，总需求大于总供给，政府就要通过紧缩性的财政政策来压抑总需求（具体变动见表10-1）。

表 10-1 财政政策的运用

	扩张性财政政策	紧缩性财政政策
财政支出	政府支出(+)	政府支出(-)
	政府转移支付(+)	政府转移支付(-)
财政收入	税收(-)	税收(+)
	公债(-)	公债(+)

变动政府支出水平是财政政策的有力手段。政府支出是决定国民收入大小的主要因素之一，其规模直接关系到社会总需求的增减。唐朝初年，天下大旱，很多地方粮食颗粒无收。百姓背井离乡，四处逃荒。岳阳地区也遭大灾，县令见了忧心如焚。他茶饭不香、苦思冥想，终于想出了一条妙计。县令请来了所有的豪门富户，对他们说："我们守着八百里洞庭，应该好好地观赏游玩。如果造一座高楼，可以一览洞庭全景。诸位大人在楼上吟诗作画、听歌赏月、举杯极目，岂不风流千古？"有钱人听了，大喜过望，纷纷出钱建楼。县令立即找人设计、施工。大批农民有了工作，很多行业也沾了光，岳阳人有了谋生之路，非常顺利地度过了荒年。故事《岳阳楼》就是政府运用财政政策工具进行宏观调控的生动事例。

政府转移支付也是一项重要的财政政策工具。一般来讲，在总支出不足时，失业会增加，这时政府应增加社会福利费用，提高转移支付水平，从而增加人们的可支配收入和消费支出水平，社会有效需求因而增加；在总支出水平过高时，通货膨胀率上升，政府应减少社会福利支出，降低转移支付水平，从而降低人们的可支配收入和社会总需求水平。

税收作为政策工具，它既可以通过改变税率来实现，也可以通过变动税收总量来实现。一般来说，降低税率，减少税收都会引致社会总需求增加和国民产出的增长；反之则反是。因此在需求不足时，可采取减税措施来抑制经济衰退；在需求过旺时可采取增税措施来抑制通货膨胀。

【实例】 **美国肯尼迪总统的减税政策**

1961年，当一个记者问美国肯尼迪总统为什么主张减税时，肯尼迪回答："为了刺激经济。"肯尼迪建议的一部分是投资税减免，它给投资于新资本的企业减税。高投资不仅直接刺激了总需求，而且也增加了经济长期的生产能力以及社会就业率。实际上，当肯尼迪提出的减税最终在1964年实施时，它促成了一个经济高增长的时期。后来布什总统也企图通过减税来加快从衰退中复苏。

公债也是一种有效的财政政策工具。公债的发行，既可以筹集财政资金，弥补财政赤字，还可以通过公债发行以及在资金市场的流通来影响货币的供求，从而调节社会的总体需求水平，对经济产生扩张或抑制性效应。从财政角度看，公债是财政收入的补充形式，是弥补赤字、解决财政困难的有效手段。当国家财政一时支出大于收入、遇有临时急需时，发行公债比较简捷,可济急需。从长远看,公债还是筹集建设资金的较好形式。一些投资大、建设周期长、见效慢的项目,如能源、交通等重点建设,往往需要政府积极介入。

三、财政政策的效果

财政政策效果主要讨论政府收支变化对国民收入的影响有多大。通常,财政政策效果大小主要由乘数效应和挤出效应来衡量。

(一)乘数效应

有一个这样的故事:一群无法无天的小流氓砸碎了一家商店的橱窗后逃之夭夭。店主自认倒霉,只好花1 000元买了一块玻璃换上。这时候一个经济学家走来,说:"恭喜!恭喜!"当然,经济学家这样的一席话实在就是幸灾乐祸说风凉话,气得店主准备揍这个经济学家一顿。然而,经济学家不慌不忙一番解释,居然让店主目瞪口呆。经济学家这样说:玻璃店老板因为商店橱窗的损失得到1 000元收入,如他支出其中的80%,即800元用于买衣服,服装店老板得到800元收入;服装店老板用这笔收入的80%,即640元用于买食物,食品店老板得到640元收入;他又把这640元中的80%用于支出……如此一直下去,最初是商店老板支出1 000元,但经过不同行业老板的收入与支出行为之后,所有人的总收入增加5 000元。所以商店的橱窗被打破了是一件"可喜可贺"的事情。当然,我们在这里并不是赞成这样的破坏行为,但玻璃破坏的情况却自然增加了店主支出并使总收入增加。理论上,这种增加一笔投资或支出而引起国民经济成倍增加的现象,就是经济学中所说的乘数效应。

政府也如同是这个店主一样,政府支出或投资的增加或减少将产生经济的连锁反应并产生乘数效应。例如,政府在商品和劳务上的一笔最初购买量,将会启动一连串的再支出。如县令修建岳阳楼,会引起投资品生产部门投资的增加,如木材、砖瓦;也会引起消费品生产部门的增加,这好理解——人们不可能光建设不吃饭。不管是投资品生产部门,还是消费品生产部门,最终都是通过反复的商品和劳务的购买构成国民收入。一般来说,政府支出的扩大引起国民收入扩大的倍数也为边际储蓄倾向的倒数。所以,"政府支出乘数"与"投资乘数"通常是同一个数字。同样,如果政府开支下降,那么国民收入下降的幅度将等于政府支出的下降量乘以政府支出乘数。

(二)挤出效应

尽管政府转移支付和税收会对国民收入产生成倍的扩张或收缩的作用,然而,这种财政政策的乘数效应在实际经济运行中能得到充分发挥吗?许多经济学家对此提出了异议,诸多政治家和商业巨头也常常争辩说,政府支出削弱了经济发展。他们认为,事实上"政府支出消耗了国家的活力。当政府将老百姓的钱花费在名目繁多的项目上时,这些资金挤出了私人投资"。这种政府支出会减少私人投资的现象就是财政政策的挤出效应。

在实施扩张性财政政策的过程中,政府由于投资增加会增加货币需求,这引起市场利率上升,从而导致私人投资与消费减少,使刺激经济的作用被减弱。

> 【实例】　　　　　　上海地铁 2 号线延伸的挤出效应
> 　　上海市政府投资新建的连接虹桥和浦东两大机场的地铁 2 号延伸线,由于工程巨大,政府需要筹集大量资金而导致货币需求增大,这往往导致市场利率提高。利率的提高使私人货币需求降低,从而导致私人消费的下降,并使得私人投资能力与投资机会减少。同时,尽管地铁大大方便了人们出行,但一些人到机场更多地选择公共交通即乘地铁,很少打的了。这也会直接减少人们交通的支出。

可见,某些政府支出同私人消费及投资之间存在着较强的相互替代的关系,这种替代关系既可以是直接的,也可以是间接的,它使政府支出的增加直接或间接地挤掉部分私人支出。

四、财政政策的内在稳定器

财政政策的内在稳定器,是指财政制度本身具有某些内在的自动调节经济、使经济稳定的功能。当经济出现波动时,内在稳定器就会自动发生作用,减轻经济萧条或通货膨胀的程度。具有内在稳定器作用的财政政策主要是:财政收入的自动变化、政府支出的自动变化、农产品价格维持制度。

(一) 财政收入的自动变化

这主要是指政府的税收。当经济衰退时,国民产出水平下降,个人收入减少,在实行累进税的情况下,纳税人的收入会自动进入较低纳税档次,政府税收下降的幅度会超过收入下降的幅度,从而起到抑制衰退的作用。反之,当经济繁荣时,失业率下降,人们收入增加,纳税人的收入自动进入较高的纳税档次,政府税收上升的幅度会超过收入上升的幅度,从而起到抑制通货膨胀的作用。

(二) 政府支出的自动变化

这主要指政府的转移支付。当经济出现衰退和萧条时,劳动失业者增加,领取失业救济金和其他福利费的人数增加,符合政府在经济萧条时应扩大财政支出以刺激经济的要求;当经济出现膨胀和过热时,劳动失业者减少,领取失业救济金和其他福利费的人数也会随之减少,符合政府在经济过热时应减少财政支以抑制经济的要求。

(三) 农产品价格维持制度

在经济萧条时,国民收入下降,农产品价格下降,政府按支持价格收购农产品可使农民收入和消费维持在一定水平上;在经济繁荣时,国民收入增加,农产品价格也上升,政府减少农产品收购,并抛售农产品,限制农产品价格上升,也就抑制农民收入的增长,从而减少总需求的增加量。

尽管内在稳定器具有自动调节经济、使经济稳定的功能,然而,这种功能也具有一定的局限性。在经济萧条时期只能缓和经济衰退程度而不能扭转下降的趋势,在经济繁荣时期也只能缓和物价上涨程度而不能扭转上涨趋势。此外,内在稳定器还具有一定的非灵活性,如税收易减不易增,福利费用易增不易减等。因此,自动稳定器只能对财政政策起到自动配合的作用而不能代替财政政策。

五、财政赤字与政府公债

财政赤字是指政府的财政支出大于收入的差额。传统的经济理论认为只有财政保持平衡才有利于经济运行。但是凯恩斯主义经济学家认为,当经济萧条,国民收入低于充分就业的收入水平时,政府有义务实行扩张性的财政政策,以实现充分就业和缓解通货膨胀。而实行扩张性的财政政策,必然会导致政府支出大于政府收入,势必会造成财政赤字。因此,必须放弃财政收支平衡的旧信条,财政政策应该为实现充分就业服务,实行赤字财政政策。

通常,政府实行赤字财政政策主要是通过发行公债来进行的。公债可以由居民、厂商、商业银行等大众购买,也可以由中央银行购买。然而,公债卖给不同主体就会产生不同的效果。公债卖给中央银行称为货币筹资。这种方法的好处是政府不必还本付息,并且财政部可以用卖公债所获货币来进行各项支出,如投资公共工程设施建设、政府购买等,从而刺激经济,但缺点是会增加货币供给量引起通货膨胀。把公债卖给中央银行以外的其他主体称为债务筹资。这种方法相当于向公众借钱,等于把居民、厂商对商品的需求转移到政府手中,不会增加货币量,也不会直接引发通货膨胀,但政府必须还本付息,债务负担较重。因此,尽管以公债为主的财政赤字可以在短期内刺激经济,较快地使经济走出衰退,并且以借债形式筹措资金人们较易接受,有利于政治稳定,而不像通过提高税率来弥补赤字会引起纳税人的普遍不满,但我们也要注意:第一,运用货币筹资时会引发通货膨胀;第二,用债务筹资减少了私人储蓄,对长期经济增长不利;第三,只有市场机制有活力,赤字财政政策才有作用。仅仅依靠赤字财政使经济持久繁荣是不可能的,而且长期采用赤字财政会引起赤字依赖症。

第四节 财政政策与货币政策的配合

如果把财政政策比作经济腾飞的一翼,那么货币政策无疑就是它的另一翼,两者既有共同点,也存在一定的差别。无论是西方经济发达国家还是发展中国家,都日益重视二者的合理配置。实现财政政策与货币政策合理配置,对于完善宏观调控具有重大战略意义。

一、财政政策与货币政策的异同

(一)财政政策与货币政策的共同点

第一,两者的调控目标是一致的,即都是为了实现宏观经济的四大目标。

第二,两者都是需求管理政策。货币政策管理货币供应量,而在商品货币经济条件下,货币供应量的变动是社会总需求变动的象征;财政政策管理财政收支,其执行结果无论是赤字还是大体平衡,最终对社会总需求都有重大影响。

第三,从经济运行的统一性来看,财政、信贷和货币发行同处于社会经济运行过程之中,经济系统资金的相互流动性、货币流通的统一性使财政、信贷和货币发行三者有着不可分割的内在联系,任何一方的变化都会引起其他方面的变化,最终引起社会总需求与总供给的变化。

(二) 财政政策与货币政策的差别

第一,政策工具不同。货币政策工具主要是存款准备金制度、贴现率、公开市场业务;财政政策主要有政府购买支出、政府转移支出、税收、国债。

第二,调节范围不同。货币政策的调节范围基本上限于经济领域,其他领域处于次要地位;而财政政策调节的范围不仅限于经济领域,还包括非经济领域。

第三,政策时滞不同。货币政策工具使用较为简便,而财政政策工具从确定到实施,过程比较复杂,因而货币政策的内部时滞较短,而财政政策则长些。反之,货币政策的外部时滞较长,因为货币政策手段发挥作用是通过利率变动间接对经济起作用;财政政策的外部时滞较短,因为财政政策作用较直接,如通过调整税率或累进的个人所得税率会直接影响到社会大众的经济行为。

第四,政策调节的侧重点不同。一般地说,货币政策侧重于对总量的调节,其各种政策工具的运用,基本上最终都将导致货币规模的变动,进而实现对需求的调节;而财政政策则侧重于对结构的调节,其各种工具的运用,首先是通过对结构的调节来发挥其作用的。如支出结构的调整直接引起社会需求结构的变化,等等。财政政策与货币政策的异同点,表明两者的作用是不可替代的。

二、财政政策与货币政策的配合方式

正如拳击手在比赛中既可以单拳出击,又可以双拳进攻,或是一手出击,一手抵挡一样,政府在运用财政政策和货币政策对经济进行调节和干预时,也可根据总的经济形势,相机抉择,将左、右两套拳法配合起来使用,以便能达到更好的效果。财政政策与货币政策的配合使用,一般有四类组合形式:

(一) "双松"搭配

即扩张性的财政政策和扩张性的货币政策配合。在社会总需求严重不足,生产能力和生产资源大量闲置的情况下,宜于选择这种政策组合,从而刺激经济增长,扩大就业。但如果调控力度过大、过猛,也可能带来严重的通货膨胀。

(二) "双紧"搭配

即紧缩性的财政政策与紧缩性的货币政策配合。这种配合会使总需求减少,国民收入水平下降,导致国民经济发展缓慢。当经济发生严重的通货膨胀时,可采用这种组合,一方面用紧缩性的财政政策压缩总需求,另一方面用紧缩性的货币政策提高利率,抑制通货膨胀。

(三)"一松一紧"搭配

即扩张性的财政政策和紧缩性的货币政策配合。这种配合会导致利率上升。当经济萧条但又不太严重时可采取这种组合,一方面用扩张性的财政政策刺激需求,另一方面用紧缩性的货币政策抑制通货膨胀。

(四)"一紧一松"搭配

即紧缩性的财政政策和扩张性的货币政策配合。这种配合会引起利率下降,投资增加,总需求减少。当经济出现通货膨胀但又不太严重时,可采用这种组合,一方面用紧缩性的财政政策压缩总需求,另一方面用扩张性的货币政策降低利率,刺激投资,遏止经济的衰退。

三、财政政策与货币政策的局限

(一)财政政策的局限

第一,财政政策实施中的阻力。例如,对老百姓增加税收如增加个人所得税,这将直接降低个人可支配收入以及个人消费水平,引起国民普遍不满;减少政府购买可能会引起大垄断资本的反对;削减政策转移支付如失业金则会遭到一般失业人群的反对。

第二,公众行为与结果的偏离。例如,政府减少税收以扩大社会总需求,防止经济衰退,减缓经济滑坡。然而,萧条时期减税,人们未必会将因少纳税而多留下来的钱用于购买商品。因此,减税并不见得能够带来消费或投资的增加。

【实例】　　　　　　　房产税增加带来的结果

在我国,增加二手房的房产增值税、交易税等,是政府防止通货膨胀、抑制房价的一种有效财政政策,其目的是压缩社会对房产的总需求。然而,现实是,对二手房的卖房一方增加房产增值税、交易税(如二套房的高契税),卖房者为了保持原有利润(如到手价)而进行税收转嫁,这会抬高房子的销售价格,从而引起市场中房价在一定时期内上升,尤其是房子供不应求的形势下。

第三,政策的"时滞"。一方面,财政政策的形成过程需要较长的时间,如需要诸多会议与讨论、政策部门的研究等。这样,在政策最终形成并付诸实践时,经济形势可能已经发生变化,并影响其所要达到的目标。另一方面,财政政策发挥作用也有时滞。有些财政政策对总需求有即时的作用。如减税对增加个人可支配收入有即时的作用,但对消费支出的影响则要一定时间后才会产生。

第四,非经济因素。例如,财政政策的实施,还要受到政治因素(如选举)的影响。

(二)货币政策的局限

第一,人们主观预期的影响。例如,在经济衰退时期,实行扩张的货币政策效果就不明显。那时候,厂商对经济前景普遍悲观,即使中央银行松动银根,降低利率,投资者也不肯增加贷款从事投资活动,银行为安全起见,也不肯轻易贷款。

第二，流动偏好陷阱。依照凯恩斯理论，当利息率降低到一定程度时，流动偏好引起的货币需求趋向于无穷，即人们处于流动偏好陷阱。此时，无论货币供给量增加多少，其降低利息率的作用都非常小。这表明，当经济处于流动偏好陷阱状态时，货币政策通过降低利率来刺激投资的作用是有限的。

第三，政策的"时滞"。与财政政策一样，货币政策的效果也受到政策时滞的影响。例如，中央银行决定扩大货币供给量来促进经济。然而，中央银行变动货币供给量，要通过利率，再影响投资，然后再影响就业和国民收入，因而，货币政策作用要经过相当一段长时间才会充分得到发挥。

第四，政策手段本身的条件约束和局限。例如，公开市场业务，是中央银行调节市场货币量的重要手段。然而，这要求中央银行必须具有强大的、足以干预和控制整个金融市场的金融实力，要有一个全国性的发达、完善的金融市场，需要其他政策工具的配合等等。如果上述条件不达到，公开市场业务也难以很好地发挥其政策效果。

关键概念： 充分就业　物价稳定　通货膨胀　经济增长　货币　货币政策　财政政策　内在稳定器

小练习

1. 政府宏观调控的目标有哪些？
2. 现金是否就是货币？请举例说明。
3. 什么是货币创造乘数？其大小主要与哪些变量有关？
4. 如何衡量财政政策的效果？
5. 什么是内在稳定器？具有内在稳定器作用的财政政策的内容是什么？
6. 财政赤字政策的内容是什么？如何实施？
7. 财政政策与货币政策的组合方式有哪些？有什么局限？

参考书目

[1] 陈春根. 经济学原理. 杭州：浙江大学出版社，2010.
[2] 崔东红，陈晶. 微观经济学原理与实务. 北京：中国农业大学出版社，2009.
[3] 冯金华. 经济学概论. 上海：复旦大学出版社，2011.
[4] 高鸿业. 西方经济学(第3版). 北京：中国人民大学出版社，2004.
[5] 侯锡林，王宏波，钱坤. 宏观经济学. 北京：中国经济出版社，2012.
[6] 贾辉艳. 微观经济学原理. 北京：北京大学出版社，2010.
[7] 蒋家胜. 经济学原理. 成都：西南财经大学出版社，2009.
[8] 梁小民. 西方经济学. 北京：中国广播电视大学出版社，2002.
[9] 缪国亮. 经济学原理. 北京：中国经济出版社，2012.
[10] 王开良. 经济学概论. 北京：中国书籍出版社，2013.
[11] 尹伯成. 西方经济学简明教程. 上海：格致出版社，2013.
[12] 尹伯成. 西方经济学习题指南(宏观经济学). 上海：复旦大学出版社，2014.
[13] 尹伯成. 西方经济学习题指南(微观经济学). 上海：复旦大学出版社，2014.
[14] 张满林，蔡春霞. 经济学原理. 北京：中国经济出版社，2010.
[15] 赵春荣. 经济学概论. 北京：中国经济出版社，2012.
[16] 余升国等. 宏观经济学. 武汉：华中科技大学出版社，2012.
[17] [英] 阿尔弗雷德·马歇尔. 经济学原理. 北京：人民日报出版社，2009.
[18] [美] 奥利维尔·布兰查德. 宏观经济学(第4版). 北京：清华大学出版社，2010.
[19] [美] 保罗·萨缪尔森. 经济学(第18版). 北京：人民邮电出版社，2008.
[20] [美] 大卫·R·哈克斯. 经济学原理(第6版)学习指南. 北京：北京大学出版社，2012.
[21] [美] 罗伯特·S·平狄克. 微观经济学(第八版). 北京：中国人民大学出版社，2013.
[22] [美] 曼昆. 经济学原理(第6版). 北京：北京大学出版社，2012.
[23] [美] 斯蒂格利茨. 经济学(第二版). 北京：中国人民大学出版社，2000.